따뜻한
교육리더십

교원의 성장 동력

따뜻한
교육리더십

교원의 성장 동력

김성규 지음

머리말

교육은 끊임없이 변하고 성장한다. 마치 살아 있는 생명체와 같이 새로운 환경변화에 살아남기 위한 자기변화와 혁신이다. 이젠 학교교육도 마찬가지다. 새로운 교육환경에 대한 단순한 적응이 아니라 치열한 경쟁을 위한 자기변화와 지속적 성장의 몸부림이다.

조직론의 대가인 제임스 마치(James G. March)는 '종래의 리더십은 효과적 조직 활동에 필요한 일관성을 유지하는 힘이었지만, 지금은 불일치와 모호함, 복잡함의 본질을 파악하는 통찰력'이라고 말했다. 위기 극복을 위한 리더십으로 '지도보다 조언, 폐쇄보다 개방, 안정보다 변화, 이성보다 감성, 하드리더십보다 소프트리더십' 등을 제시하면서 시대가 변하면 리더십도 달라져야 한다고 했다.

이렇게 세상이 달라지고 있다. 교육리더는 빠른 변화를 직시하고 슬기롭게 대처해야 교육조직의 안정과 성장이 가능하다. 이러한 변화는 우리 교육의 위기이며, 또한 새로운 성장의 기회다. 문제는 이를 '어떻게 극복하느냐'다. 교육의 변화와 혁신의 중심에는 교육리더가 있다. 커뮤니케이션, 인간관계, 팀 구축, 위기 대처 능력 등 기본적인 자질뿐 아니라 모두가 공감하는 새로운 교육리더십을 발휘해야 한다. 이것이 바로 '따뜻한 교육리더십'이다.

이 책은 급변하는 교육변화에 학교교육의 능동적 적응과 지속적인 성장과 발전을 위해 교육리더가 알아야 할 교육리더십을 중심으로 아래와 같이 정리하였다.

제1장 '교육리더의 성장'에서는 기본적으로 교육리더가 갖추어야 할 기본적인 조건과 특성을 중심으로 정리하였다.

제2장 '따뜻한 교육리더십'에서는 교육리더들이 꼭 알아야 할 새로운 교육리더십의 유형과 특성, 그리고 학교현장 경험들을 정리하였다.

교육학을 공부하는 대학생이나 대학원생부터, 현직교사 및 교감, 교장에 이르기까지 건강한 교직 성장을 위한 새로운 교육리더십을 중심으로 학교현장 사례와 함께 이해하기 쉽게 엮었다.

끝으로 본 출판을 기꺼이 맡아주신 한국학술정보(주) 대표님과 직원 여러분께 감사를 드린다.

2015년 11월 24일
김성규

목차

제1장

교육리더의 성장

왜, 새로운 교육리더십인가

고(故) 정주영 현대그룹 명예회장은 1971년 영국 바클레이스(Barclays) 은행으로부터 조선소 설립에 필요한 차관을 얻기 위해 런던으로 날아가 롱바톰 A&P 애플도어 회장을 만났다. 당시 정 명예회장은 바지주머니에서 500원짜리 지폐를 꺼내 지폐에 인쇄된 거북선 그림을 롱바톰 회장에게 보여주며 이렇게 말했다.

"우리는 영국보다 300년 전인 1500년대에 이미 철갑선을 만들었다. 단지 쇄국정책으로 산업화가 늦었을 뿐 잠재력은 그대로 갖고 있다."

그의 자신감 넘치는 말은 롱바톰 회장을 감동시켜 해외 차관에 대한 합의를 얻었지만 더 큰 문제는 선주를 찾는 일이었다. 정 명예회장은 특유의 돌파력으로 이 문제를 해결했다. 그는 조선소가 들어설 황량한 백사장을 찍은 사진 한 장을 손에 쥐고 배를 팔러 다녔고 결국 그리스 거물 해운업자 리바노스(Livanos)를 만나 26만 톤짜리 배 두 척의 주문을 받아냈다. 이 같은 정 명예회장의 도전정신은 당시 세계 조선시장 점유율 1%에도 미치지 못하던 우리나라를 세계 조선 최강국으로 발돋움하게 하는 시발점이 됐다.

21세기 정보화 사회는 사람들의 의식이나 가치관에 많은 변화를 주고 있다. 이러한 변화는 개인이나 구성원 모두의 생각과 의식까지 바뀌게 하였고, 리더의 역할과 방향까지 달라져야 한다는 시대적 요구는 새로운 리더십을 출현하게 하였다.

전통적 리더십이 리더의 강한 카리스마를 통해 조직을 지휘하고 통솔하였다면, 정보화 사회에서는 리더가 조직의 중심이 아니라 구성원이 중심이 되고, 수평적 양방향의 소통을 통해 팔로어십을 끌어 내는 리더십이야 한다. 리더만이 리드하는 것이 아니라 구성원 모두가 문제해결의 중심에서 면밀히 진단하고 적극적으로 함께 해결하는 새로운 리더십이 요구되고 있다. 빠르게 변화하는 시대 상황하에서는 이에 적합한 리더십이 필요하고, 리더의 일방적인 생각보다는 구성원과 서로 협력하고 지원하는 태도로 바꿔야 조직의 역동성과 효율성을 발휘할 수 있다.

조직론의 대가인 제임스 마치(James G. March) 스탠퍼드대 명예교수는 '종래의 리더십은 효과적 조직 활동에 필요한 일관성을 유지하는 힘이었지만, 지금은 불일치와 모호함, 복잡함의 본질을 파악하는 통찰력'이라고 말했다. 위기 극복을 위한 리더십으로 '지도보다 조언, 폐쇄보다 개방, 안정보다 변화, 이성보다 감성, 하드리더십보다 소프트리더십' 등을 제시하면서 시대가 변하면 리더십도 달라져야 한다고 했다.

그렇다면 전통적 리더십과 새로운 리더십과의 차이는 무엇일까?

사실 과거에는 조직목표를 설정하고 그 목표를 향해 일사불란하게 조직을 움직여 얻고자 하는 결과를 달성하면 훌륭한 리더로 인정을 받았다. 그러나 이젠 다르다. 시대와 조직 환경이 변하고 사람들의 인식도 그만큼 달라졌다. 리더 중심의 일방적인 힘이나 권력만으로는 더 이상 이해나 설득이 어렵다. 때문에 구성원을 주인으로 섬기는 새로운 리더십을 요구하고 있는 것이다.

리더십은 국가나 사회, 기업, 학교 등 모든 조직에는 반드시 필요하고, 조직을 성장시키는 에너지원이다. 시대와 함께 리더십의 패러다임이 바뀌고 있다. 이는 조직이 새로운 환경에 빠르게 적응하기 위한 전략이기 때문이다. 조직이 위기에 처했을 때 리더는 새로운 리더십으로 이를 극복하고 새로운 성장 동력을 만들 수 있어야 한다. 이것이 리더의 책임이고 의무이기에 리더십은 인류의 역사처럼 거듭해서 진화하고 있다.

새로운 리더십은 바로 인간중심의 따뜻한 리더십이다. 전통적인 리더십이 리더의 명령이나 지휘에 의해 구성원들에게 미치는 영향력이었다면, 새로운 리더십은 한마디로 구성원의 성장 잠재력을 일깨워 조직의 목표 달성에 적극 참여시키는 설득과 배려의 리더십이다.

우리는 늘 세계적 명성이 있는 리더들의 좋은 리더십을 자주 이야기하고 그들의 리더십을 벤치마킹하려고 노력하고 있다. 그러나 그들이 성공한 뛰어난 리더라 할지라도 이는 우리 현실에 맞지 않아 그대로 적용해서는 대부분 실패한다. 아무리 좋고 탁월한 리더십이라 하더라도 우리 조직과 환경에 맞는 것인지 반드시 잘 파악하고 분석한 뒤에 받아들여야 한다. 리더십은 조직이 처한 환경이나 구성요소에 따라 그 효과가 다르다. 그것은 영향을 미치는 요인이 다양하기 때문이다. 중요한 것은 좋은 리더십이 아니라 상황에 맞는 리더십인 것이다.

최근 학교사회가 많이 변하고 있다. 그것도 매우 빠르게 변하고 있다. 이에 학생, 학부모, 교직원, 지역사회 등 학교구성원의 요구도 다양하고 그 범위도 점점 넓어지고 있다. 이러한 욕구들로 인해 야기되는 학교의 각종 문제들은 학교경영을 더욱 어렵게 하고 있다. 그래서 교장은 그들과의 긴밀한 협조와 동의 없이는 좋은 학교경영이 어려울 뿐 아니라 자칫 새로운 학교갈등의 씨앗이 될 수 있다. 교장이 아무리 인품이 있고 훌륭하다 하더라도 학교문제를 잘 해결하고 교직원들의 열정을 끌어올리는 영향력을 가지고 있지 않다면 좋은 교육리더라고 할 수 없다. 교장은 학교조직의 새로운 변화와 혁신은 물론 구성원을 존중하고 신뢰하며, 개개인의 자아실현 욕구를 파악하여 이를 일깨워주는 적극적인 조력자의 역할을 하는 리더십을 발휘해야 한다.

요즘 학교환경은 교장 혼자서 학교를 경영하고 관리하기엔 너무 광범위하고 전문화되었다. 교직원들의 전문성과 긴밀한 협조가 필요하다. 교장이 이들의 전문성을 학교조직에 얼마나 잘 활용하느냐가 교장의 리더십 역량이라고 말할 정도다. 교직원들의 전문지식을 활용하기 위해서는 스스로 책임질 수 있는 자율적인 학교 분위기를 조성해주어야 한다. 그리고 그들의 사기를 진작해주어야 주인의식을 가지고 학교경영에 적극적으로 참여한다. 즉 교직원들이 자율적으로 자기 재능을 개발하고 학교 여건을 활용하여 창의력을 발휘할 수 있도록 학교문화를 개선해야 새로운 리더십을 발휘할 수 있다.

새로운 리더십을 발휘할 수 있는 교육리더가 갖추어야 할 조건은 무엇일까.

첫째, 교육리더는 학교변화를 주도해야 한다.

새로운 교육리더는 미래의 환경변화를 두려워하기보다 변화에 앞장서 주도할 수 있어야 한다. 미래의 교육은 끊임없는 변화와 창조 없이는 희망이 없기 때문이다.

둘째, 교육리더의 풍부한 창의력이 핵심역량이다.

미래는 지식정보화시대이므로 창의력이 핵심가치다. 요즘 우리 경제가 어려움을 겪는 것에 대해 일본처럼 시대적 변화에 발 빠르게 대응하지 못했다는 지적을 받고 있다. 지식정보화시대에 맞는 사회구조로 변화하여 지식을 핵심가치로 생각하는 지식창조사회를 만들어야 한다. 이를 위해서는 교육리더들의 풍부한 창의력이 필요하다.

셋째, 교육리더는 교직원을 배려하고 존중해야 한다.

교육은 교사와 학생 간의 사랑과 존경의 결과이다. 교육리더 또한 교직원들을 존중하고 배려해야 좋은 리더로 성장할 수 있고, 새로운 교육환경 변화에 성공적으로 적응하는 교육을 할 수도 있다.

넷째, 교육리더는 교직원들의 확고한 신뢰를 바탕으로 한다.

21세기 리더는 지속적이고 공정하며 뚜렷한 관리방식으로 조직으로부터 신뢰를 받아야 한다. 구성원들이 리더의 권한에 맹종하는 것이 아니라 신뢰감에 의하여 추종하여야 진정한 충성심을 발휘할 수 있다. 교육리더는 교직원을 믿고 맡겨야 보다 좋은 교육성과를 달성할 수 있다. 교육리더 스스로가 많이 알고 있다고 생각하는 것이 아니라 구성원들의 창의력을 기대하고 신뢰해야 한다.

다섯째, 최고의 교직원을 조직·구성해야 한다.

학교경영은 교육리더 혼자서는 높은 성과를 얻을 수 없으며, 교직원들의 적극적인 참여와 협력이 있어야 효율성을 발휘할 수 있다. 교직원들의 교육역량을 최고로 끌어내기 위해서는 구성원 개개인의 능력에 맞는 학교조직이 이루어져야 한다.

여섯째, 교육리더는 신속한 판단과 결단력을 가져야 한다.

흔히 미래는 '스피드(speed)의 시대'라고 한다. 인간의 삶의 변화도 엄청나게 빨라지고 있다. 이런 시대의 학교경영에는 무엇보다 교육리더의 명확한 판단과 신속한 결단력이 요구된다. 리더들에게 가장 어렵고 힘든 일이 의사결정이다. 최종 결정은 리더에게 있다. 아무리 어렵고 갈등이 많은 문제라 하더라도 분명히 '예스와 노'를 답해야 한다. 그래야 구성원들이 혼란 없이 빠르게 실천할 수 있기 때문이다.

일곱째, 교육리더는 폭넓은 네트워크 형성이 필요하다.

우리는 다양한 지식정보의 네트워크 속에 살아가고 있다. 그래서 유능한 리더는 다양한 분야에 얼마나 많은 사람과 양질의 인맥을 갖고 교류하느냐에 따라 리더로서의 역량이 달라진다. 교육리더도 얼마나 많고 좋은 네트워크를 형성하느냐에 따라 학교경영의 역량이 크게 달라진다.

요즘의 우리 교육을 위기라고 말한다. 이러한 교육난국을 어떻게 헤쳐 나갈지는 교육리더의 리더십에 있다. 새로운 교육리더십은 변화를 위기가 아닌 기회로 받아들일 수 있는 기술이며, 글로벌 경쟁 사회에서 스스로 살아남을 수 있는 창의력 있는 인재를 기르는 역량이다.

교육리더십, 어떻게 발휘하나

학교경영의 가장 중요한 성공요인으로 교장의 리더십을 손꼽고 있다. 학교는 교장의 리더십에 따라 교직원들의 직무 만족도나 교육성과가 크게 다르게 나타난다. 그래서 교장의 자격연수나 직무연수의 대부분은 교육리더십 관련 과목이 주류를 이루고 있다고 해도 과언이 아니다. 수많은 직무연수에도 불구하고 모든 학교가 좋은 교육성과를 거두지 못하고 있는 것은 무엇일까. 그것은 바로 교육리더십의 특성 때문이다. 리더십 이론은 학습을 통하여 쉽게 배울 수 있지만 학교현장에서 효과적으로 실천하기란 쉽지 않다. 교장의 생각이나 의지에 따라 같은 리더십이라 하더라도 그 실천 정도에 따라 매우 다른 결과를 낳기 때문이다.

우리는 다양한 리더십의 특성들을 잘 알고 있지만 학교현장에 맞는 맞춤식 리더십 스타일은 존재하기 힘든 일이다. 그것은 리더십보다 학교현장의 특성이 너무나 다양한 요인을 갖고 있고 또 정확한 진단이 어렵기 때문이다. 그래서 리더십은 하루에도 몇 번씩 상황과 대상에 따라 다르게 적용되어야 그 효과나 성과를 얻을 수 있는 것이다.

찰스 파커스(Charles Farkas)와 수지 왯로퍼(Suzy Wetlaufer)에 의하면, 전 세계 160여 명의 경영자를 대상으로 심층 연구한 결과 경영자의 리더십 스타일을 전략형, 인적자원형, 전문가형, 관리형, 혁신형 등 5가지로 구분하였다.

첫째, 전략형 리더들은 자신의 주된 역할이 장기적인 전략과 그 실행 방법을 설계하고 테스트하는 것이라고 믿는다. 따라서 자원의 배분과 기업의 미래 진로를 적절하게 결정할 수 있는 능력이 중요하다고 생각한다. 이러한 스타일은 중앙 집권적인 전략 의사결정이 빈번한 경우에 적합한 리더십 유형이다.

둘째, 인적자원형 리더들은 자신의 임무를 조직 내에 확실한 가치관과 행동, 태도를 정립하기 위해 구성원의 교직성장과 역량개발을 세심하게 관리하는 것으로 생각한다. 그리고 전략의 수립은 고객과의 접점에서 수립되고 실행되는 것이 바람직하다는 생각을 갖고 있다. 따라서 전략형 리더와는 반대로 현장 밀착형의 분권화된 전략 실행이 필요한 서비스 사업에 상대적으로 적합한 유형이라고 할 수 있다.

셋째, 전문가형 리더들은 경쟁우위의 원천이 될 수 있는 전문성을 찾아내는 것이 가장 중요한 책임이라고 인식하고 있는 경우다. 따라서 그들은 신기술 연구 등 전문성 개발을 위한 활동에 많은 시간을 할애한다. 매킨토시(Macintosh)에서 아이패드(i-Pad)까지 핵심 상품 아이디어 개발을 진두 지휘한 애플(Apple)의 스티브 잡스(Steve Jobs) 같은 경영자를 떠올리면 쉽게 이해할 수 있을 것이다.

넷째, 관리형 리더들은 구체적인 규정, 절차 그리고 보상시스템을 통한 강화 방안 등을 개발함으로써, 구성원의 바람직한 행동을 강화시키는 데 역점을 둔다. 은행이나 보험 그리고 항공 업종 등 안전이나 보안이 중요한 사업에 적합한 유형이다.

다섯째, 혁신형 리더들은 지속적인 혁신의 분위기를 조성하는 것이 그들의 가장 중요한 역할이라고 믿고 있다. 따라서 이들은 성과 측정과 보상 시스템을 개선하는 데 최우선의 관심을 기울인다. 새로운 전략적 시도가 필요하지만 조직이 타성에 젖어 있을 때 필요한 유형의 리더라고 할 수 있다.

훌륭한 교육리더는 위의 여러 가지 스타일 중 학교환경과 조직여건을 동시에 충족시킬 수 있는 리더십 스타일을 선택하여 발전시킨다. 또한 학교조직의 입장에서는 이런 접근 방식이 교직원들의 특성이나 여건에 맞는 리더십 스타일인지를 먼저 인식하고 활용한다.

아무리 좋은 리더십 스타일일지라도 모든 학교에 맞을 것이라는 생각으로 적용했을 때는 생각하지도 못한 비효과적인 결과를 얻을 수 있다. 그래서 효율적인 리더십은 여건과 대상은 물론 적절한 상황과 타이밍이 필요한 것이다.

우리는 앞의 전문가형 리더십에서 스티브 잡스(Steve Jobs)를 얘기했지만 사실 그는 독한 리더십형의 대표적인 인물이다. 그는 강력한 카리스마로 조직을 이끌었고 때론 거만하고 고집불통이었다. 괴팍하고 직설적인 성격으로 직원들을 혹독하게 다루었으며, 완벽주의 추구, 신념과 원칙에 대한 단호함, 목표에 대한 집요함, 집중과 몰입 등은 내면적 독함으로 외형적 독한 리더십을 만들었다. 그는 흔히 생각하는 바람직한 리더상은 아니지만 탁월한 성과를 내는 리더였다. 그는 "나의 할 일은 사람들에게 잘 대해주는 것이 아니다. 그들을 더 나은 사람으로 만들어주는 것이 나의 할 일이다(My job is not to be easy on people. My job is to make them better)"라고 말했던 것과 같이 때로는 구성원들을 혹독하게 대하기도 하였다.

이처럼 리더십은 고정된 것이 아니라 유동적이며, 심지어는 자신과 전혀 맞지 않는 리더십 스타일이라도 필요하다면 선택해야 한다. 이러한 리더십 스타일이 리더의 대표적인 리더십으로 나타나기까지는 독특한 내면의 형태에 자리 잡아 외면으로 빛을 봐야 하는 것이다.

요즘 학교환경이나 조직자원의 다양화가 학교 불만이나 갈등의 요인이 되는 경우가 종종 있다. 이러한 환경이나 집단의 다양화로 인한 학교갈등을 최소화하려면 그들 상황에 맞는 교육리더십이 필요하다. 몇 년 전 KAIST 서남표 총장의 리더십이 다시 도마 위에 오른 이유도 개혁과 혁신으로 세계적인 대학을 만들었지만 그 이면에 나타난 독선적인 리더십은 타협과 포용, 그리고 소통이 부족하다는 비판이다.

　가끔 우리는 스스로 생각하고 교육하는 것이 이상이나 가치와는 거리가 먼 행동을 하는 경우가 있다. 이때 가장 난감한 일은 나 자신이 알고 있는 리더십 이론과 실제가 일치되지 않는다는 것이다. 교직원들에게는 이래라저래라 하기는 쉽지만 내 스스로 먼저 본을 보여주는 리더십은 매우 어려운 것이다.

　좋은 교육리더는 한 가지의 리더십만 고집할 것이 아니라 그때그때 상황에 맞는 융통성 있는 리더십을 발휘하는 지혜를 가져야 리더십의 효과를 극대화할 수 있다.

교사가 우리 교육의 희망이다

　최근 잇따른 '묻지마 범죄'는 개인 차원의 문제를 넘어서 경기침체에 따른 고용불안과 소득저하라는 사회·경제적 원인이 이면에 도사리고 있다. '개인 신용불량자'들이 빠르게 늘고 무차별적 범죄가 우리 사회를 더욱 불안하게 하고 있다.

　이러한 학교폭력이나 사회폭력의 원인도 따지고 보면 기본적으로 학교에도 책임이 있다. 학교교육이 바르게 되어야 사회가 안정되고 국가가 올바르게 성장할 수 있기 때문이다. 교육 빈곤층인 '에듀푸어' 300만 시대에 우리 교육이 이들의 삶에 희망을 줄 수 있어야 학교도 교사도 잃어버린 신뢰를 회복할 수 있다. 그래야 교육에 대한 신뢰가 다시 삶에 희망을 줄 수 있는 것이다.

요즘 우리 사회를 보면, 한마디로 '어른이 없다'는 생각이 든다. 존경하는 인물은 물론 우리 삶의 정신적인 지주가 될 만한 사람이 없는 것이다. 우리 선조들은 누구보다도 스승을 존경하고, 스승을 자신의 삶의 본보기로 삼았던 것이다. 이처럼 스승은 한 개인뿐 아니라 사회의 스승이며 어른이었다. 지금 우리 사회와 교육에는 이런 스승이 정말 필요한 때다.

우리 교육이 지금처럼 어려운 시기도 일찍이 없었다. 극도로 치달은 경쟁주의 교육과 이기심은 학교교육을 불신하고 학생들을 모두 사교육 시장으로 내몰았고, 학교 교사보다 학원 강사를 더 신뢰하는 사태까지 이르렀으며, 학교는 마치 상급학교 진학을 위한 한 과정으로 여기게 된 것이다. 학교교육의 불신 풍조는 교사와 학생, 교사와 학부모 간의 관계도 멀어지게 하였고, 경쟁적인 입시교육은 끝내 학생 간의 우정에 부정적인 영향을 끼치는 원인이 되었다.

학교는 사교육에 밀려 공교육으로서의 신뢰마저 잃게 되었고, 교사의 교권은 학생인권과 맞물려 추락한 반면, 교사의 책임과 의무는 점점 늘어나 급기야는 자살학생에 대한 직무유기로 교사를 구속하는 초유의 사태까지 이르렀다. 이러한 교육환경 변화로 인하여 많은 교사들이 학생지도에 대한 심리적 부담으로 교단을 떠나고 있다. 그래서 교사들은 '교육이 성직이 아니라 감정노동직'이라고까지 강변

한다. 다시 말해서, 교사라는 이유만으로 버릇없이 덤벼드는 학생과 막말과 멱살까지 서슴지 않는 학부모들의 태도에도 상한 속마음을 내색하지 못하고 헛웃음으로 마음을 달래야 하는 처지가 된 것이다.

교육은 사람을 향한 교육이고, 사람을 위한 인간교육이 되어야 한다. 인간교육은 기본적인 인간의 도리이고, 행복한 삶을 위한 기본적인 교육이다. 그래서 함께 생각하고, 나누며, 배려하는 공동체적인 삶을 준비하는 교육이 진정한 교육이다. 이렇게 함께 공유하고, 배려하며 살아야 할 소중한 이웃을 특별한 이유도 없이 미워하고 따돌림을 하며, 무차별 폭행까지 자행하는 폭력은 반드시 뿌리 뽑아야 할 학교의 악이다. 물론 이러한 학교 왜곡 현상도 어찌 보면 우리 교육에 그 책임이 크다. 입시교육과 경쟁교육에 매몰되어, 우리 교육이 해야 할 기본적인 인간교육을 제대로 하지 못한 결과이다.

교육은 교사에 대한 존경심 없이는 불가능하다. 교사는 학생을 진정으로 사랑하고 학생은 스승을 존경하며 서로 공감하고 사제의 정을 나누는 데서 삶의 본보기가 되고 배움이 일어나는 것이다. 이것이 바로 행복한 삶을 위한 교육이다. 좋은 교사, 좋은 스승은 학생이 좋아하고 존경하는 가운데 그의 모습과 태도를 닮아간다. 교사 또한 학생들의 본이 되어야 좋은 스승으로 성장하는 것이다.

훌륭한 인재는 좋은 교사 밑에서 길러진다. 우리 선조들은 일찍이 교육의 중요성을 깨닫고 '군사부 일체'를 이야기한 것이다. 바람직한 인간의 성장은 좋은 스승 없이 이루어질 수 없다. 어진 사람 주변에는 항상 훌륭한 스승이 존재한다. 좋은 스승으로부터 끊임없는 가르침과 멘토의 덕분으로 함께 바르게 성장하는 것이다.

흔히들 '교사는 많지만 훌륭한 스승은 없다'라는 말을 많이 한다.

학생들이 본받고 배울 수 있는 교사들은 많지만 이들 모두 훌륭한 스승이라고 할 수 없다는 것을 반증한다. 그래도 우리 사회에서 가장 모범적이고 믿을 만한 우수한 지성집단이 모인 곳이 바로 학교사회다. 이들이 우리의 미래가치를 높이고 우수한 인적자원을 생산하는 힘이다.

교육은 교사가 변해야 성장할 수 있다. 요즘 교사들을 보면, 확연히 변하고 있다는 생각이 든다. 교사 스스로 자기혁신을 주도하고 노력하는 모습들이다. 급격한 교육환경의 변화를 인식해서 모든 교사들이 이젠 변화하지 않으면 안 된다는 생각인 것 같다. 과거의 수동적인 교사들의 모습과는 달리 매사 능동적이고 적극적인 교사로 변신하고 있는 것이다. 이러한 사례는 최근 교사들의 연수 열기를 보면 직접 느낄 수 있다. 많은 교사들이 스스로 찾아가는 연수를 하고 있기 때문이다. 현직연수에 대한 필요성을 느끼고 스스로 자원하는 것이라서 그런지 연수에 대하는 태도나 자세가 자못 진지까지 한 것은 매우 고무적인 일이다.

가르침과 배움에 열정을 가진 교사들에게서 배운 학생은 분명히 높은 학습동기와 새로운 도전정신을 익힐 수 있다. 교사들이 새로운 교수방법을 스스로 찾고 연구하며, 학생들을 사랑과 열정으로 가르칠 때, 우리 교육의 미래는 밝아진다. 비록 학교폭력이 일어나고 학생 자살이 학교교육을 위협할지라도 교사들의 자율적인 연구와 노력이 보다 적극적으로 이루어진다면 우리 교육에 새로운 희망이 될 수 있다.

"교사는 교육의 주체다." 그래서 교사들이 교육에 중심이 되어야 하고 교사가 공감하지 못한 교육정책은 무용지물에 불과하다. 우리는 역대 정부가 교육개혁, 교육혁신 등 새로운 교육정책을 야심차게 펼쳤지만 하나같이 성공하지 못한 선례를 기억하고 있다. 정책실패의 가장 큰 문제는 바로 교사가 교육개혁의 주체가 아니라 대상이 되었다는 점이다. 정말 잘못된 개혁일 뿐 아니라 교사의 자존심과 사기에 상처만 남겼다. 아무리 좋은 교육정책이라 하더라도 정책을 실천하는 현장교사들로부터 충분한 의견이나 공감을 얻지 못하면 사실상 실천이 불가능한 실패하는 정책이다.

좋은 교육실현을 위해서는 교사에게 힘을 실어주는 정책에서 출발해야 한다. 우리 교사들은 무엇보다 교사라는 자존심과 자부심 하나로 살아간다. 그래서 교사에 대한 존경심이 곧 교사의 사기이며 자부심이기도 하다. 좋은 교육은 교사라는 권위에서 출발해야 하며, 교사의 권위와 존경심 없이는 올바른 학생교육이 어렵다. 따라서 지금과 같이 교권추락으로 위축된 교사들에게는 무엇보다 사기진작이 시급한 과제인 것이다.

우리 교육의 미래와 희망은 교사들에게 있다. 실추된 교권을 회복하고 교사의 자존심을 살리는 일은 먼저 교사에 대한 국민적 예우부터 필요하다. 역대 대통령 후보들이 교육대통령을 부르짖었지만 당선 후 공약은 헌신짝 취급을 받고 있다. 늘 교육이 국가정책에서 중요한 위치에 있음에도 교사들에 대한 정책은 미미했다. 올바른 인간으로 성장하기 위해서는 반드시 참된 스승이 필요하다. 교직에 인생을 걸고 사랑과 열정이 사라지지 않는 교사가 있는 한 우리 교육의 미래는 희망적인 것이다.

이런 리더가 좋은 교육리더다

예기치 않은 위험에 부딪쳤을 때 동물들은 어떤 반응을 보일까. 각자 살기 위해 우왕좌왕 흩어지다 먹잇감이 되는 동물도 있고, 일사불란한 대응으로 위험을 피하는 동물들도 있다. 무리를 이끄는 리더의 역할에 따라 순간의 생사가 갈린다. 이렇게 동물의 세계에서도 리더의 역할은 매우 중요하다.

개인이 아닌 어떤 조직이든 구성원을 지휘하는 리더가 존재한다. 구성원들은 리더의 명령이나 지시에 따라 조직목표를 달성하기 위해 업무를 수행한다. 리더는 배를 이끄는 선장과 같아 리더가 어떤 방향으로 어떤 역량을 발휘하느냐에 따라 조직의 성과는 물론 조직의 미래까지 달라질 수 있다. 이러한 리더의 능력이 리더십이다. 리더십은 다른 사람에게 영향을 미치는 힘으로 자신의 뒤를 따르도록 만드는 능력이다.

오늘날 리더의 모습은 매우 다양화 되어 지금까지 알려진 리더의 정의만 해도 130여 개나 된다. 일본의 경우 도요타는 '인품'이, 닛산은 '여성 이해'가, 소니는 '균형 감각'이 리더의 전제 조건이다. 미 캘리포니아대(University of California)의 엠 맥콜 교수는 '좋은 리더의 특성'을 다음과 같이 제시한다. ① 사람의 가장 우수한 부분을 이끌어낸다. ② 새로운 관점에서 사물을 생각하는 통찰력이 있다. ③ 변화를 초래하는 것에 적극 참여한다. ④ 위험을 감수하는 용기를 가진다. ⑤ 실패로부터 학습한다. ⑥ 비판에 귀를 기울인다. ⑦ 학습기회를 추구한다. ⑧ 문화의 차이를 받아들인다. ⑨ 광범위한 사업지식을 추구한다. ⑩ 성실하게 행동한다.

또한 좋은 리더들의 공통점은 ① 조직 내에서 빨리 승진한다. ② 고액 연봉과 성과에 따른 보상을 받는다. ③ 사회적 지위와 직업 안정성이 높다. ④ 자기 인생을 자기 의지대로 끌고 간다. ⑤ 자기 일에서 큰 만족을 얻는다. ⑥ 자신이 몸담은 조직의 생산성을 향상시킬 수 있다 등이다. 따라서 더 나은 리더가 되기 위해서는 구성원들에게 영향을 미치는 방법을 배워야 한다.

훌륭한 리더로서 갖추어야 할 특성에는 무엇보다 먼저 인간적인 모습을 보여주는 것이다. 그래서 모든 구성원들은 수행하는 업무보다는 업무를 지시하는 리더에 대해 더 자세히 알기를 원한다. 리더의 철학과 가치관, 조직의 비전과 목표, 이를 실천하기 위한 추진력과 소통 등에 대해 구성원들이 함께 이해하고 공감능력을 가질 때 인간적으로 리더를 존경하고 신뢰할 수 있다. 리더의 개인적인 니즈(needs)가 아닌 조직의 발전이나 향상을 위한 사명과 비전, 그리고 목표가 분명할 때 구성원들은 리더를 믿고 따르는 것이다.

학교의 최고 리더인 교장도 마찬가지다. 오늘날 교사들의 권위는 학생이나 학부모들로부터 크게 위축되고 실추되어 있는 상황이라 이들이 긍지를 갖고 충실히 교직에 임하려면, 교장이 방패막이 역할을 해야 한다. 이러한 방패막이만 되려면 보다 강력한 교장의 카리스마를 보여야 한다.

카리스마가 있는 교장은 보다 높은 도덕성과 성취동기, 강인한 신념, 자기 청취력, 공감능력이 있다. 뿐만 아니라 교육에 대한 철학이 뚜렷하고, 학교의 비전과 목표를 교직원과 공유할 때 좋은 교장, 훌륭한 교육리더로 인정받을 수 있다.

교장의 교육리더십에 대한 평가는 교직원의 근무태도에서 살펴볼 수 있다. 교장이 교직원들의 마음을 먼저 읽고 그들의 욕구에 맞는 업무를 부여할 때 그들은 즐거워하고 보람과 행복감을 가지며 진정한 학교교육의 성과를 높일 수 있다. 반면 교직원의 동의나 공감 없이 교장 혼자의 생각과 이상으로 추진하는 교육활동은 교직원의 지지를 못 받을 뿐 아니라 무관심이나 나태함으로 나타난다. 이러한 결과는 다시 교직원의 무능, 소홀, 안전 불감증, 더 나아가 거칠고 무례한 업무 처리로 반영되는 것이다.

교장의 도덕적 성품과 능력에 대해서는 함께 근무한 지 약 1주일 정도가 지나면 모든 교직원들이 느끼고 평가한다. 그 기준이 무엇이든 교직원들 나름의 "적합한가 그렇지 않은가"에 대한 마음속의 냉정한 평가척도로 측정하는 것이다. 그래서 교직원들이 항상 교장 자신의 인품과 태도를 평가하고 있다는 점을 생각하고 그들에게 먼저 솔선수범해야 함도 잊지 않아야 한다.

교장의 역할이 어느 때보다 어렵고 힘든 시기다. 학교의 관료조직도 시대의 변화에 따라 빠르게 변화하고 있다. 과거처럼 교직원들에게 일방적으로 명령하고 지시만 하던 교장의 모습은 이젠 더 이상 있어서도 안 되지만 찾아볼 수 없는 현실이 되었다. 교장이 먼저 교직원들에게 다가가 그들의 요구를 찾아 해결해주는 형 같고 누나 같은 유연한 리더십, 따뜻한 리더십이 필요하다. 교직원들이 수시로 교장실에 들러 허심탄회하게 대화를 나눌 수 있는 민주적이고 자율적인 학교문화를 만들어야 그들의 진솔한 얘기를 들을 수 있다.

이렇게 좋은 학교 교장은 유연하고 따뜻한 학교경영 리더십을 펼친다. 항상 민주적이며 교직원의 편에서 그들의 의견을 경청하고 의사를 수렴한 교육정책을 얼마나 진정성 있게 실천하느냐에 학교성과가 다르게 나타난다.

따라서 좋은 교육리더는 다음과 같은 조건을 갖추어야 한다.

첫째, 교육리더는 도덕적이고 정직해야 한다. 교육리더의 조건 중에서 '도덕성'은 가장 기본적인 요건이다. 무엇보다 교육은 공공성의 성격을 가지고 있으며 어린 학생들을 대상으로 교육함으로써 높은 도덕성을 전제로 한다. 도덕성은 신뢰성과 밀접하기 때문에 우선 공정하고 정직하여야 한다. 그리고 정직성 역시 교장에 대한 신뢰성을 높여 교직원이나 학생들로부터 리더십에 강한 힘을 실어준다.

둘째, 교육리더는 미래를 보는 혜안과 학교의 비전과 목표를 제시해야 한다. 앨빈 토플러(Alvin Toffler), 다니엘 핑크(Daniel Pink) 등 세계적 미래학자들은 몇 년 전 우리가 겪은 글로벌 금융위기가 금융전문가나 리더들의 조망(眺望) 능력의 결여에서 비롯됐다고 진단했다. 이처럼 리더는 미래를 조망하고 통섭과 종합의 리더십을 발휘할 수 있어야 각광받을 수 있다. 따라서 교장은 학교의 장래를 예견하고 종합적인 시각에서 보다 합리적인 비전과 목표를 제시해야 한다. 이는 학생과 교직원들이 나아갈 방향이므로 교장 혼자의 생각을 제시하는 것이 아니라 학교여건이나 특성을 고려해 교직원 모두가 합의된 내용이어야 교육목표를 보다 쉽게 달성할 수 있다. 또한 '함께 학교를 경영한다'는 교직원의 의지와 책임감이 보다 적극적인 참여를 이끌어낸다.

셋째, 교육리더는 교직원을 존중하고 공정하게 대해야 한다. 교장은 공무를 수행하는 최고 책임자다. 개인적인 감정이나 생각에 이끌려서는 공정성을 잃기 쉽다. 항상 교직원, 학생, 학부모의 의견을 존중하고 공정하게 평가해야 한다. 교직원들의 불만과 갈등은 대개 공정한 평가나 대우를 받지 못한 데 기인하는 경우가 많다. 교직원들의 의견을 최대한 존중하고 이를 학교경영에 적극 반영하였을 때 교장에 대한 존중과 배려에 감사를 느끼는 것이다. 그래야만 교장을 믿고 따르며 공정한 기회와 그 결과에 대해 겸허히 수용할 수 있는 신뢰를 쌓을 수 있다.

넷째, 교육리더는 교직원의 마음을 헤아리고 감쌀 수 있는 포용력이 있어야 한다. 교장은 교장이라는 권위가 아니라 교직원과 함께 도우며 교육활동을 수행하는 사람이다. 교장이 먼저 마음을 열고 교직원들에게 다가가 그들의 마음을 헤아려 니즈(needs)를 찾아 해결해줌으로써 친절한 교장으로 평가받을 수 있다. 그리고 소신을 갖고, 지시한 일에 대해서는 밖으로부터의 외풍을 막아야 하며, 교직원들의 마음을 포용할 수 있는 태도를 지녀야 한다.

다섯째, 교육리더는 일관성을 갖고 모든 업무에 책임감을 가져야 한다. 기준 없이 수시로 바뀌는 정책은 교직원의 혼란과 불만의 원인이 되며 위기의 순간에 그러한 조직은 쉽게 무너지고 책임지는 사람도 없게 된다. 책임감은 맡은 업무나 기준이 분명할 때 느낄 수 있으므로 학교의 성장과 발전을 위하여 헌신할 각오와 책임감이 없으면 그 조직은 진보하기 어렵다.

여섯째, 교육리더는 교직원들이 성장할 수 있도록 좋은 멘토가 되어야 한다. 좋은 멘토는 좋은 친구이자 지원자로서 자신감을 불어넣어 멘티의 잠재력을 발휘하도록 돕는다. 지혜로운 멘토는 정곡을 찌르는 몇 마디로 멘티를 자극하여 더 배우고 발전하게 하며, 혼자 볼 수 없던 세상을 보는 눈을 뜨게 한다. 시련을 헤쳐 나갈 힘을 줄 뿐만 아니라 자칫하면 놓치고 말았을 기회도 보게 한다. 한마디로 멘티를 좀 더 지혜로운 사람이 되게 해주는 것이다.

일곱째, 교육리더는 성실하며 봉사정신이 강해야 한다. 교장은 학교의 최고 리더다. 리더의 주요 역할은 위기극복을 위한 순간의 리더(leader of the moment), 가르치는 리더(teaching leader), 생각하는 리더(thinking leader), 에너지를 이끌어내는 리더(getting energy out of everyone), 이야기를 만드는 리더(leader as a story-teller)이다. 교장의 역할은 학생들을 교육하는 활동부터 학교시설 관리에 이르기까지 학교를 총체적으로 관리하고 경영하는 일이다. 이러한 일들을 수행하기 위해서는 공직자로서 투철한 사명감, 성실성, 봉사정신 없이는 수행하기 어렵다.

교장은 권위로 학교에 군림해서는 이제 더 이상 좋은 리더로 성장할 수 없다. 오히려 교직원들을 위해 힘들고 어려운 일을 자처하고 봉사해야 신뢰받는 교장, 존경받는 교장으로 거듭날 수 있다. 중앙교육연수원의 김형식 교수는 좋은 교장과 위대한 교장의 차이를 다음과 같이 말하고 있다.

먼저 좋은 교장은 ① 교사들이 다르게 생각하도록 지원한다. ② 교사들과의 토론을 원활하게 유도한다. ③ 많은 지식과 경험을 현상에 적용시킬 줄 안다. ④ 시간의 50%는 준비, 나머지 50%는 코칭에 배분한다. ⑤ 흥미 있는 지도 자료와 사례를 준비한다. 다음으로 위대한 교장은 ① 교사들이 다르게 행동하도록 지원한다. ② 교사 간의 토론을 원활하게 유도하고 격려한다. ③ 엔터테인먼트/질문 등을 통하여 감성을 적용시킬 줄 안다. ④ 시간의 90%는 준비, 나머지 10%는 코칭에 배분한다. ⑤ 상호소통과 참여, 격려를 준비한다.

모든 리더는 자기가 좋아하고 존경하는 사람의 영향을 받는다. 사람들에게 힘을 주는 리더는 자기가 존경하는 사람에 관해 읽고 그의 특징을 연구하면서 자연스럽게 자신만의 리더십을 계발한다. 또한 자기 자신을 이끌려면 머리를 사용하고 다른 사람들을 이끌려면 가슴을 사용하라는 말이 회자된다. 이처럼 교육리더의 리더십은 리더 자신의 이해부터 시작된다. 하지만 모든 교육리더의 리더십이 단지 자기 이해만으로 모두 성공적으로 발휘되지 않는다. 자기 이해가 타인과 공유될 때 성공적인 리더십이 가능하다.

교육리더가 교직원들에게 감동을 주고, 그들이 교육리더의 뜻을 공감하고 주인의식과 책임감을 갖고 학교교육에 정진할 때 진정한 교육리더십이 발휘되는 것이다. 시대가 많이 바뀌었다. 바뀐 만큼 교직원들이 원하는 교육리더의 모습도 점점 달라지고 있는 것이다.

좋은 리더는 다양한 교육역량을 발휘한다

조직 구성원들이 생활하고 일하는 환경 변화에 따라 리더를 바라보는 시선도 크게 변하고 있다. 요즘 리더는 과거와 같은 전통적 리더십으로는 구성원을 더 이상 이끌 수 없다. 그 까닭은 현대와 같이 복잡한 조직에서 일하는 지식근로자들의 다양한 심리를 더 이상 설명해주지 못하기 때문이다. 현대 지식 근로자들은 형제처럼 협력하고 도와주는 상호주의자형 리더, 일의 진정한 의미를 찾아주는 리더, 구성원들의 비전과 자아실현을 이끌어주는 리더, 지시자가 아닌 코치로서의 리더를 원하고 있다.

일반적으로 좋은 리더는 다음과 같은 공통적인 특징을 가지고 있다. ① 조직 내에서 빨리 승진한다. ② 고액 연봉과 성과에 따른 보상을 받는다. ③ 사회적 지위와 직업 안정성이 높다. ④ 자기 인생을 자기 의지대로 끌고 간다. ⑤ 자기 일에서 큰 만족을 얻는다. ⑥ 자신이 몸담은 조직의 생산성을 향상시킬 수 있다.

이처럼 좋은 리더의 리더십은 지시나 지휘에 의한 영향력이 아니라 구성원들이 조직의 목표를 위해 자발적으로 결속하여 헌신하게 하는 것이다. 그러므로 리더는 구성원들을 신뢰하고 배려하며 사기를 높여주고, 조직방향을 분명하게 하여 목표를 쉽게 달성할 수 있도록 도와주는 역할을 해야 한다. 그 힘이 바로 리더십이다.

이제 리더십은 리더만의 전유물이 아니라 모든 구성원에게도 필요하다. 특정한 순간과 상황에 따라 조직 속에서 벌어지는 리더와 구성원 간의 상호작용을 통해 조직이 가야 할 방향과 목표달성을 위해서는 서로의 지혜가 필요하다. 구성원의 지혜는 하는 일에 대한 애정, 관심, 호기심에서 나오며, 구성원이 하고 싶은 일을 하고 좋아할 때 더 효과적으로 생성된다. 리더는 조직을 현재에서 미래로 움직이게 하고, 조직의 잠재적인 기회를 비전으로 창조하며, 구성원들을 변화에 동참하도록 이끌고, 열정과 사기를 진작하여 업무에 집중시킬 수 있는 리더십을 발휘해야 한다. 진정한 리더십은 답을 제시하고 이대로 따르도록 사람들을 설득하는 것이 아니라 조직의 집단적인 지혜나 통찰력을 끌어낼 수 있는 능력이다.

미래학자 앨빈 토플러(Alvin Toffler)는 미래 사회를 '에드호크러시(adhocracy)'[1]의 시대가 될 것이라 예견했다. 에드호크러시는 전통적

---

1) 1. 에드호크러시(adhocracy)는 앨빈 토플러의 저서인 『미래의 충격』에서 나오는 말로서 자율과 책임을 갖은 프로젝트 형태의 조직 라틴어로 '특정한 목적만을 지닌'이라는 뜻의 adhoc와 '주의,

인 관료 체계에서 벗어나 프로젝트에 따라 조직을 재정립하는 일회용 조직을 뜻하는 말이다. 이 조직은 미래 기업들의 생존 조건인 '혁신'과 '속도'를 지속 가능하게 한다. 지속적인 변화의 환경에서 리더십은 CEO(chief executive officer)에서부터 평사원까지 모두에게 필요한 덕목이다.

조직에 발휘되는 리더십은 여러 가지 기술의 집합체로서 대부분의 기술은 학습을 통해 향상시킬 수 있다. 그러나 그 기술은 단시간이 아니라 장시간에 걸쳐 꾸준히 학습해야 향상될 수 있다. 그것은 리더십이 복합적인 체계로 구성되어 있기 때문이다. 즉 존경, 경험, 강한 정신력, 인간관계 능력, 자기절제, 비전, 추진력, 타이밍 등 수없이 다양한 것들로 이루어져 있기에 꾸준한 노력과 개발이 필요하다. 이러한 리더십의 기술은 리더의 자질과 매우 상관이 높다. 일반적으로 리더의 자질로 거론되는 포용력, 판단력, 추진력, 의사소통능력, 비전제시 능력 등은 개인 간의 정도의 차이가 있을 뿐 누구나 가지고 있다. 이렇게 잠재된 자신의 특성을 찾아 깨우는 것이 리더십의 계발의 첫 단계다.

성공한 리더들의 특성을 다음 몇 가지로 정리할 수 있다.

첫째는 반드시 정직함을 유지해야 한다. 정직은 모든 리더십의 근본이므로 정직하지 않으면 결코 사람들의 신뢰를 받을 수 없다.

둘째는 자신의 할 일은 솔선해야 한다. 리더를 따르는 구성원들은 리더의 정치적 능력에는 별로 관심이 없다. 다만 리더의 임무 수행에

통치'를 뜻하는 cracy의 합성어로 유기적, 기능적, 임시적 조직이라는 뜻을 가지고 있다. 2. 에드호크러시는 관료제와는 대조적인 모형 형식의 이론이다. 관료제는 표준화된 조직 프로그램을 완성시키기 위해서 설계된 이론이라고 할 수 있다.

필요한 일을 얼마나 잘 이해하고 수행하는가에 관심이 있을 뿐이다.

셋째는 조직의 비전이나 목표를 분명히 해야 한다. 비전이나 목표가 무엇인지도 모르는 리더는 결코 리더십을 발휘할 수 없다.

넷째는 업무수행에 탁월한 헌신을 보인다. 리더가 조직을 위해 자신이 먼저 솔선수범하고 헌신하는 모습을 보이지 않으면 구성원 누구도 그를 신뢰하지 않을 뿐더러 잘 따르지도 않는다.

다섯째는 조직의 미래에 대해 긍정적으로 인식을 한다. 긍정은 새로운 긍정을 낳는다는 말처럼 리더의 긍정인 태도는 구성원들의 믿음과 신뢰로 나타난다.

여섯째는 구성원들을 존중하고 신뢰한다. 리더의 인간적 존중과 이해는 다시 리더의 신뢰로 돌아오기 때문이다.

일곱째는 구성원들과 자주 만난다. 구성원들과의 만남은 소통이다. 원활한 소통은 이해와 신뢰는 물론 갈등과 분열을 예방할 수 있다. 그렇게 하면 진행 상황을 잘 알 수 있고 구성원들이 리더가 책임자라는 걸 알게 된다.

교육리더십은 학교조직의 효과성을 높이기 위한 영향력으로 ① 학교사회의 구성원들이 교육목표를 정하고 공유하는 것을 돕는 일, ② 교수－학습 과정을 촉진시키는 일, ③ 교육조직의 생산성을 높이는 일, ④ 조직의 성장과 건강한 풍토를 조성하는 일, ⑤ 효율적인 교육활동에 필요한 적합한 자원과 환경을 마련하는 일이다. 물론 이러한 일이 교육리더십의 전부는 아니다. 학교조직의 과업이 광범위하고 복합적이므로 발휘되어야 할 영향력의 범위 또한 다원적이고 복합적이라고 할 수 있다.

한편 효과적인 학교조직을 위해 교육리더에게 요구되는 다음과 같은 다양한 요소들이 있다. ① 조직의 목표설정 기능, ② 구성원의 조직편성 기능, ③ 구성원의 과업달성 기능, ④ 조직의 유지발전 기능, ⑤ 환경에 대한 조직적응 기능으로, 리더가 조직 내외의 상황을 파악하고 조직 외의 환경에 적응하기 위하여 조직을 적절히 이끌어 가는 일이다.

이러한 교육리더십 기능과 관련하여 교육리더는 학교조직이 갖는 특수한 성격을 고려하여 기본적으로 학교의 목적과 기능에 관계된 일, 학교의 조직과 관리의 개선, 학교 교육과정의 개선, 학교의 봉사적 역할의 개선, 학교 내외의 교육적 인간관계, 그리고 학교의 효과적인 평가 개선 등과 같은 역할을 한다.

우리는 학교에서 학생들을 만날 때나 교직원을 대할 때 여러 상황에서 어느 한 가지 리더십만으로 교육문제 해결이 어렵다. 많은 경우 교육문제들이 복합적으로 작용하게 됨으로 대개는 몇 가지 리더십이 혼합되어 발휘된다. 그런데 그 가운데도 어느 한 가지 유형이 상황에 따라 더 많이 발휘되는 경우가 대부분이다. 그래서 훌륭한 리더는 많은 경험과 안목을 갖고 융통성 있게 다양한 리더십을 발휘한다.

변화하는 교육환경에서 학교조직을 올바르게 이끌고 교직원의 자율적인 교육역량을 발휘하게 하는 교장의 교육리더십은 다음과 같다.

첫 번째는 학교비전을 향해 모든 교직원의 역량을 집중시키는 리더십이 필요하다. 모든 조직에서 비전이 없으면 그 조직의 미래가 없어 곧 사라질 조직이라고 평가할 수 있다. 조직은 비전이 있어야 목표가 생기고 이에 대하여 공동의 노력을 한다. 교장은 교직원의 의견을 충분히 수렴하여 장기계획을 수립하고 이를 체계적으로 실천하여야 효율적인 교육성과를 얻을 수 있다.

두 번째는 교장은 교사들의 교수-학습활동을 장학할 수 있는 전문적 수업 리더십을 발휘해야 한다. 교사의 수업 계획단계에서부터 최종 평가단계에 이르는 교육의 전반적 과정에서 수업 리더십이 발휘되어야 한다.

세 번째는 수평적이고, 양방향 소통의 커뮤니케이션 리더십(Communication Leadership)이 필요하다. 효과적인 커뮤니케이션은 상하관계보다는 수평관계에서 일방적 소통보다는 쌍방소통이 이루어져야 한다. 따라서 학교조직 내의 원활한 소통의 장을 위한 조직을 재구조화하여 상의하달보다는 하의상달의 문화가 이루어지도록 소통기회를 확대하여야 한다. 아직도 많은 학교에는 관료적 조직 특성을 완전히 버리지 못하고 교육리더 중심의 한 방향 소통으로 때론 교직원의 불만뿐 아니라 학교갈등의 원인이 되기도 한다. 그러므로 커뮤니케이션의 방향이 수직보다는 수평적, 한 방향보다는 쌍방향으로 구성될 때 그 흐름이 막힘없이 빠르고 원활하다. 또한 학교 커뮤니케이션은 대규모보다는 소규모의 다양한 위원회를 구성하여 융통성을 발휘하는 것이 더 효과적이다.

네 번째는 교직원의 긍정적인 자존심을 높이고 자기관리를 위해 코칭 리더십이 필요하다. 교원들은 개성이 강하고 자존심이 매우 강한 집단이다. 강한 자존심 때문에 개인주의적인 성향이 높은 것으로 비춰지며 교직원 간의 원활한 인간관계 형성이 어려운 것이 사실이다. 특히 교직이 전문직임에도 불구하고 계획적이고 전문적인 자기관리를 하지 못하여 교직에 대한 뚜렷한 사명감 없이 중도 퇴직 후에 삶을 후회하는 교원들도 없지 않다. 그러므로 교장이 교직원의 이력관리를 위한 장학지도와 상담활동을 함으로써 교직에 대한 자긍심과 보람을 가질 수 있는 것이다.

다섯 번째, 교육자의 사명감을 갖고 교직에 봉사와 헌신할 수 있는 리더십이 필요하다. 교직이 하나의 직업이기 전에 학생을 위한 봉사적, 도덕적인 업무임을 인식해야 한다. 직업을 위한 업무는 힘들고 피곤하지만 봉사적 업무는 즐겁고 보람을 느낄 수 있다.

교직에 대한 사회의 인식이 많이 변하기는 했지만 그래도 여타 직업인보다는 높은 도덕성을 요구하고 있다. 교장은 교사 스스로 교직에 보람을 가질 수 있도록 여건을 개선해주고, 학생들을 사랑하고, 교직원 간 배려가 있는 민주적인 학교문화를 만들어야 한다. 어느 때보다 학교교육의 창의성이나 자기 주도성이 강조되고 있는 가운데 교장이 자율적이고 유연한 학교조직문화를 만들어주는 것이 중요하다.

훌륭한 리더는 저절로 만들어지는 것은 아니다. 변화를 두려워하지 않고 끊임없는 자기 혁신과 개혁이 필요하다. 링컨 대통령은 젊었을 때 남을 비판하는 것으로 유명했다. 그는 이러한 단점을 고치기 위해 자신이 감정이 격해 있는 상황에서 쓴 편지는 반드시 며칠간 서랍에 보관한 후 다시 읽어보고 고치고 나서야 부치는 습관을 들였다고 한다.

이처럼 성공하는 사람들의 공통점은 천재성이 아니라 스스로가 변화하고 혁신하여 만든 훌륭한 인격이다. 천재성은 감탄을 자아낼 뿐이지만 인격은 끊임없는 존경심을 불러일으킨다는 것을 다시 한 번 새겨봐야 할 것이다.

신뢰받는 교육리더의 조건은

우루과이의 호세 무히카(Jose Mujica)2) 대통령은 '세상에서 가장 가난한 대통령'으로 알려져 있다. 남미에서 1인당 GDP가 가장 높은 국가인 우루과이 대통령이지만, 그의 개인 재산이라고는 1987년에 제조된 200만 원짜리 자동차 1대뿐이다. 그는 국가에서 제공한 관저를 거절한 채 원래 살았던 농가에서 살면서, 우리 돈 1,300만 원 정도인 대통령 월급 중 90%를 기부, 한 달 130만 원 정도만 받고 살고 있다. 그의 나머지 월급은 무주택자를 위한 사업에 쓰이고 있다.

재임시절 한국을 방문했을 때, 직접 자신의 옷을 다려 입어 화재가 되었던 핀란드의 할로넨 전 대통령, 2012년 3월 퇴임 당시 그의 지지율은 80% 이상, 핀란드에서도 이례적일 정도로 높은 지지율을 기록했다. 이혼가정에서 자라나 미혼모로 자라왔던 그녀는 특권층과는 거리가 먼 생활을 했다. 대통령이 된 후에도 그녀는 일반시민처럼 살기를 좋아했고, 자신의 경험을 바탕으로 사회복지와 소외계층에 대한 지지를 계속적으로 주장했다. 핀란드 국민들은 그런 그녀를 '우리 중의 하나'라고 표현하면서 신뢰하고 있었다.

몇몇 리더들이 특권을 누리는 것에서 자신의 리더십을 확인하는 동안, 진정한 리더는 특권을 버림으로써 사람들에게 신뢰와 권위를 얻었다. 존경받는 리더의 대부분은 자신의 특권을 내려놓음으로써 신뢰를 얻고, 그 신뢰를 기반으로 사회적 통합을 이뤘다.

---

2) 호세 알베르토 무히카 코르다노(스페인어: José Alberto Mujica Cordano, 1935년 5월 20일~)는 우루과이의 정치인이며, 2010년 3월 1일부터 2015년 2월까지 대통령직을 역임했다.

한국인 최초의 유엔 사무총장에 이어 연임까지 일궈낸 반기문 총장의 리더십이 새삼 주목받고 있다. 반 총장은 특유의 '부드러운 카리스마'로 한국 내에서 뿐 아니라 국제무대에서도 독자적인 리더십을 보여주었다. 냉혹한 국제정치 무대에서 세계인을 설득하고, 끌어들일 수 있는 반기문 총장의 리더십은 따뜻하고 열정적이며 신뢰 있는 모습인 것이다.

진정한 리더십이 발휘되기 위해서는 리더와 구성원들의 신뢰가 우선되어야하기 때문이다. 경영학의 대가로 불리는 피터 드러커(Peter Drucker)는 "유능한 리더는 사랑받고 칭찬받는 사람이 아니라 그를 따르는 사람들이 올바른 일을 하도록 만드는 사람이다"라고 지적하였고, 반기문 총장도 "나는 탁월한 사람이 아니다"면서 "어떤 자리를 바라고 일하지도 않으며 내게 주어진 일에 최선을 다할 뿐이다"라고 했다. 이처럼 성실함이 신뢰를 쌓게 하고, 신뢰의 리더십이 그를 연임으로 이끌어냈다는 분석이다.

신뢰는 '상대방의 다양한 속성에 대한 호의적인 인식을 바탕으로 다소 불확실한 상황일지라도, 상대방의 말과 행동을 믿고 따르고자 하는 의도'로 정의된다. 일반적으로 사람들은 상대의 행동이 일관되어 예측 가능할 때 신뢰가 생긴다. 이러한 신뢰가 오늘날 학교경영에서 그 중요한 절대적인 가치를 지니고 있다. 그 이유는 과거처럼 제왕적 위치에서 군림하던 리더들에겐 문제되지 않았지만 지금처럼 교직원 각자의 임파워먼트(empowerment)가 요구되는 학교조직에서 리더를 믿고 자발적으로 경영에 참여하려면 신뢰가 기본으로 전제되어야 한다.

그렇다면 리더에 대한 신뢰가 중요한 이유는 무엇일까. 그에 대한 대답은 다음과 같다.

첫째, 리더에 대한 신뢰가 확고할 때 구성원들이 주어진 업무에 즐거움을 느끼고 몰입할 수 있다는 것이다. 즉 리더에 대한 믿음이 높을 때, 구성원 간의 유대감이 강화되어 직장 분위기가 좋아지고 신바람 나게 일할 수 있다.

둘째, 리더에 대한 신뢰가 높을 때, 리더의 의사결정에 대한 구성원들의 추진력이 강화되어 성과가 극대화될 수 있다는 것이다. 다시 말해 리더의 의사결정에 대한 구성원들의 신뢰가 높으면 구성원들은 리더의 정책에 대한 성공적인 믿음을 가지고 빠르게 업무에 몰입할 수 있다.

셋째, 리더에 대한 신뢰는 곧 구성원에 대한 기대감으로 이어진다는 점이다. 신뢰받는 리더는 그 존재만으로 구성원에게 이 조직이 성공하고 성장할 것이라는 희망을 줄 수 있다.

그렇다면 신뢰받는 교육리더가 되기 위한 조건은 무엇일까.

첫째, 교육리더의 전문적인 교육역량이 강화되어야 한다. 신뢰받는 교육리더가 되기 위해서는 먼저 교직원들로부터 리더의 교육에 대한 투철한 철학과 전문적인 교육역량을 함양하여 이를 인정받아야 한다. 리더의 교육에 대한 높은 역량은 교직원들에게 리더의 학교경영에 대한 긍정적 기대감을 심어주게 되고 교직원들 역시 학교정책에 대한 지지와 신뢰를 보내기 때문이다. 반면 교육역량이 부족한 리더는 아무리 인간적 성품이라 하더라도 교직원들에게 교육리더로서 신뢰를 받기가 어렵다. 그러므로 교육리더는 변화하는 교육정보를 탐색하고 자기혁신을 위해 새로운 교육역량 함양에 부단한 자기연수와 노력을 해야 한다.

둘째, 교육리더는 교직원들과의 소통에서 달인이 되어야 한다. 통계학자들에 따르면 "남자는 하루 평균 2만 5천 개의 단어를, 여자는 평균 3만 개의 단어를 말하고, 대다수의 사람들이 대화의 약 1/4 정도만 정확하게 듣는다"고 한다. 귀를 기울이는 것에서 더 나아가 마음을 기울이는 정성이며, 진정한 소통을 만드는 것이다. 리더는 구성원들과 커뮤니케이션을 잘해야 직장에 대한 불만과 갈등을 줄이고 믿음과 신뢰를 쌓을 수 있다. 피터 드러커(Peter Drucker)는 그의 저서 『21세기 지식경영』에서 '신뢰는 그 사람으로부터 무엇을 기대해야 하는지 아는 것'이다. 즉 신뢰는 상호 이해이며, 예측이 가능한 상태'라고 말한 바 있다. 이처럼 서로를 이해하거나 상대방의 의도를 예측하는 데 가장 좋은 방법은 충분한 커뮤니케이션이다.

셋째, 교육리더는 교직원 개개인에게 교육적인 관심과 배려를 위해 사기진작에 노력해야 한다. 신뢰받는 교육리더가 되기 위해서는 교직원들을 진정으로 아끼고 존중하며 교직원 개개인에 대한 교육적인 관심과 몸소 실천하는 모습을 보여주어야 한다. 그리고 이들의 니즈를 이해하고 배려함으로써 사기를 진작시켜줄 수 있다는 것도 잊어서는 안 된다. 또한 교육리더에 대한 교직원의 태도는 헌신도와 충성심으로 나타나는 것이다.

넷째, 교육리더는 모든 교직원들을 공정하게 대하고 객관성 있게 평가해야 한다. 공정성은 교직원들의 직장생활에 직접적인 영향을 미치는 업적에 대한 평가나 인사 고과에서 필요하다. 따라서 교육리더는 학연과 지연, 그리고 성별에 따른 차별과 편견을 과감히 벗어날 수 있어야 하며, 모든 교직원을 공정하게 대하고 객관적인 평가를 해야 불평과 불만의 갈등요소를 줄일 수 있다. 또한 교육리더의 공정한 대우와 평가는 신뢰를 낳고 교직원의 갈등을 줄이는 원천이 된다. 그러나 교육리더도 사람이기 때문에 간혹 공정성을 잃을 수 있기에 항상 객관적이고 합리적인 기준으로 교직원들과 소통할 수 있는 기회와 자세를 가져야 한다.

다섯째, 교육리더는 언행에 일치하는 모습을 보여줘야 한다. 신뢰를 형성하는 요건 중 하나는 교장의 일관성 있는 학교정책의 추진이다. 직원의 56%가 '신뢰하는 리더는 업무지시에 일관성이 있는 리더'라고 하였다. 교장의 일관성이 결여된 학교정책과 학교경영은 교직원들로 하여금 업무의 혼란은 물론 교직원 간 갈등의 요인이 된다. 교장의 '조령모개'식 의사결정은 학교경영뿐 아니라 학급경영에 이르기까지 혼란을 초래하여 결국 지속적인 성장을 방해하게 한다. 따라서 교장이 솔선해서 약속을 지키고 믿음직한 행동으로 실천하는 모습을 보여야 하며, 또한 실천결과에 대해서는 당당히 책임지는 모습을 보여줘야 신뢰 있는 교육리더로 인정받을 수 있다.

여섯째, 교육리더는 주요한 의사결정을 내리기 전에 주위 사람들로부터 정보와 의견을 충분히 수집하고 수렴하는 태도를 보여야 한다. 학교정책은 특성상 그 영향이 단기적이 아니라 대부분이 장기간에 걸쳐 학생들에게 서서히 영향을 미친다는 점에서 신중하고 사려 깊은 추진이 필요하다.

일곱째, 교육리더는 항상 침착하며 예측 가능하도록 행동하고, 특히 상황이 어렵고 중요한 일일수록 침착하고 신중하게 행동해야 한다. 잘못된 교육은 자라나는 어린 학생들에게 평생에 걸쳐 좋지 못한 영향을 주기 때문이다. 특히 단기적이고 성과 중심의 일관성 없는 교육정책과 행동은 리더의 신뢰마저 저버리는 행위이다.

좋은 리더가 되려면 어떻게 해야 할까. 리더의 세계로 진입하는 방식은 제각각 다르다. 누군가는 타인의 요청으로 리더의 자리에 오르기도 하고, 당자(當者: 어떤 일에 직접 관계가 있거나 관계한 사람)의 부재로 갑작스럽게 오르기도 한다. 하지만 리더가 된 경위나 이유보다 그 역할을 어떻게 수행하느냐가 더 중요하다.

왜 나는 구성원으로부터 신뢰받는 좋은 리더가 되고 싶은 것인가라는 근본적인 물음에 대해 깊이 있게 고민하고, 올바른 목표를 가지고 성장하기 위해 노력해야 한다.

교육리더는 신뢰가 우선이다

아마 모든 교장의 바람은 '교감시절에 생각하고 꿈꿔왔던 학교'를 성공적으로 경영해보는 것이다. 교장으로 발령받기 전에 자신의 꿈과 희망을 오롯이 담은 '학교경영 계획서'를 한 번쯤 작성하였지만, 막상 학교현장에 부딪치고 보면 계획대로 이루어지지 않는 경우가 허다하다. 이처럼 교장이 되는 것도 결코 쉽지 않지만 교장 역할은 더더욱 어렵다.

이러한 어려움은 신규 교장일수록 더 많이 겪는다. 그것은 학교경영에 대한 너무 과한 기대와 의욕 때문이다. 학교경영은 교장 혼자서 계획하고 실천하는 것이 아니라 모든 교직원이 협력과 참여를 통해서 얻어지는 것이다. 그럼에도 학교경영에 대한 과도한 기대와 열정에만 너무 집착하다 보면 교직원들의 생각을 읽지 못한 나머지 독선적 경영이라는 불만을 낳을 수 있다.

흔히들 "요즘처럼 교장하기 힘든 시기도 없다"고 말한다. 최근 들어 교장의 업무가 학교급식이나 학생 돌봄 교실 등 새로운 업무와 책임이 점점 증가되고 있다. 뿐만 아니다. 여기에 교육수요자들의 늘어나는 요구와 민원은 교장의 학교경영에 또 다른 부담이 된다. 그래서 혹자는 "그 좋은 시절엔 교장 못 하고, 이 어려운 시기에 교장 하느냐"고 비아냥거린다.

'교장중심의 학교경영'은 단지 구호일 뿐, 교장에게 주어진 진정한 권한과 자율은 전무하다시피 하다. 한마디로 권한은 없고 책임만 있는 것이 오늘의 교장 모습이다. 요즘 들어 학교문제가 그리 만만하지 않다. 그야말로 좌불안석이다. 최고 책임자인 교장의 자리가 이토록 힘들고 어려운가를 뼈저리게 경험한다. 그러나 이러한 실망과 고민을 거듭하면서 더 좋은 학교 경영자로 성장하는 것이다.

학교경영에서 어려운 것이 교직원들과의 인간관계라 할 수 있다. 최근 학교조직이 매우 다양화되었다. 학교 비정규직이 늘어나면서 직종에 따른 조직관리가 학교경영에 가장 큰 난제다. 연례행사처럼 이루어지는 학교 비정규직의 집단파업은 학교기능을 일시에 마비시키는 한 요인으로 작용하고 있다. 이들을 잘 관리하면 학교업무 수행에 도움이 되지만 잘못 관리하면 시한폭탄이 되는 것이다. 따라서 이들 간의 갈등을 잘 아우르고, 서로 신뢰하며 좋은 학교문화를 만드는 것이 교장의 책무이며 학교경영자의 좋은 리더십이다.

교장은 학교의 최고 리더다. 리더로서 갖추어야 할 조건들은 도덕성, 신뢰성, 책임감, 배려성, 관대함, 결단력, 경청, 열정, 긍정적인 태도, 문제해결 능력, 사랑, 모범성, 추진력, 창의력, 도전정신, 혁신성 등이다. 그중에서도 학교경영자에게 가장 중요시되는 것이 바로

'신뢰'다. 경영학의 아버지로 평가받는 피터 드러커(Peter Drucker)는 "신뢰가 결여된 사람은 아무리 유능해도 조직에 위험하며 리더로는 부적격이다"고 하였고, 세계적인 광고회사 오길비 앤드 마더(O&M) CEO이자 브랜딩 전문가로 명성을 떨치고 있는 셸리 라저러스(Shelly Lazarus) 회장은 "아무리 훌륭한 재능을 갖춘 리더도 신뢰감을 줄 수 없다면 결코 성공을 보장할 수 없다"고 하였다.

조직 안에 무조건 우수한 사람들을 모아 놓는다고 해서 경쟁력이 확보되는 것은 아니다. 우수한 인재들이 업무 현장에서 창의적으로 생각하고 서로 협력하게 하려면 무엇보다도 구성원들 간에 신뢰가 높은 수준으로 축적되어 있어야 한다. 이때 비로소 사람이 조직의 가장 소중한 자산으로 그 기능을 발휘할 수 있다. 신뢰는 한 조직의 생존과 번영을 위한 원동력이다.

교장의 리더십은 '신뢰'가 우선이다. 신뢰는 사람과의 관계에서 믿음이며 리더의 영향력이다. 영향력 없는 리더는 리더로서 존재 가치가 없듯이 신뢰성 없는 교장 또한 리더로서 가치를 잃은 것이다. 이렇게 신뢰는 좋은 교장, 훌륭한 리더의 선결 조건이다. 본래 신뢰는 성품과 역량이라는 요소를 기초로 한다. 성품에는 성실성, 동기, 의도가 포함되고, 역량에는 능력, 기술, 성과, 실적 등이 포함된다. 아무리 진실하고 정직한 성품을 지닌 교장이라 할지라도 학교교육에 좋은 성과를 얻지 못하면 완전히 신뢰하기 어렵다. 또한 다양한 재능과 수업기술이 뛰어나고 학교경영 실적이 우수한 교장일지라도 정직하지 않으면 신뢰할 수 없는 일이다.

만약 교직원들이 "우리 교장선생님은 말과 행동이 달라요. 또 언제 변할지 몰라요"라고 한다면, 그들은 교육에 대한 자율성이나 책임감은 물론 교직에 즐거움과 보람을 갖지 못한다. 반면에 "우리 교장선생님은 우릴 믿고 적극적으로 밀어줘요. 함께 근무하고 있는 것이 자랑스럽다"고 하는 교직원들은 교장의 특별한 지시나 통제 없이도 스스로 자긍심과 책임감을 갖고 창의적으로 업무를 수행하는 것이다.

이처럼 신뢰는 교장의 가치를 높일 뿐 아니라 리더십을 발휘할 수 있는 기본이 되므로 효과적인 리더십을 발휘하기 위해서는 교직원들과 신뢰를 쌓는 일이 매우 중요하다. 그러나 신뢰는 허물기는 쉬워도 쌓기는 어렵다. 교장이 진정성을 갖고, 말과 행동에 책임을 질 수 있는 일관성을 보여야 교직원들로부터 신임과 존경을 받을 수 있다. 따라서 신뢰할 수 없는 교장의 리더십은 어떤 역량이나 스킬도 대신할 수 없다. 신뢰는 교장의 말이나 행동을 판단하는 '필터(Filter)'의 역할을 하게 되며 동시에 교장의 리더십에 새로운 에너지가 되는 것이다.

그렇다면 신뢰받는 교장이 되기 위해서는 어떻게 해야 하는가.

첫째는 교장으로서 전문적인 지식과 교육역량을 함양해야 한다. 교장은 교직원들로부터 투철한 교육철학과 전문적인 교육역량을 인정받아야 신뢰를 받는다. 교장의 높은 교육역량은 교직원들로부터 학교교육 정책에 대한 기대감과 성공감을 심어주게 되어 긍정적인 지지와 협력을 불러올 수 있다. 역량을 쌓기 위해서는 더 많이 고민하고 학습해야 한다. 특히 지식의 변화가 빠르게 이루어지고 있고, 교장이 관장해야 할 범위가 넓어지는 만큼 꾸준히 공부함으로써 리더가 갖춰야 할 전문성을 강화하기 위한 노력을 보여야 한다.

둘째는 교장은 교직원들과 항상 소통해야 한다. 소통은 직장생활에 대한 불만과 갈등을 찾아 없애고 믿음과 신뢰를 쌓는 것이 중요하다. 뿐만 아니라 상대방을 이해하는 데 가장 좋은 방법이다. 만약 교장이 업무를 지시할 때 제대로 커뮤니케이션 하지 않은 채, '내 마음을 읽어봐'라는 태도를 보인다면 교직원 입장에서는 일의 목표나 방향을 명확히 잡기 어려워진다. 또한 교장의 의도를 충분히 파악하기 어려워 리더의 의사결정이나 지시에 대한 신뢰가 다소 떨어질 수도 있다.

셋째는 교장은 교직원의 삶에 좋은 멘토가 되어야 한다. 인생의 선배로서, 교직의 동료로서 좋은 인간관계를 형성하고 삶에 진정한 멘토가 될 때 신뢰가 깊어진다.

넷째는 교장은 언행일치로 일관성 있는 태도를 보여야 한다. 신뢰를 형성하는 요건 중 하나는 일관성이다. 일관성이 결여된 학교정책이나 학교경영은 교직원들로 하여금 업무의 혼란과 혼선으로 쉽게 좌초하게 된다.

다섯째는 교장은 모든 교직원을 공정하게 대해야 한다. 교장도 사람이기 때문에 자신과 궁합이 더 잘 맞는 사람이 있는가 하면 그렇지 않은 사람도 있을 수 있다. 그러나 교장은 공적인 학교의 리더로서 객관적이고 합리적인 기준으로 그들을 대할 수 있어야 한다. 공정한 대우를 받는 교직원들은 그 학교의 일원으로서 가치가 높다는 메시지를 받기 때문에 자긍심과 소속감을 느끼게 되는 반면, 불공정성을 체험한 교직원들은 부정적인 감정을 경험하고 조직에 대한 애정이 떨어질 수 있는 것이다.

여섯째는 교직원 개개인에게 관심을 갖고 배려해야 한다. 사람은 누구나 자기에게 관심이나 인정해 주는 사람을 좋아하기 마련이다.

그러므로 신뢰받는 교장이 되기 위해서는 항상 교직원들을 존중과 배려하는 마음을 잃지 않아야 하고, 구성원 개개인의 성장과 경력개발에 관심이 높여야 한다. 또한 교장은 그들의 잠재력과 강점을 교직을 통해 발휘하게 적극적으로 이끌어 주어야 한다.

"무서운 장군에게는 부하들이 충성을 바치지만, 덕이 있는 장군에게는 부하들이 목숨을 바친다"라는 말이 있다. 부하직원이 큰 잘못을 했다면 우선 그를 불러 침착하게 사건의 자초지종을 물어야 한다.
"자네가 큰 잘못을 한 것은 사실이지만 어디까지나 열정이 넘쳐서 생긴 일이라고 생각하겠네. 이 일을 위해 자네가 쏟은 노력은 나 역시 잘 알고 있어. 아직 정확하게 어떤 처벌이 내려질지는 모르지만 자네 뒤에는 항상 내가 있다는 사실을 명심하게."
부하직원은 아마도 이 말에 감동하고 저절로 신뢰감과 존경심을 가질 것이다.
흔히들 한 번 잃어버린 신뢰는 회복하기 어렵다고 한다. 교장의 신뢰성은 학교경영의 성패를 좌우할 만큼 리더십에 영향력을 미친다. 그러므로 이미 잃어버린 신뢰를 실망하고 후회하기보다는 서로 부족한 부분을 감싸주고 위로하는 것이 새로운 신뢰관계를 형성하게 하고, 교장의 따뜻한 교육리더십을 발휘할 수 있는 길이다.

독서가 좋은 교육리더를 만든다

요즘 지식의 수명이 점점 짧아지고 있다. 세상변화의 속도만큼이나 단축되고 있는 것이다. 이런 속도라면 엊그제 배운 지식도 쓸모 없는 시대가 머지않았다. 오늘날 우리가 경험하고 있는 교육의 변화 속도, 소통의 양과 질, 지식의 축적 등은 200~300여 년에 걸쳐 일 어났던 '르네상스'를 매일 한 번씩 경험하고 있는 셈이다. 따라서 끊 임없이 새로운 지식을 빠르게 수용하지 않는 교원은 좋은 스승이 될 수 없을 뿐 아니라 장차 교단을 떠나야 한다는 위기의식까지 느낄 정도다.

최근 SBS의 보도에 따르면, 월평균 성인 독서량이 미국 6.6권, 일 본 6.1권인 데 비해 한국은 0.8권에 불과해 OECD 꼴찌 수준이다. 이 독서량도 계속 줄어들고 있는 추세이며, 우리나라 '성인 20%는 1년 에 한 권의 책도 읽지 않는다'는 결과는 충격적이지 않을 수 없다. 흔히 "책 속에 길이 있다"고 말한다. 그런데 길이 없다고 헤매는 사 람들의 공통점은 책을 읽지 않는 데 있다. 독서를 위한 시간여유를 탓하기 전에 하루에 단 몇 분만이라도 책 읽는 습관을 들인다면, 자 투리 독서시간도 보다 풍부한 삶의 지식과 지혜를 얻은데 활용할 수 있다. 이렇게 독서는 습관이며, 읽은 사람의 의지에 크게 좌우된다. 또한 독서는 학생들만이 아니라 모든 사람들의 필수요소다. 보다 행 복한 인생과 의미 있는 삶을 위해 반드시 필요한 일이다.

시대가 지식정보화로 급변할수록 독서의 중요성은 더욱 커지고 있다. 아무리 열심히 산다고 해도 우리가 배울 수 있는 지식과 경험 은 한정되어 있다. 이때 독서는 시간적·경험적 한계를 극복하게 해 주고 깊은 내공을 쌓는 데 매우 유용한 도구가 된다.

세상은 언제나 책을 많이 읽는 사람들이 주도하여 왔다. 책 읽는 사람이 훌륭한 지도자요 좋은 스승이었다. 물론 책을 읽기 위해서는 많은 시간과 노력이 필요하다. 책을 읽는 일이 당장에 무엇인가를 가져다주지 않는다고 해서 책 읽기를 게을리하면 우리의 미래가 없다. 그래서 독서는 인간의 풍요로운 삶을 위해 학생만이 아니라 평생교육의 차원에서 모든 사람들이 해야 할 일이다.

책을 읽는다는 것은 한 사람이 깊은 내공을 쌓는 데 필요한 재료의 질과 양을 더하는 행위다. 책을 읽는 동안 내 생각이 다른 사람의 생각과 부딪히기도 하고, 자연스럽게 섞이기도 하면서 과거와는 다른 새로운 생각이 탄생한다. 여기에 인생을 살면서 겪은 경험과 지혜가 합쳐지면서 누구도 흉내 낼 수 없는 나만의 내공이 만들어진다. 이렇게 독서는 사람이기 때문에 필연적으로 맞닥뜨리는 시간적·경험적 한계를 극복하게 해주고 내면에 숨겨진 가능성을 실현할 수 있도록 도와준다. 또한 책을 읽는 만큼 조금씩 성장하고 있다는 성취감과 기쁨은 나 자신을 긍정하게 하고, 어떤 일을 하든 만족스러운 결과를 만들 수 있다는 자신감을 준다. 독서는 나를 다독이고 위로하며, 누구도 함부로 할 수 없는 당당한 자존감을 심어준다. 오직 독서만이 치열한 경쟁에서 살아남아 승리할 뿐만 아니라 풍요로운 인생을 살 수 있도록 이끌어주는 가장 강력한 도구다.

훌륭한 리더들은 독서를 통해서 리더십이 길러지고 학습된다. 리더에게는 독서가 가장 좋은 학습 방법이며, 리더십의 기반이 되는 동시에 리더의 능력을 좌우한다. '하루라도 글을 읽지 않으며 입에 가시가 돋친다(一日不讀書 口中生荊棘)'는 안중근 의사의 말은 학습을 게을리해서는 안 된다는 강한 메시지다. 이렇게 책은 동서고금을 막론하고 가장 훌륭한 스승이다. 다시 말해 어휘력, 사고력, 창의력, 판단력을 높여주며, 지속적인 독서를 통해 리더십을 구축하는 핵심이 된다. 그래서 유명한 리더들은 모두 독서광이었다.

교육리더는 우리 학교교육의 미래와 비전을 제시해야 한다. 비전은 미래를 예견하는 능력, 사회를 보는 안목, 조직과 구성원에 대한 통찰을 포함하는 개념이다. 비전을 주는 교육리더는 지금의 조직 모습 속에서 미래의 조직 모습을 예측하는 안목을 가지고 현재의 조직 구조를 미래지향적으로 변화시키는 추진력도 동시에 지니고 있다. 교육리더의 새로운 비전과 가치관은 교육의 경험이나 경륜만으로 제시할 수 없다. 따라서 미래의 청사진인 비전은 교육적 경험이나 경륜에 많은 독서가 배경지식으로 형성될 때 나오는 것이다. 이렇게 성공적인 학교경영을 위해서는 교육리더의 보다 많은 독서와 끊임없는 자기반성을 통해 식견과 안목을 넓혀나가는 것이 매우 중요하다.

우리는 책을 통해 학생들을 교육하지만 많은 교원들이 책을 잘 읽지 않는다는 사실에 놀라지 않을 수 없다. 필자부터 자성해보면, 교육과 관련된 서적 이외 책들을 멀리했던 것이 사실이다. 물론 녹록하지 않은 교직생활로 인해 시간적 여유도 없지만, 굳이 새로운 책을 사서 읽어야 할 절박함을 느끼지 못한 것도 책 읽기를 게을리하는 한 이유이기도 하다. 하지만 '학생교육은 새로운 교육정보와 지식을 우선시해야 한다'는 교직의 특수성에 비추어보면, 더 이상 변명으로 일관하기는 어렵다.

변화와 혁신은 선택이 아니라 필수다. 교단을 지키기 위해서 교사부터 변해야 학생을 변화시키고, 우리 교육이 새로워지는 것이다. 교사가 독서를 통해 새로운 교육정보를 얻지 않는 낡은 지식으로는 학생들에게 좋은 교육을 할 수 없다. 존경받은 스승은 더더욱 어렵다. 그것은 이들에게 전한 지식은 한낱 역사자료에 불과하며, 아무 가치 없는 죽은 지식이기 때문이다.

교육리더는 학교변화를 바르게 읽고 좋은 학교비전과 경영전략을 준비해야 존경받는 리더가 될 수 있다. 이러한 교육리더의 자질과 능력은 교육경험을 통해 얻는 경우도 있지만 가장 좋은 것이 독서를 통해 얻는 방법이다. 그래서 교육리더의 독서량은 리더로서의 자질과 역량을 결정짓는 중요한 요인이 된다. 다시 말해, 교육리더로서 성공과 실패를 결정하는 요인이 리더의 자질과 역량에 있기에 학교경영의 모든 실패와 책임은 오롯이 리더 자신이 져야 하는 것이다.

교장의 신뢰는 교직원들의 믿음에서 나온다. 믿음은 교육의 변화를 바르게 읽고 이에 대비한 학교경영 능력이 충분히 함양되었을 때 가능하다. 하루가 다르게 변화하는 교육환경에 학교가 변화를 적시하지 못한다면 학교는 혼란과 위기를 겪을 수밖에 없다. 교장이 학교경영자로서 위기에 바르게 대응하지 못하기 때문이다. 그래서 위기를 오히려 호기로 만들 수 있는 교육적 역량을 가져야 좋은 리더가 될 수 있다. 이러한 학교경영 전략은 경험도 중요하지만 책을 통해 새로운 학교경영 지식과 교육정보를 축적해야 가능한 것이다.

학교현장에서 많이 활용하는 벤치마킹(bench marking)도 교육리더의 생각과 능력에 따라 그 효과가 매우 다르게 나타난다. 벤치마킹의 원래 의미는 동종 간의 모방이 아니라 이종 간의 모방인 것이다. 따라서 교육에서 교육 간의 벤치마킹은 복사에 불과하지만 교육 이외의 타종 분야에서 접목해야 새로운 시너지를 기대할 수 있는 것이다. 또한 여기에 리더의 지혜와 창의력에 따라 그 효과를 배가할 수 있는 것이다.

교육리더는 새로운 교육리더십을 발휘해야 성공할 수 있다. 요즘 학교 관리자를 위한 새로운 교육리더십, 학교경영기술에 관한 많은 책들로 넘쳐나고 있다. 이러한 수많은 책들 속에서 보다 새로운 경영 기술들을 얻을 수 있지만 리더십 특성상 모든 학교에 꼭 맞는 교육리더십은 존재하지 않는다. 그러므로 다양한 교육리더십에 대한 지식들을 자신의 것으로 내면화하여 학교여건에 맞게 재창조할 수 있어야 좋은 교육리더십을 발휘할 수 있다.

교장의 리더십은 학교문제에 대해 교직원이 함께 공감하며 고민하는 데서 나온다. 가장 현명하고 합리적인 해결책이 교장의 가장 좋은 리더십이며 교육역량이다. 교육역량의 기초는 꾸준한 독서이며 깊은 성찰과 사색을 통해 좋은 영감을 얻을 수 있다. 이러한 사유의 과정들은 단순히 지식을 습득하는 데서 머무는 것이 아니라 습득한 창의력을 통해 세상과 인간의 다양성, 융통성을 배우며 이해력과 포용력도 기를 수 있다.

소크라테스(Socrates)는 "자신이 지혜롭다고 안다는 것은 지혜롭지 못한 것이고, 자신이 지혜롭지 못한 것이라고 아는 것은 진짜 앎이다"라고 했다. 교육리더 스스로 자신의 부족함을 모르고 자만하다가 어느 순간에 위기가 닥치면 허둥대다가 자신뿐만 아니라 교직원까지 곤란에 빠뜨리는 경우가 허다하다. 교육리더는 현재의 위치와 자리에 만족하기보다는 항상 부족함을 느끼고 효율적인 학교경영을 배우고 익히는 데 게을리하지 말아야 하며, 경험과 경륜만으로 판단하다가 보다 중요한 것을 놓칠 수 있다는 것도 잊어서는 안 된다.

교육리더는 꾸준한 독서를 통해 자기변화와 혁신을 해야 한다. 교장은 미래의 인적자원을 기르는 교육리더다. 항상 새로운 지식과 정보 습득에 노력해야 한다. 장식을 위한 책장보다는 책을 읽는 모습만으로도 교장의 품위는 더 높아진다. 책 읽는 모습이야말로 교육리더의 격조 높은 모습이 아닐까. 이러한 교장의 모습과 태도는 수백 번 학생이나 교사들에게 책 읽기를 강조하기보다 더 효과적이다. 바른 모습과 모범보다 더 좋은 교육은 없다. 보다 좋은 교육리더, 존경받는 교장으로 거듭나기 위해서는 책을 통해 끊임없는 자기변화와 혁신을 해야 하는 것이다.

많은 사람들은 "책 읽을 수 있는 시간이 없다"고 말한다. 사실은 책 읽을 시간이 없는 것이 아니라 책 읽을 의지가 없는 것이다. TV 볼 시간, 화장실 가는 시간, 출퇴근 하는 시간이라도 짬짬이 읽기만 해도 충분히 책은 읽을 수 있다. 아무리 바빠도 말이다.

책은 나를 비춰주는 거울이요, 새로운 세상을 마주하게 하는 또 다른 문이다. 독서는 나를 성장하게 하고 어떤 삶의 위기에도 넘어지지 않게 붙잡아주는 가장 강력한 도구다. 그 중심에 교육리더인 교장이 먼저 실천하여 품격 있는 모습을 보여주었으면 하는 바람이다.

교사 코칭을 잘해야 좋은 교육리더다

한 부장교사가 신학기 학교교육 프레젠테이션을 하게 되었다. 교장은 교감에게 부장교사의 학교교육계획 프레젠테이션 준비를 철저히 하라고 지시했지만 설명회 결과는 매우 실망스러웠다. 초점이 불분명하고 질문에 대한 답변도 중언부언하다가 끝났다. 교장은 화가 나서 곧바로 질책을 시작했다.

"이 중요한 프레젠테이션을 완전히 망쳤잖아? 내가 그렇게 이번 교육의 목적을 강조하라고 했는데 그걸 제대로 못했잖아. 그리고 자신감 있게 확실히 말해야지, 학부모 앞에 나와서 더듬거리면 어떡하나! 질문에도 초점을 못 맞추고!"

"죄송합니다."

"죄송하다는 말만 하면 뭐하나, 사전 준비를 보다 철저히 하고, 노력을 해야지!"

이렇게 질책과 훈계로 이어지는 대화가 반복되면 부장교사는 잔뜩 주눅이 들어 자신감을 잃게 된다. 아예 프레젠테이션을 두려워하고 회피할 수도 있다. 하지만 사실 이때가 바로 코칭이 필요한 순간이다. 교장이 코치 역할을 자세히 해 준다면 실패도 성장의 전환점이 될 수 있다. 코칭을 아는 교장은 같은 상황에서 다음과 같이 대응한다.

"프레젠테이션하느라 수고 많았네. 느낌이 어떤가?"

"많이 떨렸습니다. 생각보다 쉽지 않더군요."

"그랬군. 앞으로 떨지 않고 발표를 잘하려면 어떻게 하면 좋을까?"

"발표 연습도 더 해야 할 것 같고요, 잘하는 사람들의 참고할 점을 찾아보겠습니다."

"부장선생님이 프레젠테이션의 달인이 되려면 어떤 점을 개선하고 싶나?"

이렇게 부장교사의 감정을 이해하고, 그 눈높이에서 개선해야 할 점을 묻기 시작하면 부장교사는 그것을 자신의 이슈로 느끼게 된다. 부장교사 스스로 생각할 수 있는 질문을 던지고 그 답변을 경청하며, 거기에 아이디어를 더해주는 게 바로 코칭이다. 이런 대화를 하면 부장교사는 구체적으로 무엇을 개선할지가 마음에 잡히고 해내겠다는 다짐을 하게 된다. 코칭에서 질문을 중시하는 이유는 사람들이 스스로 해결책을 생각해낼 때 더 큰 동기를 갖기 때문이다.

코칭(coaching)이란 개인의 변화와 발전을 지원하는 파트너십 과정으로 개인의 목표나 자아실현을 위해 지원하거나 도와주는 것을 말한다. 코치는 코칭대상자가 원대한 꿈과 목표를 세우고, 이를 달성하기 위해 자신의 행동방식, 멘탈모델(Mental Model)[3] 그리고 리더로서의 존재방식까지 돌아보며 전반적인 변화를 이루도록 돕는 것이다. 코치는 이 과정에서 함께 생각하는 파트너가 되어주고, 코칭대상자가 성취목표를 반드시 달성할 수 있도록 전적으로 헌신하는 것이다.

코칭은 모든 인간의 변화와 성장을 추구하려는 속성을 지녔으며 우리 내면에 있는 수많은 잠재적 성장능력을 조정한다는 점을 전제로 하고 있다. 이러한 잠재능력을 코치의 질문과 조언을 통해 스스로 인식하고 발휘할 수 있도록 도와주는 것이다. 따라서 코치(coach)가 되려면 경청하고 질문하고 객관적 관찰자가 되어 무엇이 강점이고 어떤 점을 보완해서 성장할 수 있는지 스스로 인식하도록 피드백을 해주는 안내자가 되어야 한다. 즉 함께 있으면 에너지가 샘솟아 도전하고 싶은 마중물 역할을 해주는 코치가 되어야 하는 것이다.

---

3) 멘탈모델은 일종의 정의된 범위안에서 사람들이 어떠한 목적을 달성하기 위해서 취하는 생각과 행동들을 다이어그램으로 표현한 것으로서 사용자 리서치 방법 중 하나이다. 쉽게 말해서 당신이 타블로가 정말로 학력위조 했는지 알아보기 위해 스탠퍼드 대학 입학처에 이메일을 보내고 어떻게 하면 진실을 밝힐 수 있을까 고민 하는 행동을 다이어그램으로 표현한 것이다.

성공한 리더의 배경에는 반드시 그를 지도하고 조언해준 훌륭한 코치가 존재한다. 이렇게 좋은 코치는 누구에게나 필요하지만 말처럼 좋은 코치를 만나기란 여간 어렵지 않다. 일반적으로 우리는 상대를 헐뜯거나 비난하기는 쉬워도 장점을 찾아 칭찬하는 사람은 찾아보기 어렵다. 일반인도 아닌 교사들에게 선뜻 '코칭하겠다'고 하는 사람은 더더욱 드물다. 아직까지 우리는 남에게 충고나 조언을 듣는 것을 긍정적으로 생각하거나 고맙게 여기는 사람은 그리 많지 않다. 특히 우리 정서는 그리 개방적이지 못하다는 점이다. 최근 들어 교육환경이 변하여 학교의 관료적 분위기도 차츰 사라지고 있다지만 몇몇 신세대 교사들을 제외하고 코칭하는 것을 쿨하게 인식하는 것은 우리 정서상 시기상조다. 그래서 더 조심스럽게 접근해야 하는 것이다.

요즘과 같이 어려운 교육 상황에서 교사들의 교직생활도 그리 녹록하지 않다. 학생지도나 학부모 관계에서 예상하지 못한 갈등들은 교사의 교직생활에 많은 어려움을 주고 있다. 이러한 교직의 어려움이 과거와는 달리 더 큰 책임이 따르기에 심적 고통뿐 아니라 종종 경제적인 피해까지도 입고 있다. 학부모들과 얽히고설킨 문제로 인해 스스로 해결할 수 없는 단계엔 삶까지 포기하는 경우도 있다. 이런 일이 일어날 때마다 교사 코칭의 필요성을 다시 생각하게 된다.

교사 코칭은 교사 개인의 문제나 교직의 문제 모두 필요하며, 교육의 경륜이 많은 선배나 동료일수록 좋다. 이것은 교사 자신의 문제를 이해하거나 공감해주는 그 자체가 고마운 것이다. 어려울 때 조그마한 힘이 삶의 용기가 되는 것이 바로 코칭의 힘이며 효과이다.

현대인들에게는 자신의 미래를 선택할 기회만큼이나 갈등이나 위험도 많다. 사랑하는 사람을 만나 결혼하고 직장을 그만둔다거나, 어떤 업무를 선택하는 일부터 갈등을 겪게 된다. 이렇게 정답이 없는 질문들과 부딪쳤을 때 도움이 되는 것은 나보다 먼저 그런 일을 하고 그런 선택들과 맞닥뜨렸던 선배들의 경험이 무엇보다 소중하다.

운동경기에서는 응원단을 또 한 명의 선수라고 할 정도로 매우 중요한 요소로 본다. 관중의 박수 소리, 격려의 외침 하나하나가 선수들의 경기력 향상에 도움을 주기 때문이다. 현장 교사에게 있어서 코치는 바로 응원단과 같이 뒤에서 든든한 지지와 영향력을 주는 사람이다.

교사 코칭은 바른 교직생활을 위한 장학활동과 다름없다. 교사를 위한 코칭은 훌륭한 교사로 성장시켜주는 촉매제이며, 교직에 인생을 걸고 긍지와 보람을 추구하는 삶을 갖게 해주는 기술이다. 그러나 코치는 본질적인 면에서 상대를 이끌고 조언하고 가르친다기보다는 지지하고 격려하고 도전 의식을 고취시켜주어야 한다. 코치는 도움을 받는 사람에게 직접적으로 무엇을 해야 하는지, 어떻게 해야 하는지 구체적으로 말해주지 않는다. 도움을 받는 이가 스스로 파악하고, 어떤 방법으로 그것을 성취할지 선택할 뿐만 아니라, 그 과정에서 어떤 것이 자신에게 동기를 부여하고 어떤 것이 방해가 되는지도 알게 된다.

교사 코칭은 교직생활뿐 아니라 삶의 모든 부분을 함께 생각하고 지도해주는 따뜻한 코칭활동으로 교직에 대한 권태감이나 어려움을 극복하고 건강한 성장을 돕는 청량제 같은 역할을 한다. 간혹 교직을 떠나는 교사들을 보면 대부분이 새로운 삶의 준비를 위한 것이 아니라 그간 학생이나 학부모의 갈등관계로 인하여 스스로 해결할 수 없을 때 택한 마지막 선택이다. 아직까지도 이들의 문제를 함께 고민하고 해결할 수 있는 돌파구가 없는 상태이고 보면, 원만한 교직생활을 위한 교사 코칭의 제도적인 장치가 필요하다.

교사들에게 좋은 코칭은 성취감, 자신감, 만족감을 높이고 긍정적인 교직생활과 높은 사명감으로 교직에 헌신하게 하는 동력이다. 바둑이나 장기에 훈수는 해도 타인을 코칭하는 일은 조금은 건방진 일로 인식되며, 코칭 대상자가 자청하기 전엔 별로 좋아하지 않은 것이 아직까지 우리 의식에 남은 정서이며 현실이다. 실제로 코칭받기를 자청하는 사람은 이미 터진 문제가 스스로 해결하기 어려운 경우가 대부분이다.

실제로 학교에서의 교사 코칭은 동료교사나 부장교사도 하지만 대개가 교장이나 교감 등 관리자에 의해 이루어진다. 이렇게 교장, 교감의 코칭은 그 구조부터 문제가 있다. 물론 교장이나 교감이 교직의 선배로서 경륜이나 연륜이 많다하지만 조직의 서열상 수평적인 구조가 아니라 수직적인 상하관계이므로 자칫 코칭을 위한 코칭으로 실패할 확률이 크다. 앞에서도 언급했지만 코칭의 효과는 코칭을 하는 사람보다 코칭을 받는 사람의 태도에 달려 있기에 교육리더인 교장, 교감이 아무리 코칭을 잘해도 받아들이는 교사가 이를 잘 수용하지 않는다면 오히려 하지 않은 것보다 못할 수도 있다.

관리자의 코칭은 이미 교사들이 인식하는 감각과 정서에 차이가 있다. 따라서 교육리더 입장을 버리고 동료교사의 입장에서 교사의 감정을 이해하고, 그들의 눈높이에서 생각할 수 있는 질문을 던지고 그 답변을 경청하며, 거기에 아이디어를 더해주어야 좋은 코칭이 될 수 있다. 이렇게 수평적인 대화를 통해 교사가 구체적으로 무엇을 개선하고, 마음잡고 해내겠다는 다짐을 하게 해야 하는 것이다.

코칭을 잘하려면 문제를 해결해주려는 성급한 마음을 내려놓고 호기심을 갖고 접근할 필요가 있다. 코칭은 상대방을 '무언가 결함이 있는' 존재가 아닌 잠재력이 풍부한 인간으로 보는 데서 출발한다. 완전한 인간으로 대접받을 때 사람들은 밑바닥에 있는 진짜 동기를 가동하는 법이다. 일본의 코칭 대가 에노모토 히데다케는 "누구나 잠재력을 갖고 있고, 필요한 해답은 그 사람 내부에 있으며, 그 해답을 이끌어내는 데는 파트너가 필요하다"며 코칭의 철학을 주장한 바 있다.

유능한 교육리더의 리더십은 혼자만의 성장이 아니라 교사들을 성장시키는 일이다. 교사들의 아픔을 살펴주고 열정을 갖고 교직에 헌신하도록 코칭하는 리더가 진정한 교육리더의 모습이다.

지금은 '팔로어십(followership) 시대'다

"말 잘 듣는 부하가 아니라 나를 도와줄 파트너가 필요해!"

"일만 시키는 상사가 아니라 나를 키워줄 상사를 만나고 싶어!"

이처럼 전혀 다른 생각을 가진 리더와 팔로어, 이들이 진정으로 바라는 조직은 어떤 모습일까? 같은 조직 안에서 같은 목표를 가지고 협력하는 이들 중 과연 누가 더 중요할까?

분명한 건 잘나가는 리더에게도 팔로어 시절이 있었다는 사실이다. 그리고 그 리더는 분명 누구나 탐내는 유능한 팔로어였을 것이다. 좋은 리더를 꿈꾸는 당신, 지금 당신은 어떤 팔로어십 유형인가?

최근 선거에서 큰 위력을 발휘한 것이 소셜네트워킹 서비스(SNS)일 것이다. 이 같은 SNS의 실시간 여론중개는 시민들의 관심을 선거에 집중케 하여 젊은 층의 정치 참여의식을 높이고 투표율을 끌어올리는 데 영향력을 발휘했다는 평가를 받고 있다.

우리는 트위터를 통해 많은 팔로어들과 실시간 소통하고 있다. 많은 팔로어는 바로 조직의 힘이다. 조직을 성공적으로 이끌어 가기 위해서는 훌륭한 리더가 있어야 한다. 또한 아무리 훌륭한 리더가 있다고 해도 구성원이 이에 잘 이해하고 따르지 않는다면 좋은 리더십은 구호에 불과하다. 리더의 리더십보다 더 중요한 것이 리더를 따르게 하는 구성원들의 역량인 팔로어십이다.

팔로어십(followership)은 리더십에 상반되는 말로서 구성원 정신, 추종력 등을 가리킨다. 즉 구성원이 사회적 역할과 조직 목적 달성에 필요한 역량을 구비하고, 조직의 권위와 규범에 따라 주어진 과업과 임무를 달성하기 위하여 바람직한 자세와 역할을 하도록 하는 제반활동 과정을 의미한다. 사실 우리는 리더의 리더십에 대한 관심은 매우 높지만, 그에 비해 팔로어의 역할과 중요성에 대해서는 상대적으로 부족하다. 카네기 멜론대학(Carnegie Mellon University)의 로버트 켈리(Robert E. Kelley) 교수는 "리더의 영향을 지나치게 강조하다보니 팔로어의 중요성이 간과되고 있다"고 지적한다.

실제로 조직에서 팔로어의 팔로어십은 리더의 리더십만큼이나 중요한 역할을 하고, 또 그렇게 해 왔다. 이는 일사불란한 조직체계에서 팀제나 소사장제와 같이 유연하고 분권화된 조직으로 바뀌어 가기 때문이다. 또한 유연성이 높아진 조직에서는 리더가 고정되어 있지 않기 때문이다. 로버트 켈리(Robert E. Kelley) 교수는 조직의 성공에 있어서 리더가 기여하는 것은 많아야 20퍼센트 정도이고 그 나머지 80퍼센트는 팔로어들의 기여라고 했다(Robert E. Kelley, The Power of Followership, 1994). 아무리 직급이 높은 리더라 하더라도 리더로 일하는 시간보다 팔로어로 일하는 시간이 더 많은 것이 사실이다. 따라서 리더가 아무리 중요하다고 해도 리더십만으로는 부족하고, 좋은 리더십과 좋은 팔로어십이 조화를 이루어야 훌륭한 리더십이 만들어지는 것이다. 즉 관리자가 되고 사장이 되어도 자신보다 높은 상사나 오너에게 좋은 팔로어십을 발휘해야 조직과 자신이 발전한다.

이 같은 맥락에서 보면, 리더십과 팔로어십은 다른 개념이 아닌 동전의 양면처럼 긴밀하게 공존하면서 지속적인 상호작용하에 존재하는 것으로 최고의 리더는 팔로어에게 요구하는 것이 아니라, 팔로어의 상황적 요구를 가장 잘 들을 수 있는 사람이라고 할 수 있다. 즉 리더를 중심으로 이끄는 것이 팔로어이며 팔로어가 새로운 리더를 만든다고 할 수 있다. 지금까지 우리는 리더에 대한 중요성이나 관심은 많이 기울여왔지만 리더를 따르는 팔로어에 대해서는 별로 관심을 두지 않았다. 켄 블랜차드(Ken Blanchard)[4]는 이미 우리에게 알려진 '칭찬은 고래도 춤추게 한다'의 원저 『하이파이브』에서 "우리 모두를 합친 것보다 더 현명한 사람은 아무도 없다"고 하였다. 조직의 리더가 아무리 탁월하다 할지라도 구성원 전체를 합친 것보다 현명할 수는 없다는 것이다. 따라서 조직이 최대한의 역량을 발

---

4) 켄 블랜차드(Ken Blanchard)는 컴퍼니의 회장이자 CSO(chief Spiritual Officer)이다. 세계적인 경영 컨설턴트로 활발히 활동하고 있으며 베스트셀러 작가이기도 하다. 그의 책은 전 세계 25개국 언어로 발간되어 읽히고 있으며 대표적인 저서로 『경호!』, 『하이파이브』, 『열광하는 팬』, 『Big Bucks!(빅벅)』 등이 있다.

휘하려면 리더와 구성원 모두가 하나가 되어야 하는 것이다.

리더의 리더십이 조직의 목표달성을 위한 합리적이고 인간적인 의견을 팔로어에게 효과적이고 효율적으로 전달할 수 있는 능력이라 한다면, 팔로어십은 리더의 뜻을 아래에서 갈등 없이 받아들이고 이를 잘 실천할 수 있게 하는 것이라 할 수 있다. 따라서 조직의 목표와 방향을 명확히 이해시키고 리더의 비전을 실현시키기 위해 어떤 역할을 할 것인지 스스로 찾아나가는 것이 바로 팔로어십이다.

뛰어난 팔로어는 다음과 같은 특성을 가지고 있다(SERI 경영노트, 2012.11.1. 삼성경제연구소, pp.3~6).

첫째, 조직의 미션을 이해하고 자신의 전문성을 바탕으로 리더의 부족한 부분을 보완해준다.

둘째, 문제의식을 가지고 있으며 시키는 대로만 하는 '예스맨'이 아니라 신념과 조직목표에 어긋나면 솔직히 직언도 할 수 있다.

셋째, 자신의 목표를 조직의 목표와 연계하고, 조직의 발전을 위해서는 나의 일이 아니더라도 참여하고 협조하는 등 조직의 목표와 함께 간다.

넷째, 새로운 아이디어를 제시하고 이를 실행하기 위해 끊임없이 도전한다.

이처럼 조직이 발전하고 성공하기 위해서는 리더의 리더십뿐만 아니라 팔로어십 또한 매우 중요하다. 리더가 영향력을 가지기 위해서는 팔로어들이 무엇을 원하는지부터 파악해야 한다. 그러고 나면 그 지식을 이용해 상대방의 행동을 이해할 수 있다. 동행에 필요한 이해이다.

팔로어십은 구성원에 대한 동기부여와 이해가 리더십의 발휘에서 중요한 요인이 된다. 이것은 결국 구성원에게 조직의 목표와 방향을 명확히 이해시키고 리더의 비전을 실현시키기 위해서는 리더만큼이나 그를 따르는 팔로어의 역할에 따라 조직목표 효율성이 판가름 나기 때문이다.

그렇다면 팔로어십의 갖추어야 할 역량은 무엇인가?

첫째는 리더의 생각을 바르게 보고 읽을 수 있어야 한다. 즉 리더와 같은 생각으로 리더의 비전을 이해하고 조직목표에 대한 긍정적인 확신을 갖도록 해야 한다.

둘째는 조직목표를 향해 긍정적으로 생각하고 헌신하는 자세가 필요하다. 조직의 목표달성을 위해서는 화려한 스포트라이트가 없어도 자신을 희생해야 하며 작은 임무라도 최선을 다해 헌신적으로 수행하려는 자세를 갖추어야 한다.

셋째는 업무능력과 자신의 분야에 전문적 역량을 제고해야 한다. 로버트 켈리교수는 "현대는 20%의 리더가 아닌 80%의 팔로어가 조직의 운명을 결정하는 변화의 시대"라고 말했다. 좋은 리더십을 원한다면 리더가 발휘하는 리더십을 겸허히 받아들이고 긍정적인 마음으로 공동의 비전과 목표를 향해 적극적으로 동행하는 팔로어가 되어야 한다.

카네기멜론대학의 로버트 켈리(Robert E. Kelly) 교수는 팔로어십의 유형을 사고와 공헌을 양측에 두고 비판적이냐 무비판적이냐 혹은 적극적이냐 소극적이냐에 따라 다음과 같은 네 가지 유형으로 분류한다.

첫째는 순응형 팔로어다. 조직의 20~30%로 리더의 권위에 무조건 복종이나 순종하는 자로서 리더에 의견에 맹목적으로 따르는 자이다.

둘째는 수동형 팔로어다. 이는 리더의 권위에 무조건 반대하는 자로서 독재형 리더일 경우에는 그 영향력이 극대화된다.

셋째는 스타형 팔로어다. 스타형 팔로어는 조직의 5~10%에 불과하며, 능동적으로 행동할 뿐 아니라, 비판적인 사고를 가지고 조직의 비전 달성을 위해 적극적으로 노력하는 모범적인 사람이다. 또한 리더의 권위에 비판적으로 지지하는 자로서 독재형 리더로부터 공격의 대상이 될 수 있지만 리더의 건전한 영향력을 지속시키는 힘을 제공해준다는 점에서는 건전한 팔로어로 인정해주는 것이 필요하다.

스타형 팔로어는 리더와 조직의 관점에서 두 가지 특성을 가지고 있다(SERI 경영노트, 2012.11.1. 삼성경제연구소, pp.2~3). ① 리더와의 건강한 상호작용을 촉진하는 것으로 '리더를 보완'하고 '과감한 직언'을 한다. ② 조직의 성공에 기여하는 것으로 '조직 목표를 자신의 목표와 동일시'하고 '끊임없이 도전'한다.

넷째, 냉소형 팔로어다. 구성원의 15~20%로 리더의 권위에 비판적으로 반대하는 자로서 반대를 위한 반대를 할 때가 많다. 그러나 냉소형 팔로어를 통하여 리더의 의견을 설득함으로써 건강하고 성숙한 팔로어십을 형성할 수 있다.

위의 팔로어의 네 가지 유형 중 스타 팔로어를 만들기 위해서 조직과 리더는 다음과 같은 노력을 기울여야 한다.

첫째, 리더는 팔로어가 동반자 의식을 느낄 수 있도록 배려하고, 자신의 약점을 솔직히 공개해 팔로어가 보완자 역할을 할 수 있는 기회를 제공해야 한다.

둘째, 다양한 시각과 갈등을 허용하여 획일적인 사고에 빠지지 않도록 주의하고, 다소 유쾌하지 않은 대화도 즐길 수 있는 솔직한 커뮤니케이션 환경을 만들어야 한다.

셋째, 리더는 핵심가치를 팔로어와 공유하고, 조직의 목적에 의미를 부여해서 팔로어의 자부심을 고취해야 하며, 중요한 정보를 고유하여 팔로어들이 자신이 조직 내에서 중요한 존재임을 인식할 수 있게 해야 한다.

넷째, 실패를 질책하기보다는 도전을 장려하고, 아이디어를 끊임없이 실행할 수 있도록 지원책을 만들어주어야 한다.

로버트 켈리 교수는 좋은 팔로어십을 발휘하려면 독립적이고 비판적인 사고와 적극성이 필요하다고 했다. 두 가지를 모두 갖춘 팔로어는 리더에게 자원이 되고 성과를 내는 스타형 팔로어다. 반면 비판적 사고는 발달했는데 적극적으로 일하지 않으면 냉소형 팔로어, 적극적으로 일만 하지 독립적 사고가 부족하면 순응형 팔로어, 둘 다 부족하면 수동형 팔로어다.

굿 팔로어십(good followership)은 리더십을 빛나게 만들어준다. 동조(同調) 현상을 나타내는 심리학 용어로 '3의 법칙'이라는 게 있다. 3의 법칙은 한 명이나 두 명이 어떤 행동을 하면 아무도 관심이 없다가 3명 이상이 같은 행동을 하면 다른 사람들도 따라 하는 현상을 말한다. 이처럼 처음에 누군가 특이한 행동을 하면 사람들은 무시하지만, 두 번째 세 번째 동조자가 나타나면 상황이 달라진다. 하나의 집단 움직임으로 형성되기 시작하면서 동조자들이 늘어나고, 무리가 커질수록 그에 속하지 않는 것이 이상해져서 하나의 주류가 만들어지는 것이다. 아무리 의로운 리더라도 팔로어가 없으면 미치광이에 불과할지 모른다. 외로운 미치광이를 진정한 리더로 만들어내는 것은 두 번째 세 번째 동조자, 즉 초기의 팔로어들이다. 기꺼이 리더를 따를 수 있는 용기가 굿 팔로어십이다(고현숙, 조선일보, 2012.4.12).

우리는 좋은 리더가 되기를 원한다. 그러나 아무리 훌륭한 리더십을 가지고 있다 해도 팔로어가 잘 따르지 않는다면 그 리더십은 그 빛을 제대로 발휘하기 어렵다. 진정한 팔로어는 단순히 부하직원으로서 리더를 떠받드는 것이 아니라 소신을 갖고 공동의 목표를 향해 리더를 물심양면으로 돕는 사람을 말한다. 그러기 위해서는 리더와의 협력 아래에서 주어진 역할에 충실하려는 '공헌력'과 자신의 사고를 토대로 행동하려는 '비판력'을 두루 갖춘, 진짜 실력파가 되어야 한다. 실제로 리더는 리더 이전에 팔로어였다는 것을 인식하고 팔로어 입장에서 경청하고 이해하고, 팔로어와 함께 조화로운 관계를 형성해야 튼튼한 조직을 이루고 조직목표를 성공적으로 달성할 수 있다.

교육리더는 스토리텔러가 되어야 한다

흔히 요즘을 스토리텔링(storytelling) 시대라고 말할 정도로 스토리 열풍이 불고 있다. 이미 스타벅스, 나이키 등은 스토리로 자신의 브랜드를 일류로 만들었고, 의학 전문기자 홍혜걸, 만화가 강풀 등도 자신만의 스토리로 인정받고 있다. 이렇게 언론매체들의 스토리(story) 중심 프로가 대중적인 인기를 얻고 있는 이유는 뭘까? 한마디로 스토리가 세상을 움직이는 시대가 된 것이다.

스토리텔링은 어원 그대로 이야기를 들려준다는 의미다. 사람의 감성을 자극하는 가장 효과적인 수단이 바로 스토리이다. 중요한 것은 다른 사람의 스토리가 재미있고 이채롭고 감동적이든, 어쨌든 들는 사람의 가슴에 와 닿아 감성적인 공감을 주어야 한다. 그래야 스토리의 진정한 생명력과 전달력이 생기기 때문이다.

기본적으로 인간은 이야기하는 것을 좋아하고, 남의 이야기를 듣고 싶어 한다. 최근 리더십 연구에서 주목할 것은 '스토리텔링이 팔로어(follower)들을 설득하고 이해시키는 데 매우 효과적이다'는 사실이 확인되었다. 이에 대해 스토리텔링의 세계적인 대가인 미국 서던캘리포니아대(USC) 로버트 맥기(Robert Mckee) 교수는 리더십에도 스토리가 매우 중요하다고 강조하며, 리더십의 요체는 '팔로어를 설득하고 변화시키는 것'이기 때문에 리더의 스토리텔링이 가장 효과적인 방법이라는 것이다. 그러므로 팔로어를 설득시키기 위해서는 이젠 팩트(fact)만으로는 팔로어의 생각을 바꿀 수 없다. 리더는 팩트를 갖고 팔로어들의 공감이나 감동을 이끌어낼 수 있는 이야기를 만들어야 하고, 이를 통해 팔로어의 마음을 감동시키고 설득할 수 있어야 하는 것이다.

훌륭한 교장의 리더십은 학교경영에 관련하여 의미 있는 스토리를 끊임없이 창조해야 한다. 교장의 리더십이 남과 다르고 새로워야 교직원들로부터 관심과 지지를 받을 수 있다. 교장의 권위적인 생각을 버리고 교직원들과 생각의 주파수를 맞추어야 보다 쉽게 공감하고 신뢰성 있는 인간관계를 형성할 수 있다.

물론 여기에는 교장이 항상 무대 뒤편에서 교직원을 격려하라는 것은 아니다. 가능한 교직원에 대한 인격적 존중과 그들의 동기나 욕구에 대해 관심을 갖고 적극적으로 지지하고 지원해야 한다는 뜻이다. 실제적으로 하는 업무가 모든 교직원들이 좋아하는 일이고, 교육에 대한 열정과 애정이 더 깊어지면 그들이 하는 일에 보람과 긍지도 배로 커진다. 이러한 교장의 리더십이 발휘될 때, 교직원들의 자발적 동기가 부여되어 업무에 대한 몰입감과 만족감이 높아진다. 그래서 교직원들은 "우리의 마음을 읽을 수 있는 리더, 코드가 맞는 교장이면, 우리 스스로 좋아하는 일을 하는 것만으로도 충분히 기쁘고 행복하다"고 강변한다. 이러한 교장이 이 시대의 좋은 리더, 성공하는 교장으로 인정받을 수 있다.

스토리는 인간의 감성을 자극하여 마음을 움직이는 힘을 발휘한다. 때론 강하고 지속적으로 메마른 현대인에게 진한 감동을 주고, 새로운 삶의 희망을 제시하는 새로운 희망의 메시지가 되는 것이다. 그렇다면 메시지가 있는 스토리를 쓰기 위한 교장의 리더십은 어떻게 발휘해야 하는가.

첫째, 중요한 학교업무에 감동적인 스토리를 입혀야 교육성과를 높일 수 있다. 세상에는 정해진 습관에 길들어진 사람이 많아 새로운 일에 두려움을 갖고 있다. 그건 매우 당연한 일이다. 교직원들도 마찬가지다. 아무리 좋고 중요한 업무라 하더라도 새로운 업무는 가능한 싫어하고 기피하려고 한다. 그 이유는 새 업무에 대한 두려움이다. 그러나 이러한 불안 때문에 아무 일도 않겠다면, 그건 매우 어리석은 짓이다. 세상에 완벽한 것은 없다. 대부분의 경우 숙련도가 높아지고 실수가 거의 없어지는 일에 안주하게 되는데, 이 때문에 발전이 정체되고 혁신이 사라진다는 것이다. 따라서 이 같은 두려움을 없애려면 무엇보다 업무에 대한 자세한 이해와 설명으로 설득하는 교장의 리더십이 필요하다. 이러한 업무에 참신하고 재미있는 스토리를 입힌다면 오히려 친근감을 줄 수 있다. 친근감은 쉽게 공감할 수 있고 업무의 자발성과 적극성을 끌어내어 신바람 나게 하는 동기를 부여한다.

둘째, 교장은 교직원들에게 진실한 스토리로 소통할 수 있어야 한다. 좋은 리더는 팔로어를 부하로 보는 것이 아니라 동료로 대하며, 명령하는 것이 아니라 함께 의논하는 동반자로 인정함으로써 진실하고 상호 공감적인 의사 전달이 가능하다. 따라서 교장의 진실성이나 진정성 있는 이야기는 교직원들의 닫힌 마음을 쉽게 열 수 있다. 우리가 스토리를 통해 상대에게 뭔가 강력한 메시지나 흡입력을 얻는 것도 진정성을 통해 마음을 움직이게 하는 공감력 때문이다.

셋째, 교장은 스토리텔러(storyteller)가 되어야 한다. 감성적인 역량을 높이고 창의적인 스토리텔러로 만드는 것은 좋은 교장의 조건이다. 감성적인 교장은 다양한 분야에서 많은 식견과 지성들을 지니고 있고 재미있고 유머(humor)가 있는 감동적인 스토리를 잘 만드는 것이다. 그래서 스토리가 있는 학교업무는 교직원들이 쉽게 다가갈 수 있을 뿐 아니라 업무수행에 몰입하게 한다. 이와 같이 좋은 리더에게는 항상 신화와 같은 스토리가 존재하고 있으며, 이들의 짧은 말 한마디는 미래와 비전에 중요한 메시지를 함축하고 있다.

넷째, 교장은 새로운 블루오션(blue ocean)으로 교육의 혁신적 가치를 창출해야 한다. 학교경영에서 참신한 스토리는 업무의 효율성과 학교 브랜드(brand) 가치를 높일 뿐 아니라 교직원들의 자긍심을 높이는 원천이기도 한다. 따라서 교장은 학교비전을 실현하기 위한 혜안을 갖고 지속적으로 새로운 블루오션(Blue Ocean)을 찾아 학교의 가치를 높여야 한다. 우리는 이웃 학교에서 성공한 학교경영 사례를 적용하려고 노력하지만 그 성과가 기대에 미치지 못할 때가 많다. 그것은 교육성과에 중요한 영향을 미치는 교육환경이나 교육대상이 다르고, 교장 자신만의 참신한 아이디어가 아니라 타인의 모방에 불과하기에 새로운 교육적 가치를 지니지 못하기 때문이다. 새로운 스토리는 신비성과 신성함, 호기심, 그리고 자발성을 갖는다. 그렇지 않으면 진부하여 새로운 시너지(synergy) 효과를 발휘하지 못하는 것이다.

미래 학자이자 소설가인 롤프 옌센(Rolf Jensen)은 정보화 시대가 지나면 소비자에게 꿈과 감성, 그리고 스토리가 지배하는 '드림 소사이어티(dream society)'가 도래할 것이라고 한다. 사람들은 점차 개인적인 성향이 강하고, 리더보다 구성원의 역량이 커지는 사회로 변하고 있다. 좋은 학교경영은 지속적인 성장과 차별화된 교육 없이는 불가능하므로 교장이 교직원들과 잘 소통하고, 학교변화를 위한 의미 있고 감동적인 스토리를 만들어갈 때, 교직원들로부터 존경받는 리더로 성장할 수 있는 것이다.

리더의 힘은 설득이다

우리는 사람들과의 다양한 관계 속에서 살고 있다. 팍팍한 세상을 살아가는 힘은 나에게 용기를 주는 긍정적인 인간관계에 있다. 그러나 현대와 같이 복잡한 사회에서 사람과의 관계를 잘 유지하고 살아가기란 여간 어렵지 않다. 흔히 "열 길 물속은 알아도 한 길 사람 속은 알 수 없다"는 말과 같이 모두가 내 마음 같지 않은 것이다. 최근 우리 사회를 흔들고 있는 '갑질 사건'의 사회적 공분의 원인도 따지고 보면 사람과의 관계에서 비롯된 것이다. 상대방을 조금 더 생각하고 양보하고 배려했다면 문제되지 않을 일도 참지 못하는 것이 또한 우리의 마음이다.

우리는 학교에서 직장에서 집안에서도 다른 사람과 서로 소통하고, 때론 설득해야 하는 일들도 점점 많아지고 있다. 그러나 이들 사이의 소통이 항상 긍정적이고 만족하는 대답과 반응일 수 없다. 특히 상대방을 처음 대하는 일이라든지 어려운 부탁을 한다면 더욱 어려울 것이고, 여기에 상대방을 싫어하거나 좋지 않은 감정이라면 더더욱 불편할 것이다. 이러한 관계를 개선하여 보다 긍정적인 감정을 주고 싶거나 협상을 할 때 필요한 것이 바로 설득이다.

설득(說得)은 '내용이나 상황을 자기편의 뜻을 따르도록 잘 설명하거나 타이르는 말'이고, 설득력은 '상대편의 뜻을 내 편으로 따르도록 깨우치는 힘'이다. 다시 말해 사람의 마음을 사로잡아 자신의 입장이 되게 만드는 일이다. 이렇게 설득은 자신이 생각하는 방향에 대해 상대방의 마음을 얻는 일이다. 그러나 현대와 같이 얽히고설킨 인간의 이해관계 속에서 모두의 동의를 얻는 일은 그리 쉽지 않다. 예전에는 상명하복이 분명한 사회였기 때문에 리더가 구성원들에게 강요를 해도 설득으로 받아들여지는 경우가 많았지만, 이제는 분명히 달라지고 바뀌었다. 강요가 아니라 구성원 스스로 마음을 열고 움직일 수 있도록 만드는 것이 진정한 설득이다. 이러한 설득력은 리더가 어떠한 설득 능력을 가지고 있느냐에 달려 있다. 설령 리더의 생각에 구성원들이 반대한다 해도 그럴 수 있다고 받아들일 수 있어야 한다. 진정으로 구성원들이 원하는 것이 무엇인지 알고, 그것을 충족시켜주려 했을 때 그들의 마음을 얻을 수 있다.

리더의 힘은 설득력이다. 뛰어난 리더는 합리적이고 부드러운 설득력을 가지고 구성원들의 마음을 사로잡는다. 하지만 그것은 리더의 권위에서 나오거나 한두 번의 계기로 생기는 것은 아니다. 리더와 구성원이 높은 신뢰와 믿음이 있어야 비로소 가능한 일이다. 반면에 우리의 일부 리더들은 아직도 구성원들을 잘 설득하여 이해시키기보다는 오히려 가르치려 하고 일방적으로 밀어붙이려는 잘못된 '갑질'로 인해 사회적 비난이 끊이지 않고 있다. 정말 안타까운 일이다. 분명한 것은 성숙하지 못한 리더의 자질에 있다.

사실 설득 없이 리더의 권위와 권한으로 밀어붙이는 독선적 리더, 복잡하다고 피하고 보자는 비겁한 리더는 결코 리더로서 성공할 수 없다. 뛰어난 리더가 이끄는 조직은 리더가 자리에 있든 말든 구성원들이 맡은 바 임무를 스스로 찾아서 수행한다. 그러기 위해서는 비록 리더의 생각과 의견이 다른 구성원이더라도 잘 설득하고 이해시켜 내 편으로 만드는 길밖에 없다. 이것이 뛰어난 리더의 중요한 능력이자 역할이며 리더의 힘이다. 그럼에도 불구하고 많은 리더들은 그런 설득과 소통의 과정을 충분히 거치지 않는 것이 문제다. 설령 거친다고 해도 형식에 지나지 않는 일방적 대화나 설명은 그 효과가 없다. 그래서 구성원들의 불평은 "설득은커녕 진정한 대화도 제대로 하지 않는다"고 말한다. 왜 이런 극단적 불일치가 일어나는 것일까?

설득력은 리더의 강력한 힘이다. 리더의 설득력은 조직에서 결정적인 힘을 발휘할 수 있다. 구성원들에게 영향을 주어 합의를 이끌어 내거나, 자신의 생각에 찬성하게 하거나, 자신이 원하는 대로 상대의 마음을 움직이고 행동하게끔 만드는 힘의 원천이다. 한마디로 설득은 No를 YES로 바꾸는 일이므로, 설득을 잘하려면 가장 먼저 상대방의 마음을 잘 받아줄 수 있어야 한다. 상대방의 말 한마디에 어떤 의미가 담겨 있는지부터 파악할 줄 알아야 그들의 마음을 얻을 수 있는 것이다.

하버드 대학에서 케네디정책대학원의 학장을 지낸 조지프 나이(Joseph S. Nye Jr.) 교수는 리더가 갖고 있는 힘(power)을 지위와 권력에서 오는 파워로서 주로 명령에 의해 리더십을 발휘하는 '하드 파워'와 사람들을 설득하고 감동하게 하는 소통을 통해 사람들을 이끌어 가는 '소프트 파워'로 구분했다. 하드 파워는 구성원들을 설득시키기보다는 명령하고, 사람들이 이해하도록 돕기보다는 무조건 따르기를 원한다는 특징을 갖고 있는 반면, 소프트 파워를 사용하는 리더들은 어떤 일을 진행하든지 사람들이 이해할 수 있도록 도와주고 그들의 마음이 움직일 수 있도록 설득하는 데 힘을 쏟는다. 그들은 절대로 강요하거나 몰아세우지 않으며 소통을 중요하게 여긴다고 했다. 소프트 파워의 가장 중요한 핵심 기술은 설득이다. 다른 사람들에게 당신의 주장과 생각을 설명하고 그들이 당신의 생각에 동의할 수 있도록 설명하고 이해시키는 진정한 설득이 필요하다. 이러한 설득은 강요한다고 해서 되는 것이 아니다. 설득에도 기술이 있다. 설득의 기술은 무엇보다 상대방의 수준과 능력에 맞게 하는 소통이다. 먼저 상대방의 마음을 읽을 수 있는 진정한 태도로 상대의 생각과 저의를 파악해야 설득의 준비가 되는 것이다. 그리고 신뢰를 바탕으로 논리적이며 합리적인 대화를 통해 따뜻하게 상대를 배려하고 공감할 때, 서로 마음의 벽을 허물고 굳게 닫힌 빗장을 여는 것이다.

리더는 조직의 목표점을 향해 구성원들을 이끌어가는 사람이다. 때문에 어느 조직이든 리더의 능력이 곧 조직의 성공과 직결된다 해도 과언이 아니다. 리더가 구성원들을 잘 설득하고 이해시키지 못하면 조직의 성장은 물론 안정도 유지될 수 없다. 따라서 뛰어난 리더는 구성원으로 하여금 조직과 리더를 위해 자신의 능력을 다하도록 만들 뿐 아니라 구성원들의 다양한 생각들을 리더의 생각대로 움직이게 설득한다. 이렇게 설득은 상대편을 내 편으로 만드는 가장 좋은 방법인 동시에 리더의 강한 힘이며 리더십이다.

리더의 힘은 신뢰에서 온다

이제 세상은 변화만큼이나 새로운 리더를 원한다. 과거처럼 강력한 카리스마를 바탕으로 군림하는 리더가 아니라 구성원들의 눈높이에서 솔선수범하고 그들의 마음을 따뜻하게 감싸주며 사기와 열정을 끌어내는 믿음직한 리더를 원한다. 이런 리더가 구성원들이 바라는 이상적인 모습이다.

리더가 갖추어야 할 자질 중에서 가장 기본적이고 핵심적인 요인이 바로 신뢰다. 리더십은 신뢰를 기초로 해서 발휘되므로 신뢰 없는 리더의 존재 가치가 없다. 다시 말해 리더가 신뢰의 빛을 잃는다면 리더 자신은 물론 조직까지 와해되어 사라진다. 그러므로 신뢰는 개인과 기업, 그리고 국가 존립기반의 필수적인 자산이라고 할 수 있다.

신뢰(信賴)는 믿고 의지한다는 뜻으로, 욕심과 미움, 노여움을 버리고 편안한 마음으로 상대를 받아들이는 믿음을 말한다. 이러한 믿음이 점점 쌓이게 되면 상대의 행위를 예측할 수 있어 의지하려는 마음이 깊어진다. 신뢰로운 사람은 예측 가능하고 믿음이 가며 마음이 열린 긍정적인 사람이다. 이렇게 신뢰는 타인과의 좋은 관계 형성을 위해서 반드시 필요한 요인이며, 이는 마치 거울과 같아 한 번 깨어지면 회복하기 어려운 특성을 가지고 있다.

내 스스로 '나는 믿을 만한 사람'이라고 아무리 얘기해도 소용이 없다. 신뢰는 상대와 내가 동일한 가치관과 신념을 공유하고 의식적으로 느낄 때 생겨난다. 때문에 신뢰를 쌓으려면 먼저 자신을 신뢰하고 상대를 신뢰할 줄 알아야 하며, 항상 겸손한 자세로 상대에게 먼저 마음을 열고 소통해야 한다. 소통은 상대와의 감정교류를 원활히 하여 쉽게 공감과 신뢰를 불러온다. 이같이 신뢰는 정직, 약속, 용서, 책임, 배려 등의 기초 덕목이 모든 대인관계 속에서 활성화되고 지켜질 때 시작된다.

신뢰는 개인 간의 작은 약속부터 조직의 신용에 이르기까지 상호 관계 형성에 중요한 영향을 미치는 요인이다. 신뢰가 쌓이면 개인 간 시너지 효과가 나타나 개인이나 조직이 가진 능력 이상의 성과를 얻을 수 있지만, 반대로 신뢰가 무너지면 의심과 갈등으로 사기가 저하되어 성과를 떨어뜨린다. 스티븐 M. R. 코비(Stephen M. R. Covey)는 『신뢰의 속도』에서 "신뢰가 높아지면 속도는 빨라지고 비용은 내려간다"고 했다. 이처럼 신뢰지수가 높은 조직은 새로운 가치를 창출하고 지속 가능한 성장을 가속화한다. 또한 구성원 간의 신뢰는 자신의 역할과 책임을 다하고 최선의 능력을 발휘할 수 있게 서로를 격려하고, 이끌어주는 긍정적 에너지가 된다.

그렇다면 리더의 신뢰는 어떻게 구축할 수 있는가.

신뢰는 리더의 가장 중요한 덕목이고 리더십은 신뢰를 기초로 하여 발휘된다. 따라서 리더가 구성원들로부터 신뢰를 쌓기 위해서는 유능함과 관계성, 그리고 인격이 필요하다.

먼저 유능함은 리더로서의 갖추어야 할 가장 기본적인 능력인 동시에 리더의 전문성이다. 특히 급변하는 환경에서는 예민한 현장 감각과 이면을 읽어내는 통찰력이 있어야 한다. 이번 메르스(중동호흡기증후군) 사태만 보더라도 리더가 초기부터 잘 대응하였으면 지금과 같은 대혼란은 없었을 것이다. 리더의 위기관리능력은 정확한 판단과 빠른 대응력으로 구성원들을 불안과 공포로부터 보호해주어야 한다. 그래야 리더를 믿고 따르는 강한 지지력과 신뢰가 생겨난다.

다음으로는 리더의 관계성이다. 우리는 '나 자신'을 공통분모로 하여 가깝게는 가족관계 부터 멀게는 우연한 만남에 이르기까지 그것이 긍정적이든 부정적이든 관계를 유지하며 살아간다. 현대와 같이 복잡한 조직사회에서 사람들은 되도록 지인들과 일을 하고 싶고, 관계가 있는 사람과 친분을 맺으려고 한다. 그것은 관계성이 원만하고 강해질 때, 업무에 대한 참여와 협력이 잘 이루어지기 때문이다. 그래서 리더와 구성원의 관계가 얼마나 돈독해지느냐에 따라 업무수행에 대한 충성도와 자신감, 그리고 자부심이 확연히 달라진다.

마지막으로 리더가 가져할 것이 인격이다. 인격에 대한 신뢰는 리더가 나와의 관계를 소중히 한다는 강한 믿음이다. 비록 리더가 실수를 하더라도 리더로서 성장할 가능성이 보인다면 구성원들은 그를 용서하고 따를 것이다. 그러나 그가 인격적으로 잘못되어 있다면 더 이상 신뢰하지 않는다. 그만큼 인격적 결함은 리더로서 치명적인 요인이다.

리더의 힘은 신뢰에서 온다. 뿐만 아니라 조직의 성장에 필요한 모든 동력도 신뢰에서 나온다. 이렇게 신뢰는 개인과 조직에 가장 중요한 존립기반이자 최고의 가치다. 많은 리더들은 자신이 신뢰로운 사람이라고 믿고 있다. 그러나 신뢰는 자기주장만으로는 존재할 수 없으며, 또한 상대에게 믿어달라고 요구한다고 될 수도 없는 일이다. 그것은 리더 자신보다 구성원들이 가까이에서 공감하고 느끼기 때문이다.

"신뢰는 황금보다 더 귀중하다"는 영국 속담처럼 신뢰는 인간관계뿐만 아니라 조직 전반에 필요한 무형의 자산이다. 성공적인 리더가 되기 위해서는 구성원에 앞서 솔선수범해야 하며 올바른 판단으로 신뢰를 쌓아야 한다. 그래서 최고의 리더는 아는 것을 나누고 서로 도움을 청하며 신뢰로운 인간관계를 형성해 가지만 그렇지 못한 리더는 이런 것들을 혼자서 간직하면서 자신의 지식이나 지위가 신뢰를 만들어준다고 착각한다. 리더의 진정한 신뢰는 명료함, 배려, 성품, 역량, 헌신, 관계성, 기여, 일관성을 갖추고 인간적 성품을 구성원들로부터 인정받을 때 가능하다.

21세기는 신뢰가 가장 소중한 자원이며, 견고한 인간관계형성의 초석이다. 모르는 걸 물어보기 위해선 자신의 부족함도 드러낼 수 있는 용기가 있어야 한다. 자기주장을 관철시키기 위해선 다른 사람의 의견을 수용하고 협상할 줄 알아야 하며, 드러나지 않는 상대의 마음도 먼저 읽고 배려할 줄 알아야 한다. 이렇게 사람들은 서로를 배려하고 신뢰하는 분위기에서 창의성을 한껏 발휘하고, 동기부여를 받으며, 높은 생산성을 발휘하며, 조직을 위해 몸과 마음을 바치려고 한다. 그러므로 신뢰는 단지 성공적인 리더가 갖춰야 할 필수 덕목일 뿐 아니라, 깊은 인간관계, 높은 성과와 지속적인 성장을 창출하는 핵심역량이다.

제2장

따뜻한 교육리더십

따뜻한 교육리더십이 필요하다

돈도 없고 빽도 없는 '시민구단'이 이례적으로 흑자 경영을 해냈다. 이는 매년 눈덩이처럼 적자를 내는 '대기업 구단'과 대조적이다. 인천시민들이 사들인 주식으로 탄생한 프로 축구단 '인천 유나이티드 축구단'은 '2009년 코스닥'에 상장했다. 신생팀으로 성적도 괄목할 만하다. 어떻게 이런 일이 가능했을까. 그동안 대기업의 재정 지원을 받는 '기업구단'은 단 한 번도 흑자를 내지 못했다. 유명 스타선수의 알량한 기량만 믿고 영입에 수백억 원을 쏟아 부은 탓이다. 매년 50억 원 안팎의 적자였다. 그러나 인천구단은 달랐다. 몸값이 싼 선수들을 영입해 이들의 능력을 최대한 이끌어낸 구단 CEO(chief executive officer) 안종복 단장과 장외룡 감독의 '따뜻한 리더십'은 새로운 경영마인드였다. 장외룡 감독은 무명선수들의 잠재능력을 따뜻한 리더십으로, 아버지처럼 선수들 면면을 보듬어주었기에 첫해 리그 꼴찌를 기록했던 인천구단이 준우승과 4강에 진출하는 위업을 달성했다. 무엇보다도 리더의 따뜻한 리더십이 조직의 사기와 동기를 부여했던 것이다.

과거 폐쇄적이고 상명하복이 강했던 조직 분위기에 비해 최근 공무원 조직이나 기업 차원에서 유연한 근무 환경을 만들기 위해 노력하고 있는 추세이다. 그럼에도 불구하고 여전히 리더의 비인격적 행동과 관련된 이슈들이 문제가 되고 있다. 지나친 경쟁이나 성과에 대한 압박으로 인해 리더의 비인격적 행동이 증가할 가능성도 배제할 수는 없지만, 그 빈도나 강도가 현격히 낮아졌다기보다 이를 지각하는 구성원들의 민감도나 사회적인 시선이 달라진 것으로 보인다.

학교경영도 교장이나 교사가 어떤 교육철학과 교육신념을 가지고 있느냐에 따라 학교조직이나 문화가 확연히 달라진다. 학교조직은 다른 조직에 비해 권위적이고, 보수적이며, 변화를 싫어하고 있지만 이젠 변하고 있다. 또 그렇게 해야 한다고 공감하는 분위기가 강하다. 그만큼 교육환경이나 트랜드가 바뀌고 있는 것이다.

많은 위정자들은 늘 '국민들의 뜻'이라고 변명한다. 정작 국민들은 아무 말을 하지 않는데도 말이다. 학교교육도 학생중심을 외친다. 정말 학생의 눈높이에서 교육을 설계하고 그들의 삶은 위한 교육인지? 깊이 생각할 필요가 있다. 진정 학생을 위한 교육이라면 어른의 잣대나 기성세대의 논리로 교육을 재단해서는 바른 교육을 할 수 없고, 학생들의 생각을 저버리는 교육정책 또한 성공할 수 없다.

우리는 정권이 바뀔 때마다 '교육개혁'을 내걸고 '교육혁신'을 표방했다. 그러나 어느 것 하나 제대로 성공한 것이 없다. 모두 용두사미로 끝나기 바빴다. 그 원인은 잘못된 교육을 바로 잡으려는 취지는 좋았으나 개혁의 대상이 관료가 아닌 교원이었고, 동력이 위에서

부터 아래로만 추동되었기에 겉돌았던 것이다. 아직도 정부나 교육당국은 관료들의 구태의연한 권위와 상명하복식의 보수지향성의 틀을 벗어던지지 못하고 있다. 이것이 우리 교육의 가장 큰 걸림돌이다. 아무리 좋은 교육정책이라 하더라도 그 실천은 학교교실에서 이루어진다. 한마디로 아래로부터 공감하고 좋은 반응을 불러일으킬 수 있어야 성공할 수 있다.

교육 선진국들은 우리 교육보다 먼저 학교교육의 다양화와 차별화로 교육기능이 특성화되고 전문화되었다. 특수계층의 사립학교에서 보통의 공립학교에 이르기까지 학교특성에 맞는 차별화된 교육과정으로 교육특성을 최대로 발휘하면서 미래 환경에 능동적으로 적응하는 교육을 하고 있다. 그러나 우리 교육은 국가수준의 동일한 교육과정을 동일한 교수−학습방법에 의해 이루어지는 소위 붕어빵교육에만 열을 올리고 있다. 이젠 바뀌고 변화해야 한다.

우리 교육의 변화는 교실수업의 혁신 없이는 더 이상 기대할 수 없다. 현장 교사들의 교육에 대한 생각이 바뀌고 교수방법에 대한 확고한 개선의 의지와 실천 없이는 어렵다. 문제는 이미 우리 교육정책들이 하나같이 보신주의나 성과주의 병에 걸려 있다. 민선 교육감이라서 그런지 자기 정책색깔 내기에 바쁘다. 이러한 교육정책은 학교현장을 오히려 혼란스럽게 하고 있다. 아무리 좋은 교육개혁과 혁신이라도 교육 현장인 교실수업에 전달되지 않는다면 공염불에 지나지 않음을 분명히 알아야 한다.

교사의 수업혁신에는 학교를 경영하는 교장의 수업장학 리더십에 있다. 교장의 리더십에서 교사들의 수업을 개선할 수 있는 장학지도 능력이 가장 중요한 리더십이다. 그래서 교장이 교사들의 교수방법을 어떻게 개선하고 혁신할 것인가는 교장의 의지력에 따라 달라진다. 여기에 교사들이 교장의 교육철학을 읽고 학교교육 목표를 향해 열정과 신념을 갖고 실천한다면 보다 좋은 교육이 이루어질 것이다.

요즘의 교장은 과거와 같은 전통적인 리더십으로는 교직원을 이끌 수 없다. 18세기 산업시대에서는 관료주의자형 리더십이 통했으나 현대와 같이 복잡하고 감성적인 학교조직에서는 교직원들의 심리를 잘 이해하지 못하거나 이들의 마음을 바르게 헤아리지 못한다면 교장의 리더십을 발휘하기 어렵다. 그러므로 교사들을 동료처럼 지지하고 지원하며 적극적으로 도와주는 상호주의자형 리더, 일의 진정한 의미를 찾아주는 리더, 팀원들의 비전과 자아실현을 이끌어 주는 리더, 단순한 지시자가 아닌 코치로서의 리더를 더 필요로 하고 있는 것이다.

교직원들로부터 신뢰를 받는 교장이 되려면 학생, 교직원, 학부모, 지역사회에 이르기까지 다양한 교육수요자들의 요구가 무엇인지를 파악하고 이들과 공감하는 학교교육목표를 설정해야 한다. 그리고 이들이 교육목표와 방향을 이해하고 헌신할 수 있도록 서로 소통하고, 배려하는 따뜻한 학교분위기를 만들어주어야 한다. 이것이 바로 교장의 따뜻한 교육리더십이다.

따뜻한 교육리더는 전통적 리더와는 달리 구성원과 함께 공감하고 배려하며 구성원의 사기를 진작시켜주는 새로운 리더이며, 변혁적 리더십(Transformational Leadership), 서번트 리더십(Servant Leadership), 감성리더십, 슈퍼리더십(Super Leadership) 등을 발휘하는 리더다. 교장의 따뜻한 교육리더십은 학교조직을 현재에서 미래로 움직이게 하고, 조직의 잠재적 능력을 실현하게 하고, 교직원들을 변화와 혁신에 동참하게 하여, 높은 교육열정으로 새로운 학교문화를 창조하는 일이다.

교장의 따뜻한 교육리더십을 발휘하기 위해서는 먼저 교직원의 의견을 경청하고, 그들의 생각을 긍정적으로 공감하여 학교경영에 적극 반영할 줄 알아야 한다. 다음으로는 학생과 학부모에 대한 열린 교육서비스를 제공하며, 특색 있는 교육프로그램을 적극 개발하여 교육수요자가 만족할 수 있는 효율적인 학교를 경영해야 한다. 그리고 교장 스스로 교직원의 마음을 헤아리기 위해 교직원들에게 먼저 다가가 소통하고, 그들로부터 신뢰와 믿음을 얻어야 한다. 또한 교직원들이 학교업무에 자율적으로 참여하고 헌신할 수 있도록 교직원들의 사기진작과 학교의 허용적이고 민주적인 분위기를 만들어주어야 한다.

이젠 교장으로서의 권위보다는 교직원들을 보다 자세히 이해하고 공감하며 배려함은 물론 교직의 선배로서 롤 모델이 되어야 모든 교직원들로부터 존경받을 수 있는 것이다. 워렌 베니스(Warren Bennis)[5]는 『리더와 리더십』(2005)에서 변화하는 시대에 조직을 올바르게 이끌고 사람을 효율적으로 다루는 리더십의 4가지 전략을 다음과 같이 소개하고 있다.

첫 번째 전략은 비전을 통해 관심을 집중시키라는 것이다. "비전이 없는 민족은 망한다"는 말처럼 비전이 없는 기업도 망한다는 것

---

5) 세계 최고 리더십 전문가인 워렌 베니스는 서던 캘리포니아대학교의 경영학 교수이자 리더십연구소의 초대 학장을 역임했다. 전 세계의 다국적 기업과 정부를 상대로 컨설턴트 활동을 하면서 오늘날 리더에 관해 재인식할 수 있는 계기를 마련한 그를 포브스는 '리더십 대가들의 학장'이라고 칭송했다. 또한 그는 현재 공중의 리더십을 위한 하버드대학교 센터의 자문위원회 의장으로 활동하고 있다. 『위대한 이인자들』, 『워렌 베니스의 리더십 기술』, 『퓨처 리더십』, 『시대와 리더십』 등을 비롯하여 수십 권의 책을 저술한 그는 명실공히 리더십 분야의 최고 전문가이다.

을 여러 가지 사례를 통해 잘 설명해주고 있다.

두 번째 전략은 커뮤니케이션(communication)을 통해 생각을 전달하라는 것이다. 효과적인 커뮤니케이션은 규모가 크든 작든 어떤 집단이든지 간에 조직의 목표하에 사람들을 정렬하게 만든다.

세 번째 전략은 포지셔닝(positioning)을 통해 신뢰를 구축하라는 것이다. 그동안 제품의 포지셔닝 정도로만 알려진 이 개념을 확대하여 조직에다 전용시킨 첫 사례이다.

네 번째 전략은 긍정적 자존심을 통해 자기관리를 하라는 것이다. 성공하는 리더의 핵심 요소는 자신을 창의적으로 관리하는 것이다.

좋은 학교는 저절로 만들어지는 것이 아니라 교장의 따뜻한 교육리더십과 교직원들의 신뢰 속에서 이루어진다. 우리는 앞에서 돈도 없고 배경도 없고, 하등의 기대도 받지 못했던 신생구단 인천 유나이티드 축구구단이 탄탄한 기업구단을 제치고 흑자경영을 할 수 있었던 사례를 보았다. 그 비결은 바로 리더가 기존의 인식을 깨고 진흙 속에서 진주를 캐낼 수 있는 바른 눈을 가졌기 때문이다. 다시 말해 선수 개개인에 대한 인간적 신뢰와 따뜻한 배려, 두터운 동기 부여로 선수들의 기량을 한층 더 높일 수 있었던 것이다. 이것이 바로 따뜻한 교육리더십의 결실이다.

그렇다면 이러한 경영 마인드를 학교경영에 적용할 수 없을까. 충분히 가능하다. 기존의 꼬장꼬장한 교장의 경영태도를 일신하고, 보다 유연한 자세로 교직원의 자율성을 최대한 보장하고, 학생들의 눈높이에 맞는 따뜻한 교육리더십을 발휘하는 것이다. 이런 리더십은 교사는 물론 학생 스스로 자신을 반성하고 바르게 행동하게 하여 어떤 상황이나 어려움이 닥치더라도 흔들리지 않고 헤쳐 나가게 하는 힘을 지니게 한다. 바로 우리 교육이 홀로서기를 할 수 있는 힘과 희망을 주는 따뜻한 마음과 용기다.

따뜻한 교육리더십은 교육의 본질을 회복시키며, 학생과 교사가 함께 상생하는 길인 동시에 답답한 우리 교육을 살리는 비결이다. 또한 학생들에게 교육에 대한 희망과 꿈을 갖게 하는 힘이다.

좋은 교장은 학교경영 리더십에 있다

월요병이 없는 직장이 있다. 회사 사옥에는 카페와 수영장이 있고 직원들에겐 최고의 복지혜택을 제공한다. 해마다 엄청난 성장세를 보이는 이 기업의 직원은 26명, 소프트웨어 기업 '제니퍼소프트'이다.

이 회사 직원들은 점심시간 1시간을 제외하곤 오전 10시부터 오후 5시까지 7시간 근무하는데 근무시간에는 직원들의 티타임과 휴식 시간도 포함돼 있다. 휴가는 20일, 입사연차에 따라 휴가 일수가 늘어나며 5년차 이상 직원들에게는 가족 해외여행의 혜택이 주어진다.

이 회사 대표는 "직원이 회사에서 놀면 안 되나요? 그래야 행복하잖아요. 행복하게 살기 위해 우리 회사에 오신 분들인데 그렇게 해드려야죠"라고 말했다. 이어서 "직원 고생시켜서 살아남은 기업은 존재하는 것 자체가 문제"라서 "구성원들의 삶을 조금 더 풍요롭게 만드는 것이 기업인에게 제일 큰 의미"라고 자신의 경영리더십을 말했다.

요즘 학교는 과거의 단순한 학교조직과는 달리 점점 세분화되고 전문화되어 가고 있다. 업무의 세분화와 전문화는 교직원의 다양화로 교장의 전문적인 학교경영 역량을 요구하고 있을 뿐 아니라 교직원의 적극적인 협조 없이는 성공적인 학교경영이 어려운 상황에 이르렀다.

교육환경 변화에 어떻게 대응하면서 효율적인 학교경영을 수행해 나갈 것인가 하는 것이 교장의 중요한 경영능력인 동시에 고심해야 할 문제이기도 하다. 이 같은 학교경영의 과제들을 슬기롭게 해결하고 좋은 교육성과를 얻기 위해서는 단순한 학교경영 기술이나 리더십만으로는 불가능하므로 학교경영자로서 내놓을 수 있는 학교경영 리더십이 필요한 것이다.

교장의 학교경영 리더십에 대한 개념은 학교경영을 어떤 관점에서 보느냐에 따라 그 정의가 달라진다. 학교경영 리더십은 리더인 교장의 학교경영 역량이며 영향력이다. 이는 학교 구성원들이 어떻게 느끼고 받아들이는지가 학교경영 성과에 직접적인 영향을 주고, 장기적으로는 학교경영의 성패로 나타난다. 이처럼 교장과 교직원의 궁합, 또한 중요한 의미를 가진다. 최근에는 교장의 리더십 못지않게 교직원들의 리더십인 팔로어십이 중요한 개념으로 등장되고 있다. 학교경영 리더십은 주어진 상황에서 교직원들이 자율적으로 얼마나 효과적으로 학교조직목표를 달성하기 위해 노력하는지에 관심을 모으고 있다.

교장의 학교경영 리더십이 교직원들의 행동에 영향을 주고, 학교조직을 개선하고 변화를 촉진하는 교육리더십으로 탈바꿈하기 위해서는 다음과 같은 교육리더의 역할이 필요하다.

첫째, 교육리더는 학교조직의 비전과 목표를 설정해야 한다. 교육리더는 학교조직이 추구해야 할 비전과 목표를 주도적으로 설정하고 교직원들에게 이를 수행하도록 교육리더십을 발휘해야 하는 것이다.

둘째, 교육리더는 효율적인 학교조직을 편성해야 한다. 효율적인 학교조직은 교직원들의 능력과 특성을 고려하여 적재적소에 배정하여 최적의 기능을 발휘하게 하는 것이다. 그러나 대부분의 교직원은 보다 적은 업무와 쉬운 일을 하기를 원하고 있으므로 이들이 학교교육 목표달성에 헌신할 수 있도록 설득하고 조정하는 일이 필요하다. 사람은 누구나 자기를 인정해주고 알아주는 사람을 위해 헌신한다. 그 사람을 알아준다는 것은 그 사람이 잘할 때 잘한다고 말해주는 것뿐 아니라 그 사람이 힘들 때 그 사람의 짐을 나눠져야 한다. 더군다나 리더라면 나눠주는 데만 그치지 말고 그 사람의 짐을 다 들어줄 마음이 있어야 한다.

셋째, 교육리더는 교직원의 업무수행 능력을 촉진시켜야 한다. 훌륭한 리더의 리더십은 구성원들이 스스로 맡은 업무에 몰입하게 하게 한다. 몰입은 구성원들이 스스로 일을 좋아하고 즐기며 집중하는 태도다. 이러한 태도 즉 학교교육 목표달성에 대한 몰입은 교직원들의 사기진작 없이는 불가능하므로 교육리더의 지속적인 관심과 지원이 필요하다. 따라서 교육리더는 교직원들의 욕구를 파악하고 이들에게 맞는 교육정책 실현, 교육과정 편성, 교육조건 정비, 교육활동 추진이 이루어지도록 하는 것이다.

넷째, 교육리더는 불확실한 미래 환경을 예측하고 이에 적응하는 능력을 가져야 한다. 학교조직의 미래를 예견하고 조직 내외의 상황을 파악하고 이를 극복하고 효율적으로 적응하기 위한 학교경영 리더십의 발휘가 주요한 임무라 할 수 있다.

교육리더십은 학교라는 공동의 목적을 효과적으로 달성하기 위한 영향력이라고 할 수 있다. 이러한 영향력에는 학교사회의 구성원들이 교육목표를 정하고 공유하는 것을 돕는 일, 교수·학습 과정을 촉진시키는 일, 학교조직의 생산성을 높이는 일, 학교조직의 성장과 건강한 풍토를 조성하는 일, 그리고 효율적인 교육활동에 필요한 적합한 자원과 환경을 마련하는 일 등이 포함될 것이다.

우수 교장의 특성에 관해 한국교육개발원의 「교장 리더십 개선방안」 연구보고서를 보면 다음과 같다.

첫째는 인성의 특성이다. 우수 교장들의 공통적인 인성은 학교 상황을 파악하거나 과업 추진방식에도 어느 정도 영향을 미치고 있다. 그들에게서 발견되는 인성 특성은 다음과 같다.

① 과업에 대한 태도에 있어서 강한 자신감과 소신을 지니고 있고, 열정적이며, 진취적이었다. 아울러 일에 대한 강한 성취동기를 지녔고, 매사에 계획적이며 강한 책임감과 변화지향적인 특성을 보였다.

② 우수 교장들은 자신에 대해 강한 믿음을 가지고 있었으며, 끈기와 인내심, 윤리의식, 겸손 등의 특성을 소유하고 있다.

③ 우수 교장들은 타인에 대한 강한 믿음을 소유하고 있었으며, 타인에 대한 배려, 인간미, 포용력 등이 뛰어났다.

둘째는 사고의 특성이다. 사고란 간단히 말해 한 사람의 생각이다. 교장은 자신의 타고난 성품을 바탕으로 경험과 학습을 통해 형성된 생각을 더하여 자신만의 독특한 사고 체계를 형성한다. 이 사고는 인성과 더불어 교장의 지도행위에 영향을 주게 된다. 우수 교장들이 보여 준 사고 체계의 특성은 다음과 같다.

① 확고한 학교관을 가지고 있다. 학교의 주인은 학생이며, 학교의 핵심 과업은 학습이라는 데 대한 강한 신념을 가지고 있다.

② 교육리더 자신의 역할에 대한 확실한 관점을 형성하고 있다. 솔선수범자, 봉사하는 사람, 도덕적인 사람, 원칙을 가진 사람, 책임지는 사람, 비전을 제시하는 사람, 교육 전문가, 교원의 동반자, 지원자 등 뚜렷한 교장관을 제시하였다.

③ 그들의 학교관, 교장관을 바탕으로 하여 확고한 경영관을 수립하고 있다. 이 경영관은 학교를 경영하는 원칙으로 활용되었는데 투명경영, 믿음경영, 교육과정 최우선 경영, 원칙경영, 인화경영, 열린경영 등이 그 예이다.

우리나라나 외국에서 공통적으로 나타나는 우수 교장의 특성에는 자신감, 인내, 자기관리(학습), 배려, 믿음, 열정, 책임감, 소신(개혁의지)이고, 포용력, 솔선수범은 우리나라에서만 볼 수 있다. 외국에서만 나타난 특성에는 사회정의, 자존감 및 정체성, 균형 활동, 한계 규정, 진실성으로 우리에게 시사하는 바가 크다.

교장은 학교를 대표하고 전문적인 교육행정가로서 적절한 리더십을 발휘하여 학교조직을 성공적으로 이끌어 가는 최고의 교육리더다. 학교경영은 기업경영의 효율성과는 달리 어떠한 인간을 기를 것인가에 대한 구체적인 교육목표를 두고 적정한 교육재정을 투입하고 가장 효과적인 교육활동을 전개하여 교육성과를 높이는 데 있다. 그러므로 교장은 주어진 교육과정과 학교여건을 고려하여 양질의 학교교육을 전개하기 위해 모든 학교 영역에서 적극적인 교육리더십을 발휘해야 한다. 또한 학교 경영자로서 학교경영의 효율성과 효과성을 극대화하여야 한다.

교장은 효율적이고 효과적인 학교경영을 위해서는 다음과 같은 교육리더십을 발휘해야 한다.

첫째, 학교경영자는 교육철학과 신념에 근거한 사명감 있는 리더십을 발휘해야 한다. 교육의 관료적인 제도에 너무 얽매여 기계적이고 경직된 경영을 하기보다는 상황에 따라 융통성과 창의성 있는 학교경영이 목표 달성에 효과적이다.

둘째, 학교경영자는 민주적인 리더십을 발휘해야 한다. 교직원들의 민주적인 참여와 민주적인 집단 사고를 통해 합리적인 의사결정을 유도해내고 창의적인 생각을 최대로 수렴하기 위해서는 반드시 민주적인 리더십이 요구되는 것이다.

셋째, 학교경영자는 교육 전문가로서의 리더십을 행사할 수 있는 역량을 갖추어야 한다. 학교경영자는 교육과 교육행정 전반에 걸친 전문적인 경영지식과 역량을 갖추어야 효율적인 학교를 경영할 수 있다. 이를테면, 학교비전 예견능력, 변화와 수용역량, 우수학교 성장 동력분석 및 정보 활용 능력, 효과적인 학교조직 및 업무분담, 학교개발 프로그램, 학교 총체적 질 관리능력, 학교교육과정 관리능력, 효율적 학교재정운용 능력 등이다.

넷째, 학교경영자는 수업에 대한 전문 컨설팅 능력이 필요하다. 학교경영자의 역량 중 가장 핵심적인 것이 교사의 장학능력이다. 따라서 학교경영자는 전 교과에 대한 수업원리와 지도기술, 평가관리에 대한 전문적인 역량을 갖추어야 교사를 지도하고, 학생들의 학력을 향상시킬 수 있는 것이다.

다섯째, 학교경영자는 과업과 인화를 모두 중시하는 리더십을 발휘해야 한다. 학교경영자는 학교경영 목표를 효과적으로 달성해야 할 뿐 아니라 교직원의 동기를 유발시키고 직무 의욕을 높이며 상호 존중의 풍토를 조성해가야 한다. 이러한 요구에 부응하기 위해서 학교경영자는 인간관계 지향형과 과업 중심형을 조합시킨 통합형의 지도성을 갖추어야 한다.

오늘날과 같이 급격히 변화하는 사회에서 교육체계가 능동적으로 대처하기 위해서 학교경영자는 학교내부의 안정을 유지하는 한편 교육환경 변화에 능동적으로 적응해갈 수 있도록 학교조직 체제를 융통성 있게 변화시키고 혁신해야 한다. 그리고 학교경영은 교육의 전문성, 창의성 및 자율성을 필요로 하고, 조직운영을 통해서 전개되는 일련의 경영활동에 대한 교육성과는 학교경영자의 교육리더십에 의해 크게 달라지는 것이다.

지금은 교장의 감성리더십이다

리더는 구성원들에게 희망과 용기를 주는 사람이어야 하며, 과거의 리더처럼 '나를 따르라'는 식의 일방적인 명령보다는 '함께하자'고 제의하는 리더가 되어야 한다. 이렇게 리더는 구성원을 이해하고 그들에게 희망과 용기를 주어 그들 스스로 조직목표를 달성하게 해야 한다. 이것이 바로 새로운 리더십의 공통적인 특징이다.

과거와는 달리 오늘날 인간의 감정에 대한 인식이 점점 높아가고 있는 것은 당연한 일이라고 생각한다. 특히 인간의 다양한 감성들은 타인과의 조화로운 관계를 형성하여 만족스럽고 생산적인 의사결정을 이끌어내는 데에 필수적이다. 따라서 개인의 감성성격과 역할이 두드러지기 때문에 과거의 인간관계로는 갈등의 문제가 발생할 수 있다. 그러므로 상호의 방어벽 넘어 서로의 감정을 이해하고 각자가 갖고 있는 능력이 조직성과로 역량을 펼칠 수 있도록 분위기를 만들어주는 것이 중요하다.

감성지수는 감정적 지능지수라고도 부르며, 지능지수(IQ)와는 질이 다른 마음의 지능지수라고 할 수 있다. 심리학 저술가인 다니엘 골먼(Daniel Goleman)이 최초로 감성지능(emotional quotient)을 제시하면서 대중화되었다. Daniel Goleman은 '감성지능(EQ)을 자신의 감정을 읽고 스스로를 정확하게 평가하면서, 파괴적인 감정과 충동을 통제하는 등 자신을 다스리는 능력인 동시에 다른 사람의 감정을 헤아리는 사회적 능력'까지도 포함하였다. 즉 자신과 다른 사람의 감정을 이해하는 능력과 삶을 풍요롭게 하는 방향으로 감정을 통제할 줄 아는 능력이다. 이러한 감성지능은 타고나는 게 아니라 교육과 훈련에 의해 길러질 수 있다. IQ는 유전적인 영향, 어머니의 지능, 태내 환경에 의해 80% 정도가 선천적으로 결정되고 나머지 20% 정도가 후천적으로 결정된다. 노력해도 계발할 여지가 적지만 EQ는 20% 정도가 유전, 기질, 호르몬 등과 같은 선천적인 요소에 의해 결정되고 나머지 80%정도가 후천적으로 결정된다. 그래서 노력으로 계발 여지가 다분하다.

인간의 감성지수는 앞에서 밝힌 바와 같이 한순간의 노력으로는 불가능하다. 감성적 기질 변화를 이루기 위해서는 성장기에 꾸준한 노력이 필요하다. 일반적으로 감성지수를 계발하기 위해서는 다음과 같은 노력이 필요하다.

첫째, 나만의 공간을 가지고 있어야 한다. EQ가 높은 사람들의 특징은 자기만의 휴식 공간, 사색 공간 창조 공간을 가지고 있다는 점이다. 그러므로 자신의 공간을 확보하도록 노력해야 한다. 그렇다고 집안형편을 무시하고 자기 방을 확보하라는 것은 아니다. 그런 행동 자체가 EQ가 낮은 사람의 행동이다. 자기만의 공간은 조용한 산책길, 공원, 옥상, 분위기 있는 카페와 같이 어느 곳이든 자기가 가장 편안한 곳이면 된다.

둘째, 자신과 대화를 즐길 수 있어야 한다. EQ가 높은 사람들은 자신과의 대화를 즐길 줄 안다. 가령 일기를 쓰거나 글을 쓰면서 자신의 행동과 하루를 반성하는 게 좋다. 다시 말해 자기 삶을 스스로 피드백해 보아야 한다.

셋째, 다양한 취미 생활을 해야 한다. EQ가 높은 사람들은 자기 전공분야 이외에 한 가지 이상의 취미 생활을 하고 있다. 가령 학생이라면 좋아하는 운동을 하거나 동아리 활동을 하고, 직장인이라면 업무와 관련되지 않은 동호회 모임에 참여해서 활동한다. 물론 취미 활동에 너무 몰입해서 자신의 전공이나 업무에 영향을 주어서는 안 된다.

넷째, 규칙적으로 운동을 해야 한다. EQ가 높은 사람들은 건강관리를 위해서뿐만 아니라 규칙적인 운동을 통해 적대감, 스트레스, 공격성을 해소할 줄 안다. 일주일에 서너 번은 운동을 함으로써 스트레스를 풀어주어야 한다.

다섯째, 내가 되고자 하는 존경하는 인물이 있어야 한다. EQ가 높은 사람들은 존경하고 흠모하는 인물을 설정해 놓고 자기도 그런 인물이 되려고 노력한다. 지금이라도 내가 존경하는 인물을 설정하고, 그 사람과 같이 되려고 노력해야 한다.

여섯째, 상대방의 입장에 서서 생각하고 행동해야 한다. EQ가 높은 사람들은 자기의 감정과 충동만을 앞세워 사랑을 표현하지 않는다. 그래서 상대방을 난처하게 하지도 않고 요구하지도 않는다. 모든 행동은 항상 상대방의 입장에 서서 생각하고 행동하도록 노력한다.

일곱째, 여행을 즐길 수 있어야 한다. EQ가 높은 사람들은 출장이 아닌 여행을 즐기며 자연과 대화하는 걸 좋아한다. 여행을 통해 새로운 문화, 새로운 사람들을 접하고, 자연에 묻혀 자신의 감정을 편안하게 하는 습관을 가져야 한다.

여덟째, 평소 충동적인 기질을 조절할 수 있어야 한다. 충동적인 행동은 하루아침에 자신을 무너뜨릴 수도 있다. 그러므로 충동을 조절하는 습관을 길러야 한다. EQ가 높은 사람들은 평소 나름대로 이완 훈련, 종교 생활을 통해 자신의 충동성을 조절하려고 노력한다.

아홉째, 스트레스(stress)를 잘 관리할 수 있어야 한다. EQ가 높은 사람들은 평소 자신의 스트레스 관리를 잘하고, 스트레스로부터 빨리 벗어나는 특징을 가지고 있다. 특히 정신적인 노동을 하는 사람들은 스포츠나 노동 같은 신체적인 스트레스를 일부러 체험하는 게 좋다.

열째, 세상을 긍정적으로 볼 수 있도록 노력해야 한다. EQ가 높은 사람들은 가능한 한 세상을 긍정적으로 보고, 다른 사람의 단점보다는 장점을 보려고 노력한다. 게다가 자신에게도 매우 긍정적이어서 죄의식이나 죄책감에 시달리지 않는다. 자기에게 너그러워지고 가능한 한 세상을 긍정적으로 보도록 노력해야 한다.

감성지수가 높은 리더는 다른 사람들의 감정에 공감할 뿐 아니라 구성원을 대신하여 그 감정을 표현해주기도 한다. 이는 조직공동체 사람들의 열정과 일치감을 불러일으켜 구성원의 조직력을 높이는 데 효율적이다. 이렇게 인간이 가지고 있는 감성적 리더십의 요인은 자기인식, 자기관리, 사회적 인식, 관계관리 등으로 나누며, 이들 능력은 구성원의 마음을 헤아릴 줄 아는 감성적인 리더십 수행의 필수적인 요소들이기도 하다.

감성은 인간 조직을 관리하는 데 다양한 이점을 가지고 있다. 첫째는 직감력을 예리하게 함으로써 자신의 감정인식은 물론 타인의 감정인식도 가능하게 한다. 둘째는 감정관리능력은 부정적 상황을 잘 조절하여 긍정적으로 빠르게 회복시키는 역할을 한다. 셋째는 인간의 다양한 잠재능력을 발견하여 이를 활용하게 한다. 마지막으로 타인의 감정관리를 통해 신뢰와 충성을 얻을 수 있고, 경청기술을 높이는 탁월한 관리기술을 가지고 있다.

교장은 교직원들의 감정과 학교조직의 감성적 현실을 잘 이해하고 공감해야 효율적인 학교경영을 할 수 있다. 그러나 이를 잘 이해하지 못하면 학교조직 변화에 적극적으로 대처할 수 없을 뿐 아니라 교장이 바라는 학교의 변화나 개혁은 불가능하다.

학교조직은 복잡한 인간의 감성적인 관계로 구성되어 있어, 교장의 감성이 학교조직에서 골고루 잘 전달되고 발휘되는 소통이 이루어져야 하며, 여기에 진실성, 투명성, 성실성이 전달될 때 좋은 인간관계가 형성된다. 그래서 교장은 교직원들과 공감하는 학교분위기를 조성하는 것이 학교경영 성패의 첫 번째 과제이다.

과거의 아날로그시대를 '감성분할의 시대'였다고 한다면, 지금의 디지털시대는 '감성융합의 시대'이다. 아날로그 시대에는 하나의 미디어에 하나의 감성능력을 대응시킬 수밖에 없었지만 디지털 시대는 다양한 미디어를 동시에 적용하는 복합적 감성능력을 발휘해야 한다. 그러므로 디지털시대의 교장은 학교조직에 다양한 감성능력을 동시에 발휘해야 효율적인 학교경영을 할 수 있다.

지금과 같은 감성시대에 우리는 더 이상 이성만 고집하며 지낼 수는 없는 것이다. 물론 젊은 교사들의 합리적이고 냉철한 이성적 사고도 중요하지만 때로는 가슴 따뜻한 이야기가 우리 교육에는 더 필요하다.

우리는 리더의 따뜻하고 감성적인 위로의 말 한마디가 모든 직원들의 불만을 한순간에 녹인 경험들을 기억할 것이다. 이들의 아픈 마음을 인정하고 격려해 줌으로써 '혼자가 아닌 함께'라는 공동체 의식를 느낄 수 있게 하여 더 열심히 일하며 충성하는 것이다.

감성시대의 교장은 혼자서 학교를 경영하는 것이 아니라 교직원 모두가 교육의 주인이 되어 함께 공감하며 실천하게 해야 한다. 좋은 학교는 훌륭한 교장이 경영하는 학교가 아니라 모든 교직원이 소통하며 주인정신을 가지고 자율적으로 학교경영에 참여하는 학교다. 이러한 학교문화가 형성될 때 바로 진정한 '감성리더십'을 발휘한 교장으로서 인정받을 것이다.

교육리더의 감성시대를 이끌기 위해서는 무엇보다 먼저 감성적 역량을 함양해야 감성적인 리더십을 발휘할 수 있다. 교육리더 자신의 내면을 이해하고, 거기에 자기만의 감성형태를 바르게 인식하고 그 특성을 찾아야 한다. 그것이 곧 교육리더 자신의 감성을 정확히 이해하는 것이다. 다음으로는 교직원들의 마음을 이해하도록 노력해야 한다. 이들이 학교에 요구하고 있는 것이 무엇인지, 현재 이들이 가지고 있는 문제를 찾아 해결할 수 있도록 도와주는 리더가 되어야 한다.

감성리더십을 자세히 살펴보면, 교육리더를 포함한 모든 교직원들은 서로 마음을 열고 학교비전을 향해 함께 고민하며 진정한 자신의 내면을 이해할 수 있어야 한다. 이러한 자기 이해와 타인 이해, 그리고 타인의 감성을 이해하는 감성역량을 함양해야 한다. 그리고 자신의 감성적 특성을 찾아 그것을 구성원들에게 잘 전달해야 감성적 리더로서 자리 매김할 수 있다.

교직원의 감정을 정확하게 읽고 자신의 감정을 설득력 있게 표현하는 것이 감정인식능력이며, 교장의 감정이 교직원의 생각에 어떤 영향을 미칠지를 아는 것이 감정활용능력이다. 또한 교육리더 자신의 감정이 어떻게 진행될지를 미리 예측하는 것이 감정이해능력이라고 할 수 있다.

감성리더십의 핵심은 '나 중심' 마인드에서 '상대방 중심' 마인드로 전환하는 데 있다. 나의 판단보다는 상대방이 어떻게 느끼는지에 관심을 갖는 일이다. 학교의 근무규정이나 관련 법규를 따지기 이전에 교직원의 인식은 무엇이고 공정하게 느끼고 있는지를 살피는 것이 더 중요하다. 또한 교육리더 자신의 전문성에 갇혀서 '나는 이미 다 안다'는 태도로 내가 하고 싶은 말을 일방적으로 늘어놓는 것이 아니라, 교직원의 생각은 무엇인지를 진지하게 경청하는 것도 중요한 일이다.

이젠 권위나 직위로 군림하는 교육리더의 시대는 끝났다. 군림하기보다 교직원을 도와주고 격려하며 지원하는 역할을 해야 진정한 학교경영의 효율화를 달성할 수 있다. 감성적인 교장은 이성의 옳고 그름은 물론 교직원들이 필요로 하는 욕구나 감정을 읽고 이를 명확하게 헤아릴 수 있어야 하며, 이성과 감성의 균형을 잘 조절할 수 있어야 한다. 교육리더의 감성적인 태도는 교직원과 교육비전이나 교육목표를 공감할 수 있어 교육리더가 원하는 방향으로 쉽게 교직원들의 마음을 움직일 수 있는 것이다.

교육리더의 감성리더십은 교직원들이 스스로 교직에 헌신하고 높은 충성도를 발휘하여 성취감을 느낄 수 있으며 동시에 교육자로서 사명감과 보람을 가질 수 있다. 이처럼 감성리더십은 교직원들의 마음을 따뜻하게 감싸주며 사기와 용기를 주는 리더십이며, 교직원의 마음을 이해하고 공감할 수 있게 하는 센스 있는 감성이 감성리더의 조건이다.

탁월한 리더는 스토리를 쓴다

박정희 대통령의 리더십 스토리는 성품, 의지, 능력, 비전, 전략, 과제라는 '7가지 리더십 실행원리'를 바탕으로 만주군관학교, 일본육사, 미국유학, 군 생활이라는 경험을 통해 대한민국을 새롭게 디자인할 수 있는 사고와 능력을 가진 인물로 쓰여 졌다. 인물을 이야기로 풀어내면서 박정희 리더십의 내면뿐만 아니라 밖으로 나타나는 모습까지 정밀하게 스토리함으로써 진정한 박정희의 리더십을 배울 수 있는 것이다. '잘 살아보세'라는 선명한 비전과 '부지런하고 스스로하고 서로서로 돕자'는 확고한 가치와 '경제개발 5개년 계획'이라는 일관된 전략, 기반 사업에 대한 필수과제 해결력을 보여주었던 박정희는 국민에게 '행복'의 기회를 제공한 탁월한 리더였음을 스토리를 통해 더 쉽고 재미있게 느낄 수 있는 것이다.

또한 이건희 리더십은 '무소불위의 제왕'에서부터 '우리 시대의 창조적 리더' 등 '인간 이건희'의 초상을 스토리로 전개할 수 있다. 특히 세계적인 기업가이자 한국에서 가장 영향력 있는 인사 가운데 첫손 꼽히는 이건희 회장의 생애를 시기별로 면밀히 추적하며, 이건희 리더십의 근원을 그의 삶의 이야기로 규명할 수 있는 것이다.

리더십은 리더와 구성원의 특성에 따라 다르고, 시대의 흐름에 따라 다양하게 변화하고 있다. 최근에는 리더의 자질인 능력, 학벌, 경력 등 스펙 중심에서 배려심, 공감력, 감수성, 용병술 등 '스토리' 중심으로 옮겨가고 있다. 따라서 리더를 볼 때 '어디서 뭘 했는가'보다 '얼마나 조직과 구성원을 잘 이해하고 배려하는가'에 더 큰 비중을 두고 있다. 최근 인기 TV예능 프로그램인 정글의 법칙, 복면가왕, 1박2일, 무한도전 등이 그 예이다. 이들은 유명인이라는 인물보다는 이들이 엮은 진솔한 이야기에 시청자들이 함께 웃고, 즐기며, 감동하는 것이 인기의 비결이다.

이들 예능 프로그램들에는 메인 MC와 여러 게스트들이 출연한다. 특히 강심장의 경우는 메인 MC 두 명에 게스트들만 10여 명이 넘는 아주 극단적인 구성을 보인다. 재미있는 사실은 그 많은 출연진들은 기본적인 대본만 갖고 진행한다는 점이다. 즉 대략적인 녹화 방향을 기술한 내용을 숙지한 채, 가급적 준비되지 않은 순발력 있는 애드립(ad lib: 즉흥적 대사)을 구사한다. 그래서 누가, 언제, 무슨 말이 나올지 예측하지 못하고, 서로 긴장하며 이야기가 진행됨으로 시청자가 더 흥미를 느끼는 것이다. 물론 각자가 어떤 내용을 중심으로 이야기할지에 대해서는 준비를 해서 나간다. 그리고 출연진들이 말하는 내용은 모두 우리들의 일상적인 삶에서 일어난 일상적인 이야기들이다.

이렇게 우리의 삶에서 겪는 일상적인 이야기들이 스토리텔링으로 만들어질 때 감동적인 의미를 갖는 것은 무엇일까? 그것은 그저 지나쳐버리기 쉬운 일상적인 이야기 속에 우리가 미처 깨닫지 못한 지혜와 애잔한 삶이 있기 때문이다. 그래서 일상적인 이야기가 특별한 이야기보다 더 재미있고 더 관심을 갖게 하는 매력적인 이야기가 된다. 즉 이야기가 시청자들이 일상생활에서 경험한 소재이므로 거부감 없이 친근감을 느끼고, 대본 없이 진행되는 예측불허의 이야기 속에 긴장감과 순발력을 기대하게 하는, 미처 깨닫지 못한 애잔한 우리 삶의 이야기이므로 더 매력적인 것이다.

스토리는 사람들의 새로운 관심과 호기심을 자극하여 깊은 즐거움과 기대를 만들어내며, 이야기 속에 담긴 꾸밈없는 인간애와 용병술에서 감탄과 즐거움을 만드는 것이다. 그래서 우리의 일상적인 삶은 스토리텔링에 더할 바 없이 감동과 감명을 주는 좋은 소재가 된다. 아울러 일상적인 삶에서 무심코 지나칠 사소한 것들이 우리 삶에 큰 지침이 되기도 하는 것이다.

리더는 리더로서의 권위와 함께 조직발전에 대한 책임과 의무를 가지고 있기 때문에 리더는 자기 자신보다는 구성원들로부터 능력과 신뢰감을 인정받아야 한다. 리더의 신뢰감은 구성원들에게 얼마나 많은 관심과 배려를 하고 인정을 하느냐와 비례한다. 2010 월드컵에서 박지성은 국가대표 축구팀 주장이었지만 승부 앞에서도 동료들을 압박하거나 지시하지 않았다. 단지 그는 형제이고 친구였다. 그래서 그는 권위를 앞세우기보다 팀원들의 고충을 들어주며 부드럽게 소통하는 리더십을 발휘했던 것이다. 이 같은 리더십이 최근에 큰 관심을 보이고 있다. 리더 자신의 화려한 스펙보다는 팀 스토리를 잘 만들어낼 수 있는 역량이 리더십에 중요한 요인으로 작용하고 있는 것이다.

감동을 주는 스토리텔링은 이미 기업조직의 리더십에도 적극 활용되고 있다. 기업들은 감동적인 스토리로 기업의 가치와 비전에 대한 의사소통을 강화하고 있다. '스토리'를 통해 고객에게 감동이나 재미를 전달해 차별화를 꾀하는 마케팅 전략은 다양하다. 극심한 경쟁 아래서 품질이나 기술, 가격 경쟁력만으로는 제품 차별화가 어렵기 때문이다. 따라서 무미건조한 객관적인 팩트(fact)보다 감동을 주는 스토리가 실제 구매에도 중요한 역할을 하기 때문에 스토리텔링은 세일즈에 있어서도 적극 도입되고 있다.

교육리더의 성공적인 스토리뿐 아니라 스토리 있는 학교경영이 교육성과에 중요한 영향을 미친다. 교육리더가 교직원들에게 공감하는 학교비전을 제시하고, 어떤 경영전략과 조직을 관리하느냐에 따라 교직원들의 학교교육에 거는 기대는 물론 학교목표를 향한 적극성과 참여도, 그리고 만족도가 달라지는 것이다. 교육리더가 교직원들에게 감동을 자아낼 수 있는 스토리 중심의 학교사업을 추진할 땐, 특별한 지시와 관리가 없더라도 스스로 찾아 책임감을 갖고 즐겁게 동참한다. 반면에 교직원의 동의나 공감 없이 교육리더의 일방적인 추진사업은 비협조적일뿐 아니라 단지 의무감에서 일하므로 높은 교육성과를 기대할 수 없는 것이다.

대개 교직원들은 전문직으로서 여느 조직보다 전문적인 이론으로 무장하고 자기주장이 강한 집단이다. 교사들의 학교업무는 학생을 직접 지도하는 교수활동과 학급업무 이외에는 비교적 단순한 업무들로 학교규모와 교직원의 수에 따라 적정히 배분하고 있다. 그러나 교직원의 업무 배정은 대부분 개인의 능력과는 상관없이 배치할 때가 많다. 이렇게 교사들의 업무들은 학생을 교육하는 주 업무 외에는 학교경영과 직간접적으로 관련된 것으로 학교특색, 학교행사, 교육청 공문 등 매년 추진되는 일상적인 교무업무이다. 학교경영에 중추적인 역할을 하는 부장교사들의 업무 이외는 특별히 전문적인 지식이나 경험을 요구하는 업무는 없다. 즉 교사들에게 매년 반복적으로 수행되는 업무들은 대개 기존자료나 방법에 의존하기 일쑤이어서, 업무수행 상에는 큰 어려움이나 특별한 창의성을 요구하지 않는 것이다.

그러므로 교육리더가 교직원들의 업무를 얼마나 감동적인 스토리로 만들어내느냐에 따라 교직원의 참여 동기는 물론 업무추진의 역동성과 창의성 발휘 정도가 달라지는 것이다. 이것이 바로 교육리더의 일하는 방식 개선을 위한 스토리 중심의 교육리더십인 것이다.

네트워크 사회에서는 정보를 가진 자보다 감성적 스토리를 가진 자가 주목을 받는다. 새로운 리더는 논리적으로 잘 말하는 것보다 공감할 수 있는 따뜻한 스토리를 전할 수 있어야 한다. 존 웨인(John Wayne), 숀 코너리(Thomas Sean Connery)의 과묵함에 열광한 미국 역시 지금은 말을 걸고 협력을 이끌어 가는 스토리텔러의 리더십에 주목하고 있다. 이는 딱딱한 발표와 토론 기술만으로는 훌륭한 리더가 될 수 없기 때문이다.

교육리더 자신의 능력만큼이나 교직원들을 신뢰하고, 배려하여 감동적인 스토리를 만드는 교육역량이 성공적인 학교경영에서 중요하다. 교육리더는 즐거움과 스토리 있는 감동 경영으로 교직원들이 학교교육에 자부심과 긍지, 그리고 보람을 느낄 수 있는 교육리더십을 발휘해야 하는 것이다.

최적의 리더십은 상황적 리더십이다

2010년 9월 우리나라 17세 이하 여자 축구가 세계를 제패했다. 세계를 깜짝 놀라게 한 여자 축구가 국민들로부터 축하의 환호를 받을 때 선수들 못지않게 스포트라이트를 받았던 사람이 바로 팀을 이끌었던 감독이었다. 아버지 같은 감독의 리더십은 선수 개개인들의 강점을 최대한 발휘할 수 있도록 팀워크를 이끈 것이 우승이 비결이었다고 했다.

　스포츠 세계에서와 마찬가지로 학교경영에서의 교육리더십은 조직원의 업무만족과 명확한 교육목표에 중요한 키워드임에는 틀림없다. 교장의 교육리더십은 교직원들의 업무수행 방식이나 학교조직 운영에 직접적인 영향을 주는 중요한 역할을 하기 때문에 다양한 교육리더십의 연구가 진행되고 있다.

　학교경영에서 교직원, 업무업무, 교육여건이나 상황 등 세 가지가 중요한 변수를 가지고 있다. 이들 변수의 다양한 상황을 고려해 가면서 리더십을 적절히 발휘할 때 높은 교육성과를 발휘할 수 있다. 효과적인 교육리더십은 리더가 갖추어야 할 자질이나 덕목, 그리고 리더의 구체적인 행동양식뿐 아니라 리더십이 발휘되는 상황적 변수들이 고려되어야 하는 것이 바로 상황적 교육리더십이라 할 수 있다.

　상황적 리더십에 대하여 프레드 피들러(Fred Fiedler)는 "유일한 최상의 리더십은 존재하지 않는다. 상황에 따라 효과적인 리더십 스타일이 달라진다"라고 주장하였고, 이러한 피들러의 상황적 리더십(Situational Leadership)은 대부분의 리더십 이론에 주류를 이루게 되었다. 아무리 뛰어난 사람도 다양한 상황에 모두 유용한 능력을 발휘할 수 없다는 것으로 효과적인 리더십은 리더의 행동유형을 적절한 상황과 잘 조화시키는 것이라 할 수 있다.

　리더십 스타일(leadership style)은 조직의 과업상황, 구성원의 상황에 따라 변화해야 하는데 피들러는 리더와 구성원 관계(leader-member relation)와 과업구조(task-structure), 지위권력(position power)의 세 가지 상황 요인과 리더십 스타일의 상관관계를 측정하였다.

상황적 교육리더십은 교육목표를 성취하는 데 딱 들어맞는 교육리더십 스타일은 존재하지 않는다고 전제하고, 리더가 똑같은 유형의 과업을 이끌어간다 하더라도 그 과업이 이루어지는 상황이나 여건이 다르다면 성공적인 과업달성을 위한 리더십 요건은 서로 다른 것일 수 있다고 본다. 그러므로 모든 과업과 상황에 다 부합되는 단한 가지 교육리더십이라는 것은 존재할 수 없는 것이다.

우리의 경우 특정한 교육리더십이 교육성과가 우수하다고 소개되면 모든 학교에서 같은 유형의 교육리더십을 일제히 벤치마킹(benchmarking)하려고 한다. 또 그렇게 해야 한다고 믿는다. 그러나 막상 적용하고 보면 기대했던 결과가 나오지 않을 때가 많다. 그것은 바로 교육리더십이 그 적용 대상과 시기 및 환경에 따라 다른 결과를 낳기 때문이다. 특히 교육에 있어서는 학생들의 분위기, 교사의 교육에 대한 열정이나 동기, 학부모의 학교에 대한 기대나 지원 등 무형적인 요인들이 리더십에 각기 다른 영향을 주기 때문에 통일된 기준이 없는 것이다. 따라서 효과적인 교육리더십은 교육리더가 교육의 상황을 다각적으로 고려하여 그에 적절한 교육리더십의 적용 타이밍을 고려해야 한다. 이러한 타이밍 역시 학교경영을 성공적으로 이끄는 리더의 능력이며 리더십의 역량이라고 할 수 있다.

지금까지 교육리더십에 대한 구체적인 연구는 다양하게 진행 중이나 우리의 교육환경이나 여건에 알맞은 연구결과들은 그리 많지 않다. 그 이유는 무엇보다 교육리더십에 대한 깊은 이해와 연구가 학교현장에서 밀접하게 이루어지지 않은 점과 또 다른 하나는 교육에 대한 관심도와는 달리 교육리더십에 대한 관심도는 교육학자나 교원 이외는 그리 크지 않는 데 있다.

사실 교육리더십은 학교를 경영하는 교장이나 학급을 운영하는 교사들에겐 반드시 발휘해야 할 기술이다. 교사들에겐 반드시 발휘해야 할 기술이다. 그러함에도 불구하고 교육리더나 교사들이 교육리더십에서 교직원들의 중요성을 제대로 인식하지 못하고 있다. 즉 교육리더는 중시하지만 리더를 따르는 교직원들에 대한 존중과 배려는 매우 낮게 인식하고 있는 점이다. 아무리 좋은 교육리더가 리더십을 발휘하더라도 이를 수행하는 교직원들이 외면한다면 좋은 리더십을 발휘할 수 없다. 그래서 최근에는 리더만큼이나 리더를 따르는 구성원을 중시하는 팔로어십(followership)이 더 관심을 받고 있는 것이다.

피터 드러커(Peter Drucker)는 "성공한 리더의 유일무이한 모델은 더 이상 존재하지 않는다"며 성공을 담보하는 리더십 모델은 없다고 주장한 것처럼 교육리더십은 모범답안이 없으며 학교조직의 특성, 교육환경, 상황에 따라 교장의 적절한 유형의 리더십이 적용되어야 효율성을 높일 수 있다. 이처럼 교육리더십은 동전의 양면과 같이 그 유형에 따라 강점과 약점을 가지고 있다. 그러므로 교장이 학교조직의 특성이나 상황, 그리고 여건을 자세히 분석하지 않고 지나치게 자신의 교육리더십 스타일만 고집하다 보면 학교조직의 득보다 실을 얻을 때가 많다.

일반적으로 교장의 교육리더십은 업무 중심형, 관리 중심형, 관계 중심형, 변화 추구형으로 나눌 수 있으며, 그 유형별 특성을 보면 다음과 같다.

첫째, 업무 중심형 리더십의 교장은 업무에 전문성과 확고한 신념을 갖고 목표 달성에 전념하기 때문에 교직원들과 의견수렴 없이 일방적으로 추진하여 불평을 듣기도 한다. 또한 교육의 성과달성을 위해 교직원들을 몰아붙이거나, 실수에 대해서는 잘 이해하지 못하여 교직원의 자존심에 상처를 주는 경우도 있다. 이러한 유형의 교장은 교육성과를 위해서는 강한 추진력으로 교직원을 독려하는 리더십을 발휘한다. 그러나 젊은 세대는 상대적으로 스트레스(stress) 내성이 낮은 반면 자존감은 높은 편이다. 이런 특징을 잘 이해하지 못한 교장은 교직원들로부터 반감을 살 수도 있다. 또한 업무 능력이 뛰어난 교장들은 자신의 잣대에만 맞춰 교직원들을 평가하는 오류를 범하기 때문에 '교직원의 눈높이 학교경영'이 필요하다.

둘째, 관리 중심형 리더십의 교장은 실질적인 업무성과에 충실하기 때문에 형식적인 업무보다는 실수 없이 안정적인 학교운영에 능력을 발휘한다. 그러므로 모든 일들을 원리와 원칙에 입각하여 주도면밀하게 관리한다는 평가를 받는다. 이처럼 관리형 리더십의 교장은 업무의 세세한 부분과 학교조직의 구석구석을 파악하고 있다는 점에서 강점을 가지고 있으나 하나부터 열까지 본인이 직접 챙기는데 교직원들과 어려움을 겪을 수 있다. 이런 교장은 학년중심이나 부서중심의 '분명한 역할 분담'과 '권한의 위임'을 부여하고 맡은 업무에 책임을 지도록 만들 필요가 있다.

셋째, 관계 중심형 리더십의 교장은 교직원들과의 조화와 친화를 중시한다. 학교조직 내에 갈등이 발생하지 않도록 학교분위기를 조성하며, 교직원들이 학교생활에 어려움이 없도록 세심하게 배려할 줄 아는 리더십을 발휘한다. 관계 중심형 교장은 자기 자신에 대한 이해뿐만 아니라 상대방에 대한 이해도가 높기 때문에 타인의 감정을 의식하고 행동하여, 대인 관계가 원만함으로 갈등이 발생하지 않는다. 그러나 자칫하면 교직원의 인기를 얻기 위해 좋은 이미지만 관리하다 보면 교장으로서 소신 있는 업무의 추진력이 어렵다고 할 수 있다.

넷째, 최근 가장 각광받는 리더십 유형 중의 하나가 변화 추구형 리더십이다. 현실에 안주하지 않고 끊임없는 학교의 변화와 혁신을 모색한다. 다만, 교직원들의 참여와 동의가 이루어지지 않는 지속적인 변화 추구는 성공적인 학교혁신을 저해하고 교장의 독단적인 행동으로 비쳐질 수 있다.

앞에서 교장의 교육리더십을 그 유형별로 다양한 강점과 약점을 살펴보았다. 이러한 강점과 약점은 학교의 특성과 상황, 그리고 여건에 따라 득과 실이 달라질 수 있다. 이처럼 리더십의 어려운 점은 강하지만 무례하지 않고, 온유하지만 약하지 않고, 대담하지만 경솔하지 않아야 하고, 사려 깊지만 게으르지 않아야 하고, 겸손하지만 소심하지 않아야 하며, 당당하지만 오만하지 않아야 하고, 유머감각이 있지만 어리석지 않아야 한다는 것이다. 그러므로 교장은 한 가지의 리더십을 고집하는 것보다는 학교 상황을 고려하여 다양한 상황의 교육리더십을 발휘해야 진정한 교육효과를 얻을 수 있는 것이다.

교감(交感)리더십이 좋은 교사를 만든다

학부모나 교사가 학생교육에 성공하려면 항상 교감하는 통로가 있어야 한다. 그 형식이 주고받는 편지도 좋고 이메일도 좋고 대화도 좋다. 요즘 미니 홈피를 잘 활용하여 이름을 알리는 교사들이 많다. 개인이나 학급 홈피도 좋고, 학교 홈에 학급 홈피를 사용하는 교사도 있는데, 본인이 이를 잘 관리하는 경우 70% 정도라는 것이다. 대부분이 처음에는 자주 들어오다가 어느 시점부턴 잠자는 홈피가 허다하다. 이는 상호 간 필요한 정보나 자료 공유가 시간이 지날수록 점점 떨어지기 때문이다. 그래서 새로운 정보나 좋은 자료를 계속 업데이트하고 잘 관리해야 하는 것이다.

교사나 학부모가 학생과 많은 교감을 하다 보면, 나중에는 서로 눈빛만 보아도 서로의 마음을 읽고 표정이나 목소리만 듣고도 상대가 원하는 것과 마음의 상태를 알게 된다. 방송프로에서 한 학생이 일탈 행동과 아버지와의 갈등으로 외부와 단절하고 자기 세계에서 밖으로 나오지 못하고 있는 것을 한 방송이 도와 해결하는 것을 보았다. 한 시청자는 "우리 큰 아이도 모범생이었지만 고3 때에 혼자 방황하는 것을 아내가 알고 나와 대화를 하게 해서 겨우 고비를 넘긴 일이 있다. 나는 엄하게 가르친다고 하다 보니 아이들이 나만 보면 움츠리고 겁을 내었었다. 아주 잘못한 처사였다"라고 말했다.

사람의 인생은 수많은 관계의 연속이다. 상사와 부하 사이, 친구와 동료 사이, 연인과 부부 사이, 고객이나 타인과의 관계 등 인간관계는 복잡하고도 미묘하다. 이런 '관계를 어떻게 만들고 유지하느냐'가 인생의 성공과 행복을 결정짓는다. 신의, 배려, 존중, 겸손, 관용, 공감 등 관계와 상황에 따라 상대방에게 가져야 할 태도가 달라진다. 이러한 인간관계는 친구의 수와 사회적 접촉의 수, 그리고 그들 간의 상호연결 방식에 따라 다르다. 대부분의 사람들이 인간관계를 맺고 있는 사람은 친구와 친지, 직장동료, 이웃, 그 밖의 사람들이다.

최근 미국인 3,000명을 대상으로 조사한 결과를 보면,6) 가장 가까운 사회적 접촉을 하는 사람의 수가 4명이었으며, 2~6명인 사람이 가장 많았다. 또한 가까운 집단 구성원은 절반이 친구였지만 나머지 절반은 배우자, 애인, 부모, 형제, 자녀, 직장동료, 같은 클럽 회원, 이웃 등 이었다.

우리 역시 지금과 같이 각박해진 삶에서 언제든 만나고 싶을 때 만나서 재미없는 이야기를 끝까지 들어줄 수 있는 사람은 몇 명이나 될까? 그리고 내 마음을 이해하고 공감해줄 수 있는 진정한 친구는 얼마나 있을까? 실상은 그리 많지 않을 것이다. 그 이유는 여러 가지가 있지만 무엇보다 내가 상대방에게 먼저 마음을 열고 다가서지 못하고 상대가 나에게 다가오기만 바라지 않았나 하는 생각이다. 그래서 오늘도 고민한다. '과연 내 생각을 분명하게 말해도 되는 걸까. 상대방이 그런 날 건방지다고 하면 어쩌지?' 하고. 그런가 하면 '내가 먼저 마음을 열어 보여도 되는 걸까. 내가 다가선 만큼 상대방이 내 진심을 알아줄까. 이러다가 나만 상처받는 것은 아닐까' 등등의 생각들이 우리를 두렵게 하는 요소들이다.

하지만 알고 보면 사교적인 성격을 가진 사람들은 인간관계가 폭넓고 다양하다. 반면 그렇지 못한 사람들은 극히 제한적이다. 인간관계가 폭넓은 사람은 깊이가 부족하고 인간관계가 좁은 사람은 깊고 지속적인 관계를 유지하는 것이 일반적인 인간관계의 형태이다. 이러한 인간관계 형성에서 오는 장벽보다는 정서적인 교감이 인간관계를 맺는 데 훨씬 중요하다. 그러므로 어떻게 하면 상대방과 쉽

---

6) 니컬러스 크리스태키스, 제임스 파울러, 이충호 역, 행복은 전염된다(2010, 김영사), p.41.

게 정서적인 교감을 이룰 수 있는지에 대한 교육이 필요하다.

교감(交感, sharing sense)이란 서로 접촉하여 사상이나 감정 따위를 함께 나누어 가지는 것을 의미한다. 상대방과 교감하기 위해서는 ① 상대방의 말을 경청하고, ② 상대방의 생각을 읽어야 하고, ③ 상대방의 마음을 들을 수 있어야 한다. 이러한 교감을 가지기 위해서는 먼저 상대방과 친밀한 유대감을 가져야 한다.

좋은 교사가 되기 위해서는 학생 개개인과의 인격적 교감이 무엇보다 중요하다. 최정환은 『교감의 리더십』이란 책에서 교감(交感)에 대해서 다음과 같이 말하고 있다.

참된 리더는 하늘, 땅, 사람과 진정으로 교감하는 사람이다. 교감(sharing sense)이란 감정을 나누고(sharing emotion), 감동을 나누고(sharing affection), 감응을 나누고(sharing sympathy), 감촉을 나누고(sharing touch), 감회를 나누고(sharing memory), 감격을 나누고(sharing gratitude), 감흥을 나누고(sharing inspiration), 감탄을 나누고(sharing admiration), 감사를 나누는(sharing thanks) 것이다(p.5).

이와 같이 교감은 소통이 전제되어야 나눌 수 있는 감정이다. 교육에서 소통은 교육방법의 전부다. 한마디로 소통 없이는 교육이 이루어질 수 없는 것이다. 교사는 학생들에게 소통을 통하여, 교육내용을 전달하기 때문이다. 이러한 소통이 학생들에게 얼마나 잘, 그리고 쉽게 전달되도록 교감이 이루어졌느냐가 교육의 성과로 나타난다. 이러한 측면에서 보면, 교감은 상대방의 감정을 소통을 통해 공감하고 교감함으로써 전달내용을 이해하는 교육의 과정이라고 할 수 있다.

그렇다면 교육에서 교감리더십은 왜 필요한가?

첫째는 교육은 교사와 학생의 교감활동이다. 교감이라는 용어는 이미 앞에서 정의한 바와 같이 상대방의 감정을 공감하고 서로 감정을 나누어 가지는 활동이다. 교육활동 대부분이 교사와 학생의 교감활동으로 이루어진다. 즉 교사가 가르치는 것을 교감활동을 통해 학생들이 배우는 것이다. 그런데 교사가 교수내용을 얼마나 자세히 학생수준에서 쉽게 지도하느냐에 따라 학생이 학습내용을 잘 이해하고 받아들이는 학습정도가 다르다. 이렇게 학생을 위한 교사의 배려는 충분한 전문지식과 가르침의 기술을 지니고 확고한 교육철학과 교직관을 가져야 할 수 있는 일이다. 그래서 좋은 교사는 학생들과 교감활동을 잘하여 학생들이 좋아하는 교사인 것이다.

둘째는 학생이해나 문제를 해결하기 위해 교감리더십이 필요하다. 최정환은 "참된 리더는 모든 능력 이전에 다른 사람의 희로애락을 진심으로 교감할 줄 아는 사람이어야 한다"며 일을 잘하는 능력 이전에 타인의 아픔과 필요에 동감하는 사람이라고 지적한다. 학교에서는 문제학생의 선도가 가장 어렵다. 학생들의 아픈 마음을 달래주고 잘못된 행동을 이해시키려면 설득이 필요하다. 이러한 설득은 먼저 문제학생의 마음을 열게 하는 것이 관건이다. 마음의 벽을 허물 수 있게 문제를 공감하며 학생과 교감하는 활동이 필요하다. 따라서 이들의 생각을 바꿀 수 있도록 믿음을 주며, 비전을 일깨워주는 끊임없는 교감활동이 이루어질 때 올바른 인간을 만드는 것이다.

셋째는 교사와 학생 간의 소통을 위해 교감리더십이 필요하다. 학교에서 학생들에게 필요한 것은 교육적 사랑을 기반으로 한 몸과 마음의 교감활동이다. 이러한 교감은 학생들에게 '교육을 통해 성공할 수 있다'는 믿음을 심어주게 되고, 훌륭한 인성과 높은 지성을 갖춘 사람으로 자랄 수 있는 중요한 토대를 만들어줄 수 있는 것이다. 또한 교사와 학생 간의 소통은 수평적인 대화구조가 되어야 하며 친구 같은 교사관계가 이루어져야 가능하다. 마음을 터놓고 이야기할 정도가 되어야 서로 교감이 이루어진다. 그래서 진정한 리더는 가장 낮은 곳까지 따뜻한 마음과 기운을 전하여 전체를 행복하게 하는 사람이다.

일반적으로 타인과 교감(交感)하는 방법으로 ① 상대방의 말을 듣기 위해서는 숨소리를 낮춰야 하고, ② 상대방의 생각을 듣기 위해서는 숨소리를 죽여야 하며, ③ 상대방의 마음을 듣기 위해서는 숨소리마저도 맞춰야 한다. 그러므로 교사의 권위를 버리고 학생의 눈높이에서 학생들을 바라볼 때 학생들과 쉽게 교감할 수 있는 것이다. 사실 사랑을 기반으로 한 학생들에 대한 존중은 교사에 대한 존경이 되고 이것은 자연스럽게 교사에게 권위를 준다. 이렇게 권위는 힘으로 제압하고 지키는 것이 아니라 학생들로부터 올라오는 것이다. 이것이 바로 '사랑받는 권위'다. '사랑받는 권위'를 갖기 위해서는 관계의 성찰과 교감이 필요하다.

학생들과 교감하는 방법은 다음과 같다.

첫째, 진지하게 생각하고 따뜻하게 대한다. 학생들은 상대가 어떻게 대하느냐에 따라 상대방과 유대감을 가지려 한다. 교사의 진지한 생각과 따뜻한 태도는 학생에게 안정감과 친밀성을 줄 수 있다.

둘째, 사랑을 행동으로 표현한다. 아기는 꼭 껴안아줄 때 상대방의 마음을 더 확실히 느낀다. 어린 학생들도 마찬가지로 눈으로 보고, 손으로 만지고, 귀로 들으면서 상대방의 사랑을 확인할 수 있기 때문에 교사는 행동으로 표현해야 한다.

셋째, 마음의 균형을 잃지 않는다. 교사가 학생들을 대할 때 가져야 할 가장 중요한 것은 일관된 마음과 행동이다. 어느 때는 잘해주다가 갑자기 냉정하게 대한다면 학생들은 교사가 자신에 대해 어떤 마음을 가지고 있는지 혼란스러워 하며 신뢰와 믿음을 갖지 못하게 된다.

넷째, 역지사지로 무한한 사랑을 느끼게 한다. 학생들은 감수성이 예민하기 때문에 세상의 모든 이치를 감정으로 받아들인다. 이렇게 받아들인 느낌은 학생들의 마음속에 잠재되어 학생 개인의 성격형성에 중요한 영향을 미친다.

이처럼 교감은 학생들에게 다가갈 수 있는 최고의 행동수정 방법이다. 학생들에게 향한 교사의 눈이 학생들과 통하면 학생들의 문제행동을 굳이 말하지 않아도 알 수 있다. 교사의 진정성이 담긴 교감은 학생들의 마음에 감동을 불러일으킬 수 있다. 특히 학생지도에 있어서는 교사와 학부모와의 교감도 중요하다. 일방적인 전달과 주장보다 잘 들어주고 함께 이해해주는 마음이 곧 교감인 것이다.

요즘 교사에겐 학생들과 마음을 터놓고 기쁨과 아픔을 편안하게 나눌 수 있는 교감리더십이 어느 때보다 필요하다. 질풍노도의 사춘기와 경쟁적인 학업 스트레스에 힘들어하는 학생들에게는 마음을 이해하고 먼저 따뜻한 손을 내미는 교사들의 교감리더십이 절실한 것이다. 진정한 교육리더는 교육을 통해 학생들을 만족하게 하며, 어진 마음, 우둔함, 때론 참된 수도자 같은 교사의 품성을 소유해야 하는 것이다. 교감리더십은 '인간에 대한 사랑'과 '마음을 나누는 것'이다.

최고의 교사는 교사리더십에 있다

　선생님들은 말 한마디, 몸짓, 눈빛 하나로도 학생들과 소통하고 그들과 마음을 나눈다. 흔히 좋은 수업은 좋은 기술과 탁월한 교재, 발 빠른 정보력에서 비롯된다고 생각하지만 학생들의 배움을 일으키는 가장 강력한 힘은 이름을 불러주며 인사하기, 아침에 학교에 오면 따뜻하게 안아주기, 자기 고백하기, 적절하게 피드백하기 등의 사소한 것들로부터 출발해 믿음을 형성한 선생님과 학생들의 관계에 있다.

　교육은 교사와 학생의 상호작용에 의해서 이루어지는 만큼 교사의 적극적인 교수활동 없이는 학생의 배움이 이루어질 수 없다. 국가의 아무리 좋은 교육정책이라 할지라도 학교의 교실수업에 그 실천이 이루어지지 않으면 모두가 공염불에 지나지 않는다. 이처럼 교육은 교사와 학생 사이에서 서로 존경과 신뢰를 바탕으로 한 인간관계 속에서 이루어진다고 할 수 있다.

　교사와 학생 사이의 관계는 교실이라는 제한된 공간에서 교육이라는 과제에 대해 서로 참여하고 소통해 가는 데 있으므로 교사의 역할이 중요하다. 그래서 대다수의 교사들은 학생들과의 상호작용을 통해 새로운 교육상황을 경험하면서 자신의 바른 모습을 다듬어가고 있다.

　학생들과 교육현장의 다양한 경험이 좋은 교사를 만드는 데 중요한 요소이며 교사가 리더십을 발휘하는 기틀이 된다. 물론 좋은 교사의 자질을 타고난 교사도 있겠지만 대다수의 교사는 학교에서 다양한 교육의 현장 경험과 교사의 사명감, 그리고 열정의 결합으로 이루어진다고 해도 과언이 아닐 것이다. 한마디로 가르치면서 배우는 거다.

흔히 학교조직의 특성을 가리켜 이중조직, 느슨한 조직이라고 말하는 이유는 교장이 아무리 좋은 교육정책과 교육프로그램을 제공하여도 담임교사가 학생들에게 교육하지 않으면 그 효과를 기대할 수 없다는 의미다. 부뚜막의 소금도 집어넣지 않으면 짜지 않은 것처럼 교사가 교육과정을 통하여 학생들에게 직접 지도해야 교육적 효과를 낼 수 있다.

이러한 맥락에서 교사의 리더십은 학생들과 직접적인 상호작용을 통해 발휘된다는 점에서 중요한 의미를 지닌다. 교사는 교육과정, 수업지도, 학급경영 계획, 그리고 학생생활 전반에 걸쳐 직접 학생들을 지도하는 사람이다. 뿐만 아니라 누구보다도 솔선하며, 학급경영의 리더로서 학생들의 교육을 위해 그 역할에 충실히 해야 한다. 이렇게 교사의 리더십은 학생에게 공부만 가르치는 지식전달자뿐 아니라 학생의 생활지도, 진로지도, 그리고 삶의 선배로서 멘토가 되어야 한다.

교사가 학생을 어떻게 교육하느냐는 바로 교사의 리더십에 달려 있다고 할 수 있다. 즉 학생들에게 배려와 공감 그리고 감성과 감동을 주는 교사의 리더십에 따라 그 교육적인 영향도 달라진다. 학생을 관리하고 지도하고 리드하는 방법에는 감성적인 방법만큼 좋은 방법은 없다. 과거처럼 교사의 강압적인 지시나 리더십은 비록 학생들이 마지못해 따라온다 할지라도 마음은 이미 멀어져 있음을 기억해야 한다. 진정으로 학생을 바르게 이끌고 영향력을 주기 위해서는 학생을 끌되 감동을 주면서 이끌어야 한다.

학생들이 좋아하는 교사는 권위가 있으며, 학생들의 마음을 하나하나 헤아려주며, 아픈 상처를 감싸주고 보듬어주는 교사이다. 이런 교사의 리더십이 진정 이 시대가 필요로 하는 따뜻한 교사의 리더십이라고 할 수 있다.

교사리더십의 유형에는 민주적 리더십, 전체적 리더십, 자유방임적 리더십으로 나눌 수 있지만, 학생들이 바라는 리더는 친구 같이 내 마음을 알아주는 교사, 고민을 함께 나눌 수 있는 교사이다. 그러므로 학생들이 바라는 진정한 교육은 교사가 일방적으로 가르치는 교육이 아니라 쌍방 커뮤니케이션(communication)이 잘 이루어지고, 사랑과 존경 속에서 가르침과 배움이 있는 활동이다.

학생들이 바라는 진정한 교사리더십을 실천하기 위해서는 먼저, 교사로서 학생들을 칭찬하고 격려할 줄 알아야 한다. 학생들은 교사의 작은 관심에도 감동한다. 교사로부터 인정을 받음으로써 새로운 학습 동기는 물론 새로운 희망을 얻는다. 이러한 힘이 학생들의 자기주도적인 인생을 자신 있게 개척해 나갈 수 있는 동력이 된다.

두 번째, 교사는 학생들의 생각과 그들의 의견에 경청해야 한다. 특히 교사는 가르치는 일에 익숙하다보니 남의 이야기를 잘 듣지 않는 경향이 있다. 따라서 학생들의 이야기를 끝까지 들어주는 것은 학생들에게 자신과 마음이 통한다는 믿음을 주어야 교사를 신뢰하고 잘 따르게 되는 것이다. 이처럼 신뢰는 작은 관심과 믿음에서부터 시작된다.

세 번째, 교사는 학생들과 수평적 인간관계를 형성하고 그들의 문화를 이해하는 데 노력해야 한다. 교사는 학생들보다 경험과 연륜이 많아 교사는 학생들을 이해하기보다는 가르치려고 한다. 사실 학생들을 올바르게 지도하려면 먼저 그들의 삶 속으로 들어가야 한다. 그들의 문화를 알아야 그들의 생각을 이해할 수 있는 것이다. 따라서 학생들과 친구가 되어 자주 이야기하고 함께 문화를 체험하며, 그들 속에 함께 동화되어야 진심으로 이해할 수 있다.

네 번째, 학생을 배려하고 섬기는 교사가 되어야 한다. 교사는 학생들이 자기의 삶에 희망과 꿈을 갖고 노력하도록 돕는 사람이지 학생들 위에 군림하여 지시하거나 지배하는 자가 아니다. 그러므로 교사는 학생들이 필요로 하는 것을 제공해주고, 그들이 음란, 폭력과 거짓의 유혹에 빠지지 않도록 보호하고, 그들이 더욱 성장하고 발전할 수 있도록 안내하는 역할을 해야 한다.

다섯 번째, 교사는 교육에 열정적인 사람이 되어야 한다. 열정을 가진 자는 방향 설정을 정확히 하고, 실패를 교훈 삼아야 하고, 장애물을 극복해야 하고, 약한 자는 도와주고, 형식보다는 실속을 찾은 자신만의 색깔이 분명한 사람이다. 리더는 새로운 변화를 추구하는 사람이기 때문에 동력을 일으킬 수 있는 에너지가 필요하다. 이 에너지가 바로 교사의 열정으로 학생들에게 변화를 일으키는 원동력이 된다. 그래서 교사는 교육에 대한 열정이 충만해야 하는 것이다.

교사리더십은 무엇보다 학생들의 학교생활의 질을 결정짓는 중요한 요인이다. '피그말리온 효과'에서 본 것처럼, 교사가 학생들을 어떻게 보느냐에 따라 실제 학생들의 잠재적 성장은 달라진다. 학생에 대한 긍정적인 생각은 학생들에게 용기를 주며 꿈을 실현하게 하는 힘이 된다.

최고의 교사는 자신이 가르치는 교과에 전문가가 되어야 하며, 아울러 교사로서 갖추어야 할 창의력, 상상력, 사회성, 높은 도덕성, 타인의 배려심, 적극적인 참여 등에 부단히 노력해야 한다. 그리고 교육적 사명과 열정으로 학생들의 인격을 존중하고 사랑으로 가르치고 그들의 좋은 친구가 되어야 진정한 교사리더십을 발휘할 수 있다.

이젠 학교도 Fun 경영 리더십이다

세계 최고의 동기부여가인 브라이언 트레이시(Brian Tracy)는 성공의 85%는 인간관계에 달려 있으며 훌륭한 인간관계를 만드는 핵심은 바로 웃음이라고 하였다. 인간관계에서 주고받는 웃음은 바로 신뢰를 의미한다. 이러한 웃음이 신뢰를 형성하고 신뢰는 책임감을 갖게 하여 결국 생산성을 높인다는 것이다.

삼성경제연구소가 한국의 CEO(chief executive officer)에게 유머와 기업경영의 연관성을 설문조사한 결과 '유머가 기업의 생산성 향상에 도움이 된다', '유머가 기업 조직문화 활성화에 도움이 된다', '유머경영이 고객만족에 기여한다', '유머가 없는 사람보다 풍부한 사람을 우선적으로 채용하고 싶다', '유머를 잘 구사하는 직원이 그렇지 않은 직원보다 일을 더 잘한다고 믿는다'고 하였다. 이러한 통계결과를 보더라도 시대의 유머는 일시적 유행이 아니라 트렌드(trend)라고 할 수 있다.

펀(fun) 경영은 사람을 존중하는 경영이며, 일할 맛이 나는 즐겁고 재미있는 문화를 창조하는 경영이다. 미국 포춘(Fortune)지에서 '가장 일하기 좋은 직장 100대 기업(GWP: great work place fortune 100)'의 공통점은 직원들에게 일하는 즐거움과 재미를 주며 사람을 존중하는 가족 같은 기업이라는 점이다. 우리는 깨어 있는 시간의 대부분을 직장에서 보낸다. 그런 만큼 직장은 일할 맛 나는 즐거운 곳이어야 한다. 하지만 현실은 그렇지 못한 경우가 많다. 이러한 문제를 해결하기 위한 것이 바로 펀(fun) 경영이다.

펀은 권위를 버리고 동등한 입장이 되어야 나타나며 이러한 즐거움은 재미있고, 보람 있는 '신바람 나는 직장'으로 만들 수 있다. 펀 경영은 바로 좋은 인간관계를 바탕으로 긍정적으로 사고함으로 재미있고 즐거움이 생산성을 높일 수 있다는 것에 목적을 두고 있다. 따라서 펀 경영의 특성은 경직된 조직을 인간적이고 창의적인 조직으로 바꾸고, 권위적이고 어두웠던 면을 유쾌하고 밝은 직장 문화로 변환시킬 수 있다. 이로 인해 직원들의 자신감과 직무만족을 높여 생산성을 향상시킨다는 것이다.

로버트 레버링(Robert Levering)은 '훌륭한 일터(GWP: great work place) 운동'을 벌인 Fun 경영 창시자이다. 그는 기업에서 가장 중요한 자산은 바로 직원들이라는 인식을 확산시키며 유머 경영의 중요성을 알렸다. 그가 말하는 '훌륭한 일터'란 상사와 경영진을 신뢰(trust)하고, 자신이 하는 일에 자부심(pride)을 느끼며, 다른 사람과 함께 일하는 것을 즐길(fun) 수 있는 회사를 말한다. 초일류기업의 경쟁력은 기업조직의 강한 신뢰관계이며, 상사와 경영진에 대한 높은 신뢰, 업무와 회사에 대한 강한 자부심, 동료 직원들 간에 재미있게 일하는 모습이었다. 이같이 직장에서 인간관계의 질(quality of relationship)이 높을수록 기업의 경쟁력이 높아진다는 것이다.

최근 국내에서도 재미있고 신나게 일할 수 있는 분위기를 만들기 위한 다양한 시도가 행해지고 있다. 교육, 마케팅, 제품 등 모든 부문에서 행해지는 이러한 신바람은 부서별로 영화를 보는 무비 데이, 체신청과 국방부에서 진행되는 수요일 정시퇴근인 땡 데이, 토요일마다 캐주얼(casual)을 입는 캐주얼 데이(casual day) 등 요일별 재미찾기와 휴가보내기, 칭찬 페스티벌, 해외여행, 유머경영대회 등 헤아릴 수 없이 다양한 방법으로 즐거움과 재미를 찾아가고 있는 것을 볼 수 있다.

펀 경영의 핵심개념인 즐거움(fun), 신뢰(trust), 자부심(pride)을 학교경영에 접목시켜 보면 다음과 같다.

첫째, 즐겁고 재미있는 학교문화를 만들어야 한다. 외국과 달리 우리나라 학교의 이미지는 즐겁고 재미있는 곳이 아니라 힘들고, 경쟁적으로 공부만 하는 곳으로 인식하고 있다. 그렇다면 아이들이 즐거워하고 재미있는 학교란 어떤 학교일까. 특별한 모델은 없지만 아마도 수업시간에는 재미나는 퀴즈와 놀이로 신나게 공부하고, 쉬는 시간과 점심시간에도 학생들이 교사와 떨어질 줄을 모르고 즐거워하며, 학생들의 마음을 잘 헤아려주고 배려해주는 교사, 교사를 진심으로 존경하고 배우는 학생들이 있는 학교일 것이다. 이러한 학교는 인간성 회복교육으로 교사나 학생들이 서로 사랑하고 배려하며, 웃음과 칭찬이 가득한 학교문화가 있고, 학생들이 자신을 사랑하며 긍정적인 마인드로 학교폭력이 없는 친구관계가 형성되어 즐겁게 생활하는 학교다.

현대 학교경영에서 웃음 및 즐거움이 큰 아젠다(agenda)로 부상되고 있는 것은 즐거운 학교가 교사의 학교 만족은 물론 학생들의 교육의 성과가 높다는 것이다. 그 이유는 즐거운 학교의 교사는 교직원이나 학부모와 좋은 인간관계를 형성하고 있어 직무의 갈등이나 스트레스(stress)가 낮고, 즐거움으로 인해 직무에 대한 만족도가 높아 책임감과 열정을 쏟을 수 있기 때문이다. 미국 메릴랜드주립대(University of Maryland) 심리학과 로버트 프로빈(Robert R. Provine) 교수는 웃음의 80%는 인간관계를 부드럽게 해주는 윤활유 역할을 하며, 웃음이 많은 기업이 웃지 않는 기업에 비해 평균 40~300%까지 생산성이 증대되었다고 하였다. 따라서 즐거운 학교를 위한 다양한 교육프로그램 개발이 필요하다.

둘째, 학교나 교사는 학생이나 학부모로부터 신뢰받아야 한다. 신뢰성은 믿을 만한 바탕이나 성질을 말하며, 학교나 교사의 신뢰는 학부모나 학생들로부터의 믿음에서 출발하여 감동을 주기 위한 전제 조건이다. 신뢰가 없이는 감동을 줄 수 없고 신뢰의 회복은 자기고백에서 출발한다. 요즘 학부모들은 '학교 교사보다 학원 강사를 더 신뢰'한다는 말을 하고 있다. 교사의 낮은 신뢰성은 곧 학교교육에 대한 불신으로 나타나 공동체적 연대감을 저해한다. 따라서 교사는 한결 같은 마음으로 학생을 사랑하고 학생과 학부모에게 감동을 주는 교육활동을 전개할 때 신뢰를 회복할 수 있다. 교육수요자들이 교사와 학교에 대해 얼마나 신뢰하는지, 신뢰하지 않는다면 그 불신의 정도는 어느 수준인지, 불신의 원인은 어디에 있는지를 한 번 솔직하게 들어보고 반성해야 한다.

학교나 교사가 학부모나 학생들로부터 신뢰성을 얻기 위해서는 다음과 같은 방법이 필요하다. 먼저 학교의 투명하고 합리적인 경영이 필요하다. 학교는 학부모나 학생들에게 유용한 교육정보를 제공해주고, 학교정책을 결정할 때는 명확한 준거에 의해야 하고, 교육수요자의 의견을 충분히 수렴한 후에 결정한다. 그리고 그 이유를 설명하고, 문제에 대해서 솔직히 이야기해주어야 신뢰를 얻을 수 있다. 또한 교사는 학생들에게 공정하게 대하고 평가해야 한다. 학생에 대한 의사결정을 내리거나 조치를 취하기 전에 다른 학생들과의 공정성과 객관성을 고려해야 한다. 그리고 교사 자신의 감정을 솔직하고 진솔하게 말해야 진정성을 느끼고 신뢰를 얻을 수 있다. 오로지 원칙과 객관적인 사실만을 전달하는 교사는 차갑고 냉담하게 느껴진다. 따라서 교사 자신의 현재 감정을 솔직히 털어 놓으면, 상대방에게 진실성과 인간적인 면을 보일 수 있어 보다 쉽게 이해나 설득을 이끌어낼 수 있다. 마지막으로 학교나 교사는 학부모나 학생들에게 일관성을 보여야 한다. 일관성은 신뢰성 형성의 핵심 부분이다. 일관성이 없는 학교정책이나 교사의 지도력은 불신과 비난의 대상이 된다. 그러므로 교사의 일관성 있는 태도는 신뢰성을 확보하는 중요한 요인이 된다.

셋째, 교사는 교육, 학생은 학교에 대한 자부심을 가져야 한다. 자부심은 자신의 가치나 능력을 믿고 당당히 여기는 마음이다. 즉 이기심이 타인의 영역을 배제하고 나의 이익을 추구하고자 하는 마음이라면 자부심은 타인과의 관계 속에서 나의 존재를 당당히 여기는 마음이라는 것에서 그 동기와 발현 방식도 사뭇 다르다. 학교에 대한 자부심은 우리 학교만이 가지는 고귀한 가치관이며 당당한 능력을 말한다. 교사로서의 자부심은 국가의 국민교육을 담당하고 있다는 당당한 마음과 중요하다는 위상에 달려 있다. 따라서 교사들의 자부심과 긍지야말로 즐거운 학교를 만드는 기초가 되는 것이다. 교사들이 긍정적인 마인드로 자발적으로 학교교육에 참여하여 성취감을 느낄 때 자부심이 생기는 것이다. 이러한 자부심은 교사뿐 아니라 학생들에게도 필요하다. 학생들 역시 높은 교육성과를 이룰 때 기쁨과 성취감을 얻으며 학교에 대한 자부심을 가질 수 있다. 학생들의 자부심은 무엇보다 사제지간의 좋은 인간관계가 밑받침되어야 하며, 학생들이 학교에서 다양한 욕구를 충족했을 때 가능하다.

학교의 펀 경영은 서로 칭찬하는 즐거운 학교문화를 형성해야 한다. 칭찬은 상대방에게 자신감, 자긍심을 심어주어 매사에 적극적으로 임하게 하고, 남도 칭찬을 할 줄 아는 사람으로 기른다. 교사들은 학생들을 칭찬하고, 학생들은 친구를 서로 칭찬하는 칭찬 릴레이가 이루어질 때 즐거운 학교가 되는 것이다. '직원들의 사기가 15% 올라가면 생산성은 30% 올라간다'는 말처럼, 칭찬을 통해 즐거움과 기쁨을 느낄 때 동기나 사기가 진작되는 것이다.

학교는 관료적이고 권위적 문화 속에 엄숙하게 공부만 하는 곳이라는 이미지를 벗어나 즐겁고 신바람 나게 생활하는 곳으로 바꿀 수 있는 펀 경영이 필요한 것이다. 학교의 펀 경영은 구성원이 평등한 수평적 위치가 이루어져야 한다. 사실 교장이 말하면 웃던 얘기도 동료교사가 하면 싱거울 수 있으므로 유머는 동등한 관계가 만들어져야 서로 소통이 되는 것이다. 현대 학교경영자는 치어리더가 되어야 한다. 열렬히 응원하고 격려하고 기운을 북돋아주는 리더가 즐거운 학교문화를 창조할 수 있다. 학교의 펀 경영 리더십은 바로 즐겁게 가르치고 즐겁게 배워야 교육성과를 높일 수 있다는 데 목적을 두고 있는 것이다.

교육은 슬로 리더십이다

프랑스 사회철학자 피에르 쌍소(Pierre Sansot)는 빠른 변화에의 적응이 곧 발전이라는 사회의 보편적 룰을 벗어나 "인간의 모든 불행은 고요한 방에 앉아 휴식할 줄 모르는 데서 온다"는 파스칼(Blaise Pascal)의 말을 인용하면서 '느림의 철학'을 주장하였다. 그는 "빠름을 버리고 느리게 사는 것의 의미를 깨달으라"고 하였다. 외국인들의 눈엔 한국 사람하면 '빨리빨리'가 먼저 떠오를 정도로 '빨리빨리'는 마치 한국인을 지칭하는 말이 되었다. 한국인들은 모두 '속도의 시대'에 살고 있는 것이다.

우리는 너무나도 빠르고 신속함을 좋아한다. 좋아함이 아니라 막다른 선택일지 모른다. 빠름 없이는 살아남기 어려운 세상이었으니까. 남보다 더 잘살기 위해서는 밤낮을 가리지 않고 일해야만 했다. 세월도 빠른데, 모든 일이 뭐 그리도 급한지……. 모두가 시간과 속도의 경쟁에 있다.

학교 공부도 남보다 앞서기 위해서 더 빨리 더 많이 물불을 안 가리고 한다. '선행학습금지법'까지 시행하는 나라다. 우리 국민성이 얼마나 급한지 외국 사람들은 '한국사람, 자판기에 커피가 내려오기도 전에 기계 속에 손을 넣어 커피 잔을 꺼내는 민족'이라고 말한다. 그런 성격 덕에 세계인들이 놀랄 정도로 고속성장을 했고, 모든 분야에서 탁월한 두각으로 세계가 부러워하는 교육을 하고 있다.

피에르 쌍소(Pierre Sansot)의 '느림의 철학'처럼 천천히 걸음새를 옮기면 또 다른 나를 볼 수 있다. 해민 스님은 『멈추면 비로소 보이는 것들』에서 느림의 아름다움을 여러 가지로 이야기하고 있다. 이렇게 슬로(slow, 느림)라는 말은 그냥 패스트(fast, 빠름)의 반대가 아니다. 환경, 자연, 시간, 계절을 존중하고 우리 자신을 존중하며 느긋하게 산다는 뜻인데, 근본에서는 앞을 향해 치닫고 살아온 지난 세월을 조용히 돌아보는 시간을 갖자는 것이다.

청산도에 가면 '느리게 걷기'라는 슬로건이 있다. 빨리 걷다보면 주위에는 관심을 가질 수 없지만, 천천히 걸으면서 주위도 둘러보고 자기 자신의 새로운 모습을 발견할 수 있다. 가끔은 자신을 뒤돌아보면서 천천히 앞날을 생각하는 것도 의미 있는 삶을 느낄 수 있다.

변화의 속도가 점점 빨라지고 있다. 초고속 스피드(speed)를 자랑하기라도 하듯이 하루가 바쁘게 세상이 달라지고 있는 것이다. 이러한 스피드가 기업에서는 가장 중요한 경쟁 요소 중 하나가 되었다. 우리는 매일 퀵서비스, 초고속 인터넷과 같은 속도 경쟁 서비스에 둘러 싸여 생활한다. 이렇다 보니 우리는 조금만 늦어도 참지 못하는 조급증과 불안감도 갖게 되었다. 그래서 외국인들의 눈에는 한국인이 '빨리 빨리'로 비쳐지는지도 모른다. 한국인이 '빨리 빨리'로 비치는지도 모른다.

교육은 특성상 단기간보다는 장기간에 걸쳐 그 효과가 서서히 나타나기에 교육의 정책들은 빠르게 서두르는 것보다는 장기적인 안목에서 검토하고 시행해야 좋은 효과를 얻을 수 있다. 이를테면 학생들의 학습능력은 학생 개인의 특성에 맞게 장기적인 학습을 해야 효과를 올릴 수 있다. 또한 교사가 학생들에게 질문하고 인내심을 갖고 기다려야 학생들의 깊은 생각을 끄집어낼 수 있다. 좀 더 시간을 두고 기다리는, 즉 슬로 스피드(slow speed) 교육이 필요한 것이다. 그런데도 불구하고 우리 교육정책들을 보면, 모두 조급증에 걸려있다. 실제로 '조급함이 일을 망친다'라는 말이 있듯이, 급한 마음에 지나치게 서두르다가는 오히려 실패하기 십상이다. 장기적인 기다림의 교육보다는 단기적 효과를 내야 하는 교육정책들이다 보니 교육의 특성은 물론 학교현장 파악도 이루어지지 않을 정도로 급하게 결정한다. 이런 정책들로 인해 학교교육에 제대로 정착도 되기전에 새로운 교육정책으로 바뀌는 악순환이 계속되고 있다. 정말 안타까운 일이다. 이뿐만 아니다. 여기에 민선 교육감들의 선거 공약정책을 합하면 교육이 제대로 안 된다는 말이 정확하다. 한마디로 정치에 휘둘려 교육이 혼돈과 혼란을 겪고 있다.

세계 경제 포럼 창설자 클라우스 슈바프(Klaus Schwab)는 현대를 일컬어 '빠른 것이 느린 것을 잡아먹는 시대'라 하였고, 일본의 니혼게이자이 신문은 한국 기업의 성공 비결이 '빨리빨리' 문화로 대변되는 스피드 경영이라 보도한 바 있다. 물론 스피드는 많은 기업을 성공으로 이끈 핵심 요소임에 틀림없다. 그러나 교육에서는 그렇지 않다. 속도만 추구하다 보면 정상적인 교육활동을 할 수 없을 때가 오히려 많다는 점이다. 한마디로 교육은 물건이나 상품을 만드는 것이아니라 인간을 기르는 교육이기 때문에 서두르면 사람의 행동뿐만아니라 마음도 조급하게 하여 그만큼 실패할 확률이 높게 나타난다.

이젠 기업경영에서도 스피드보다 더 중요한 것이 고객의 가치라고 생각된다. 최근 독일 자동차 폭스바겐(Volkswagen)의 디젤 차량배출가스 조작 사태가 국내를 포함한 전 세계를 뒤흔들고 있다. 차량 리콜로 배기가스 저감장치가 정상적으로 작동하게 되면, 연비가저하되고 그에 따른 소비자들의 피해에 대해 폭스바겐이 적절한 보상을 해야 한다. 이에 대해 독일 볼프스부르크(Wolfsburg)시의 클라우스 모스(Klaus Mohrs) 시장은 "한동안은 조금 느리게 가야 한다는 전반적인 교감이 있다"고 말했다. 이는 고객의 신용보다 매출을 높이기 위한 결과가 가져다준 사건이라 할 수 있다.

세상에는 빠른 것만으로 해결되지 않는 것과 오히려 서둘러서는 안 되는 일도 적지 않다. 특히 사람 사이의 관계에서는 운영의 속도가 아닌 전략적 속도가 중요하다. 느리지만 핵심을 찌르는 한두 마디의 절제된 표현이 빠른 속도로 유창하게 말을 잘하는 것보다 더 설득력 있게 들리는 것처럼 반드시 실행하는 속도가 빨라야만 더 큰 가치가 만들어지는 것은 아니다.

최근에는 속도에 지친 현대인들 중에 속도를 거부하고 느림을 즐기는 사람들이 늘어나고 있으며, 건강을 챙기고 느림의 미학을 만끽하려는 사람들을 중심으로 도보여행 동호회도 많이 생겨나고 있다. 이렇게 여러 분야에서 속도를 조금 늦추려는 운동이 일어나고 있다. 바로 슬로 운동(slow movement)이다. 느림의 미학을 추구하는 슬로우 철학에 바탕을 둔 슬로 운동은 슬로 푸드(slow food), 슬로우 트래블(slow travel) 등 생활의 거의 모든 영역에서 속도 추구로 인해 놓치기 쉬웠던 가치들을 일깨우며 공감대를 넓혀가고 있다.

'슬로(slow)'를 느리다는 사전적 의미보다는 존재 방식과 삶의 철학을 표현하는 차분, 신중, 수용적, 직관적, 여유, 인내, 반성, 양보다 질 등으로 받아들이는 것이 옳을 것이다. 특히 학교업무는 어린 학생들을 대상으로 함으로 이런 특성들을 잘 반영해야 바람직한 성과를 얻을 수 있다. 교사의 교수활동에서부터 생활지도, 업무처리에 이르기까지 차분히 생각하고 신중히 처리해야 실수를 줄일 수 있다.

학생들의 행동 하나하나에도 여유를 갖고 정성을 다해 분석하고 평가해야 학생들의 장점을 찾아내고, 아픈 상처를 감싸줄 수 있는 교육을 해야 진정한 백년지대계의 교육이 이루어진다. 교사의 리더십도 마찬가지다. 서두르기보다는 철저한 사전 준비와 치밀한 조사와 분석을 통해 민첩한 실천력과 정확하고 합리적인 판단을 이끌어낼 수 있는 것이다. 교육은 감정적이고 즉각적인 대응, 고정관념과 작은 것에 대한 집착, 지나친 단순화와 표준화, 획일화 등은 지양해야 한다.

교육에서 슬로 리더십이 주는 두 가지의 의미는 다음과 같다.

첫째, 속도를 늦추어주는 '감속'이다. 무슨 일이든 과속하면 부작용이 생기기 마련이다. 학교에서는 단기적인 결과를 기대하는 일은 별로 없다. 특히 학생들의 학습효과가 그렇다. 하지만 우리의 학교 현실은 모두가 조급증에 걸려 있다. 교육 관료들이 내놓은 설익은 교육정책들을 보면 대부분이 초고속의 결과를 요구하고 있다. 그 대표적인 예가 '교장공모제'라고 할 수 있다. 10:1의 경쟁력을 목표로 무리하게 교장연수를 확대했다. 그 결과는 계획과는 달리 대부분이 '나 홀로' 지원으로 취지마저 무색하게 하고 있다.

둘째, 속도를 무조건 늦추는 것이 아니라 빠르게 해야 할 때와 쉬어갈 때를 잘 구분하는 것이다. 즉 완급을 조절해야 한다는 것이다. 교육은 학생의 특성과 능력을 고려하여 학습량을 조절해야 효과를 얻을 수 있다. 그러나 우리의 교육현실은 모두가 일시에 변화되고 똑같은 결과가 나타나기를 기대한다. 섣부른 교육정책은 교육현장에 정착되기 전에 그 수명을 다한다.

천천히 여유롭게 그리고 느릿느릿 사는 것이야말로 육체적 생명

뿐만 아니라 정신적 생명을 다시금 약동하게 하는 원천이다. 빨리 산다고 해서 인생을 두 배로 사는 것도 아닌데도 불구하고, 우리는 늘 무언가에 쫓기듯이 살아가고 있다. 물론 느림만으로 평생을 살아갈 수는 없는 노릇이지만 느림과 빠름의 역동적인 삶, 그리하여 자기만의 삶의 무늬를 가지는 것이 '가장 아름다운 삶'이라 할 수 있지 않겠는가.

장자는 "자연의 변화가 되풀이되듯이 모든 것은 근본으로 돌아가고 근본에서 다시 시작한다"고 하였다. 빠름의 사회가 끝나면 다시 느림의 사회가 돌아오는 것도 자연의 법칙에서는 '자연스러운 현상'이라는 것이다.

현대 생활에서 스피드는 가장 강력한 무기임에는 틀림없지만 교육에서 좋은 교육성과를 담보하기는 어렵다. 그래서 '교육을 백년지대계(百年之大計)'라고 했다. 교육이 무엇보다 중요하고 국가의 경쟁력을 좌우할 정도로 중대한 일이라면 보다 신중해야 하는 것이 순리다.

우리 교육정책, 너무 성급하다. 성급한 정책은 성급한 만큼의 졸속이고 부실임을 잊지 말아야 한다. 그래서 보다 사려 깊고 신중해야 하고 단기적 효과보다는 장기적인 안목에서 수립되고 실천되어야 진정한 교육성과를 낼 수 있다. 이러한 슬로 교육리더십이 학교 현장에서 학생들의 진정한 생각을 끄집어낼 수 있는 새로운 교육역량으로 재탄생되기를 기대하는 것이다.

Y세대를 위한 교육리더십이 필요하다

요즘 새로운 바람을 몰고 있는 '소셜미디어(social media)'와 'Y세대'는 향후 10년간 펼쳐질 조직 변화의 핵심 화두로 떠오르고 있다. 동시에 미래 리더십 변화의 키워드이기도 하다. 소셜미디어(social media)의 확산은 조직 내부 또는 기업과 고객 간 커뮤니케이션(communication) 방식에 커다란 변화를 가져오고 있다. 또 Y세대라는 전혀 새로운 구성원의 등장은 고령화와 함께 조직의 다양성을 심화시키고 있다. 조직의 소통 방식이 바뀌고 조직의 구성 모습이 달라진다는 것은 조직의 리더십에도 새로운 변화가 필요하다는 것을 의미한다.

학교도 조직이란 체제에서 본다면, 지금과는 확연히 다른 변화를 맞이하게 될 것이다. 특히 교사의 인사조직에 있어서 Y세대 교사들이 학교교육의 중심에 등장하게 될 것이다. 아울러 소셜미디어 기술 발전은 수업기술 혁명을 예고할 정도로 학교 간은 물론 교실 내 네트워크화로 교사와 학생들 간의 소통은 또 다른 파워를 형성할 것이다.

소셜미디어는 사람들이 자신의 생각과 의견, 경험, 관점 등을 서로 공유하고 참여하기 위해 사용하는 개방화된 온라인 툴과 미디어 플랫폼(media platform)으로, 가이드와이어(Guidewire Group) 그룹의 창업자인 크리스 쉬플리(Chris Shipley)가 처음 이 용어를 사용하였다. 소셜미디어는 그 자체가 일종의 유기체처럼 성장하기 때문에 소비와 생산의 일반적인 메커니즘이 동작하지 않으며, 양방향성을 활용하여 사람들이 참여하고 정보를 공유하며 사용자들이 만들어 나가는 미디어를 소셜미디어라 부른다. 소셜미디어의 종류는 블로그(Blog), 소셜 네트워킹서비스(social networking service, SNS), 위키

(Wiki), 손수제작물(UCC), 마이크로 블로그(micro blog) 5가지로 구분하며, 사람과 정보를 연결하고 상호작용할 수 있는 서비스하는 웹 기반의 애플리케이션을 소셜 미디어로 보고 그 범주에 포함시킬 수 있다.

소셜미디어는 초창기 개인에 국한되는 개인미디어 개념에서 탈피하여 다른 사람들과의 소통 및 관계 형성을 강조하는 방향으로 지속적으로 진화하고 있다. 초기에는 '참여'와 '공유'가 강조되는 'UCC동영상'이 인기를 얻었고, 다음에는 '개방'을 중시하는 '블로그'가 인기를 얻었으며, 이후 '소통'을 강조하는 'SNS(social networks service)'가 인기를 끌었다.

소셜미디어는 접근이 매우 용이하고 확장 가능한 출판기법을 사용하여, 사회적 상호작용을 통하여 배포될 수 있도록 설계된 미디어를 말한다. 사회적 미디어는 방송미디어의 일방적 독백을 사회적 미디어의 대화로 변환시키는 웹 기반의 기술을 이용한다. 소셜미디어는 지식과 정보의 민주화를 지원하며 사람들을 콘텐츠 소비자에서 콘텐츠 생산자로 변화시킨다.

소셜미디어의 기본이 상호 간의 정보 교류, 그리고 그것을 넘어서 신뢰를 바탕으로 한 서로의 관계 형성을 통해 사회에서 새로운 인간관계를 형성하게 되었다. 이처럼 소셜미디어는 다른 사람들에게 즉각적인 행동을 유발한다는 점에서 지금까지의 그 어떤 매체보다 그 위력이 강하다. 실시간 커뮤니케이션 툴(communication tool)을 통해 교사와 학생, 전 학급 학생들이 서로 연락을 주고받을 수 있는 소셜미디어가 급속히 확산하면서 우리 학교의 학습 환경과 학생들의 학습행동 방식을 근본적으로 바꿔놓을 것으로 기대된다.

웹 2.0으로 대변되는 인터넷 환경은 교사와 학생들의 새로운 커뮤니케이션 문화를 형성하여 수시로 교수−학습내용을 주고받을 수 있고 학생의 수준에 맞는 개별화 수업과 수준별 수업이 가능한 그야말로 열린 맞춤식 교육 체제에 접어들게 될 것이다. 과거의 한정된 교육의 공간을 넘어 시공간을 초월한 새로운 교육환경에서의 교수−학습이 가능한 소통 방식은 더 편리하고 더 풍부한 교육자원을 활용할 수 있으므로 교육의 효율화와 능률화를 극대화할 수 있을 것으로 예견된다.

과거에 전화나 이메일이 대면 접촉을 대신하는 주요 소통 수단이었다면, 이제는 메신저를 이용한 채팅 등 문자메시지가 더 선호되는 소통 수단이 되고 있다. 학교에서도 엄지 세대(thumb generation)라고 불리는 신세대를 중심으로 교육활동의 다양화와 풍부화, 그리고 신속화는 학생들의 학습동기와 흥미를 높여 학습효과를 향상시킬 것이다. 또한 많은 교사들이 블로그(blog), 미니홈피(mini home pages), 트위터(Tweeter), 페이스북(Facebook), 유튜브(Youtube) 등을 통해 학생들과의 새로운 만남의 장으로 인성교육과 함께 창의성을 발휘하는, 지식교류가 활발히 소통하는 세상을 맞이하게 될 것이다.

인터넷과 IT기술의 급속한 발전으로 교육리더의 교육정보 선점과 독점이 원천적으로 불가능해지면서 소위 포지션 파워가 사라지게 되고, 새로운 디지털 기술에 익숙하지 못한 기존 교육리더는 젊은 계층은 물론 학생들과 원활한 소통이 불가능해져 전통적인 리더십은 사실상 설 자리를 잃게 되었다. 그러므로 소셜미디어 활용에 대한 연수와 함께 젊은 교직원들과의 잦은 소통으로 새로운 문화를 함께 공유하며 세대차를 줄일 수 있도록 노력해야 한다.

새로운 리더십이 필요해지는 또 다른 이유로 Y세대의 성장을 들수 있다. 지금은 주로 신규교사 계층을 형성하고 있는 Y세대는 10년 후엔 전체 교원의 약 30%를 차지할 정도로 학교조직의 주력이 될 전망이다. 따라서 이들에 대한 관심과 배려는 교육리더에게 새로운 교육과제로 대두되고 있는 것이다.

Y세대는 기존 세대와 다른 독특한 특성으로 조직에 새로운 변화의 바람을 몰고 올 것이다. 강한 자기주장과 적극적인 의사표현으로 기존 교육리더들을 당황케 하고 주도적인 일처리와 높은 미래지향적 참여 정신을 보여주기도 할 것이다. 경제적인 측면보다는 성장 기회를 더 중시하는 이들에게 학교조직의 고령화는 커다란 도전이 될 것이다. 학교조직 내에서 두터워지는 고연령 계층을 바라보며 많은 생각을 하게 될 이들에게 어떻게 동기 부여하고 기존 세대와 잘 융합하여 잠재력을 발휘하도록 해줄 것인지가 교육리더십의 중요한 과제가 될 것이다.

이젠 학교조직도 자율과 수평적인 관계가 중시되는 때다. 교육리더의 비인격적 행동은 과거에 비해 구성원들, 특히 Y세대들의 반발을 크게 일으킬 가능성이 높다. 리더라는 자리 그 자체에서 나오는 권위에 의존해서 리더십을 발휘할 수 있는 시대는 지났다. 이런 분위기에서 비인격적인 행동을 하는 리더들은 점점 신뢰를 받을 수 없고 이로 인해 구성원들의 사기나 조직성과에 악영향을 미쳐 도태될 가능성이 높아졌다.

한편, 기존 세대 교원들 역시 눈앞에 다가온 새로운 변화에 관심을 가져야 한다. 과거처럼 나이가 많다고 큰소리칠 수 있는 전통적 권위는 더 이상 찾을 수 없는 상황이 도래할 것이다. 관료주의적인 학교조직의 특성도 사라질 위기에 처할 것이고 보면, 연공서열에 의한 교원의 위계질서도 새로운 환경에 맞게 변화해야 살아남을 수 있을 것이다. 그야말로 새로운 젊은 문화를 바탕으로 한 교원조직의 대혁신이 예견되고 있다.

이처럼 교육리더는 새로운 미래를 예견하고 학교의 비전을 제시해야 모든 교직원들이 학교목표를 향해 나갈 수 있다. 학교의 비전은 교직원 모두가 자신이 하는 교육활동에 가치를 느끼며, 같은 목표를 향하고 있다는 교직원 모두의 합의 형성이 매우 중요하다. 물론 미래의 새로운 교육환경은 지금보다 더 편리하고 더 좋은 여건이 도래할 것을 예견하지만 점점 늘어나는 고령화 사회에 대한 구조적인 모순과 갈등에 대한 준비도 해야 한다.

교육리더의 학교경영에 요구되는 능력에서 가장 중요한 것은 어디까지나 교직원 관리능력과 교육적 역량 강화이다. 경영자는 자신이 책임지는 교직원들의 교육역량 발휘를 위한 원만한 인간관계의 방법을 터득하지 않으면 안 된다. 교육리더는 교직원들의 갈등과 혼란을 넘어 충분히 교육적 역량을 발휘하게 해야 한다. 아울러 교사 간 세대차를 좁혀 그들과 조화를 이루어 교육적 경험과 노하우를 전수하도록 해주는 것이 교육리더십의 핵심 포인트가 될 것이다.

리더의 기본은 윤리적 리더십이다

2012년 미국 애틀랜타에서 열린 '글로벌 피스 컨벤션 애틀랜타 (GPC 2012)'에 참석한 남미의 전직 9개국 정상들은 경제발전, 민주화, 남·북미의 화합 등에 대해 의견을 주고받았다. 행사에 모인 전직 대통령들의 정치적 성향은 달랐지만, 이들은 남미 대다수 정부의 가장 큰 문제로 '윤리적 리더십의 부족'을 꼽았다. 국제관계에서 남미가 신뢰받지 못하고 국내 상황이 불안정한 것은 부패하고 무능한 정부 때문이라는 지적이다.

21세기에 윤리적 리더십이 새삼 강조되는 것은 단지 비윤리적 행동의 악영향을 피하기 위해서만은 아니다. 윤리적 리더십은 구성원의 신뢰와 충성심을 높일 뿐 아니라 대외적인 경쟁력을 높여주는 무한한 가치이기 때문이다. 그리고 윤리적 리더십의 핵심가치는 진정한 리더(authentic leader)를 출현시키고 존경받는 리더로 성장하게 하는 동력이다.

전직 고위층 관료의 비자금 수사에 국민들의 원성이 다시 뜨겁다. 가장 청렴해야 할 관료들이 부패한 비자금도 문제이지만 환수 과정에서 고급 관료답지 못한 모습 또한 국민들을 더 분노하게 한다. 무릇 리더는 구성원을 존중하고 배려하며 공정해야 신뢰와 존경을 받을 수 있는 법이다. 그러함에도 우리의 일부 정치나 관료들은 그렇지 못해 자리에서 물러나면 온갖 비리와 구설수로 그간의 공적은 물론 명예까지 추락된다. 한마디로 자기관리를 제대로 못한 탓이다.

윤리(ethics)란 "특정한 상황에서 무엇이 옳고 그름과 무엇이 좋고 나쁜가에 관하여 의사 결정하는 지침이 되는 원칙"이며, 윤리적 리더십(Ethical Leadership)은 '리더가 모범적인 행동을 보여, 구성원들이 이를 따라 배우게 하는 영향력'이다. 즉 리더 스스로가 기본적인 윤리를 실천하고 모범을 보이며, 감동과 신뢰가 바탕이 될 때 윤리적 리더십이 제대로 발휘될 수 있다.

윤리적 리더십은 리더의 기본이다. 그 원칙성은 구성원의 존중, 정직성, 정의감, 공동체 윤리 구축, 사회봉사와 공헌 등 5가지이다. 이러한 윤리적 원칙성에도 불구하고 우리 교육리더는 가끔 공정이나 정직성, 그리고 타인의 존중교육에 소홀해 사회적 비난의 대상이 될 때가 많다. 특히 공정은 정의의 실천에 없어서는 안 되는 중요한 요소로서 구성원들을 평등하게 대하는 것이며, 정직은 진실뿐만이 아니라 지킬 수 없는 일은 약속하지 않고, 상황을 왜곡하여 전달하지 않으며, 책임을 회피하지 않는 것이다.

윤리적 리더는 공정성과 정당성에 높은 관심을 갖고 있어 그들은 구성원들을 공평하게 대우하는 것을 최우선으로 하고 있다. 또한 정당성은 리더가 그들의 의사결정에 있어서 공정성을 핵심기준으로 할 것을 요구한다. 일반적으로 특별한 상황요건을 제외하고는 조직에 있어서 누구도 특별한 대우를 받거나 특별한 배려를 받아서는 안 된다. 조직 내에서 어떤 개인이 차별적으로 대우를 받아야 할 경우에는 그 차별적 대우에 대한 근거가 분명하고 합리적이며 건전한 도덕적 가치에 기반을 두어야 한다.

윤리적 교육리더의 특성은 기본적으로 높은 도덕성을 갖추고 교육혁신을 주도하여 교육의 공공이익을 위한 창조경영을 해야 한다. 교육리더의 창조경영은 교직원들의 신뢰에 기초한 장기적인 전략으로 무엇을, 왜 하는지를 분명히 밝히고 이들로부터 공감을 얻어야 하며, 현재보다 바르고 정의로운 교육과제에 도전하고 혁신할 수 있어야 존경받을 수 있다. 그러므로 윤리적 교육리더의 의사결정은 리더 혼자만이 아니라 교직원 모두의 신뢰로운 인간관계하에서 교육 개혁 목표를 설정해야 한다. 그리고 그 목표를 달성하기 위한 몇 가지 대안을 책정하여 상호 비교하고 평가함으로써 가장 유리하고, 실행 가능한 대안을 선택하는 신중한 리더의 행동이 되어야 교육수요자가 만족할 수 있다.

철학자 칸트(Immanuel Kant)는 "사람을 대할 때 존경심을 갖고 대하는 것이 우리의 의무라고 하였고, 봉사는 이 세상에서 가장 아름다운 단어로서 이타적 정신을 가지는 것이다"라고 하였다. 그리고 버나드(Barnard. C. I)는 윤리경영 리더십을 '21세기 지도자의 인간관계와 윤리적 동기 부여라고 하였다. 이처럼 교육에서 윤리적 리더십이 필요한 것은 학생들에게 정직성과 윤리적 역량을 키우는 일이 개인적으로 행복한 삶을 위한 것뿐 아니라 국가의 교육경쟁력을 높이는 핵심과제이기 때문이다.

지금 우리 교육은 어느 때보다 위기를 맞고 있다. 이러한 교육 위기는 학생들에게 가르쳐야 할 기본적 윤리성이나 도덕성을 제대로 교육하지 않은 결과이고 그 책임이다. 학교교육은 윤리와 정직성이 교육의 바탕이라 할 수 있을 정도로 중요하다. 타인과 함께 살아가는 바른 삶에 필요한 생명 존중과 예절, 기본질서 등이 교육의 기본이며 인간의 기초적인 윤리인 것이다. 그러함에도 인간의 삶에 기본이 되는 윤리가 점점 허물어지고 학교폭력과 학생자살이 끊이지 않고 있는 현실은 정말 안타까운 일이다. 이러한 현실도 따지고 보면 입시교육에 묻혀 학교교육에서 가장 중요한 윤리를 제대로 교육하지 않은 결과인 동시에 윤리적 리더십의 부재라는 생각이다.

교육리더의 윤리적 리더십은 교직원과 학생들을 직접 교육하는 이상의 의미가 있다. 그것은 바로 그들이 리더의 언행을 본받기 때문이다. 특히 교육리더의 윤리적인 인식이나 태도가 학생들의 심성과 행동변화에 직간접적으로 영향을 미친다는 것이다. 그러므로 교장은 교원으로서 기본적인 예의뿐 아니라 개인적으로도 바른 인식과 삶을 보여야 하며, 이러한 윤리적 인식과 태도는 교직원이나 학생들 사이에 감동과 신뢰를 형성하고 이를 바탕으로 진정한 윤리적 리더십이 발휘된다.

우리는 예로부터 스승을 존경하며 그들로부터 인간으로서의 삶과 도리를 배우고 실천했다. 스승의 바른 모습과 태도가 곧 후학(後學)들의 바른 가르침이며 인생의 사표(師表)가 되었다. 그래서 지금까지 여느 직업인보다 유독 교원들에게 높은 도덕적 자질과 윤리적 판단을 요구하고 있는 것도 바로 이런 이유에서다.

최근에 사회가 다양화되고 복잡하다 보니 가끔 교원의 행동이 사회적 물의를 빚을 때가 있다. 일반인들에겐 별 문제되지 않을 일도 교원이기 때문에 사회적 이슈가 되는 것이다. 그럴 때마다 사람들은 말한다. "요즘 교사들이 왜 이래, 교사도 별 수 없네, 아무리 세상이 썩어도 교사가 이래서야" 등. 이렇게 교원들의 잘잘못에 대해서 사람들의 반응은 한층 더 싸늘하다. 교원이기 때문에 더 강한 비난과 지탄의 대상이 되는 것이다. 그것은 교원의 품위나 태도가 자라나는 학생들에게 미치는 영향이 그만큼 크고 중요하기 때문이다. 이러한 현실에서 교장의 품행은 몇 갑절이나 더 엄격한 잣대로 재단하기에 일거수일투족이 매우 조심스럽고 어려운 거다. 그래서 교장은 늘 겸손을 잃지 않고 자신의 품위 유지를 위한 성찰이 필요하다.

몇 년 전 사설 해병대 캠프에서 극기 훈련 중 다섯 명의 고교생이 물에 빠져 고귀한 생명을 잃은 적이 있다. 교육현장에서 일어난 사건이라 더 안타깝고 가슴 아픈 일이 아닐 수 없다. 이 같은 학교 안전사고 대부분이 기본원칙과 절차를 무시한 관행과 불감증에서 비롯되는 경우가 많다. 우리의 반성과 함께 교육현장에 대한 주의가 필요하다. 물론 이에 대한 책임은 학생들을 직접 지도한 교사에게도 있지만 학교 최고 책임자인 교장 역시 해임이라는 중징계를 받았다. 교장은 경영자로서 책임도 있지만 교육자로서의 윤리적인 책임도 크다. 학생을 가르치는 교육이기 때문에, 학교를 경영하는 최고 책임자이기 때문에 교장에게 더 무거운 책임과 엄한 벌이 따른다.

교장의 윤리적 리더십은 도덕성을 바탕으로 교직원들을 존중하며 그들의 바른 인성과 품성을 기르는 리더십이다. 이러한 리더십을 발휘하기 위해서는 다음과 같은 교육리더가 되어야 한다.

첫째, 교장은 공정한 평가와 투명한 학교를 경영하는 교육리더가 되어야 한다. 학교의 수장인 교장은 누구보다도 정직하고 청렴해야 한다. 정직과 공정, 투명한 학교경영은 교장의 리더십에서 기본이다.

둘째, 교장은 기본을 중시하고 원칙을 지키는 교육리더가 되어야 한다. 윤리는 가장 기본적인 인간의 도리이다. 이러한 기본과 원칙을 먼저 실천하고 모범을 보일 때 교직원들이 공감과 협력함으로써 윤리적 학교경영이 이루어진다.

셋째, 교장은 학생 개인은 물론 사회적 공공성과 공익성을 중시하는 교육정책을 펼쳐야 한다. 교육수요자의 개인적 이익과 공익의 균형감 있는 교육행정을 펼쳐야 행복교육이 이루어진다.

넷째, 교장은 윤리적인 사명감을 갖고 교원의 윤리강령을 선도하는 교육리더가 되어야 한다. 교육만큼 윤리성을 중요시하는 정책도 없다. 그래서 가장 윤리적인 교장이야말로 교직원들로부터 신뢰와 존경받는 교육리더가 될 수 있다.

다섯째, 교육의 부패방지와 공직자의 윤리강령을 실천하는 교육리더가 되어야 한다. 교육리더는 공직자로서 윤리강령을 선도적으로 실천해야 한다. 이러한 청렴이야말로 교육리더가 교직원들로부터 신뢰와 존경을 받을 수 있는 기본적인 요건이다.

교원은 국민의 사표이며 학생의 거울이므로 교사윤리강령, 사도강령, 사도헌장 등의 전문직의 윤리강령이 요구된다. 교장은 개인적으로 모범적인 삶은 물론 윤리적인 학교경영을 선도하는 리더가 되어야 한다. 그러기 위해서는 보다 청렴하고, 보다 공정하며, 보다 정직한 윤리적 리더십을 실천해야 한다. 아무리 높은 교육 열정이나 교육성과라 할지라도 교장의 가장 기본적인 도덕이나 윤리성이 결여되어 있다면 훌륭한 교장, 진정한 교육리더가 될 수 없는 것이다.

인간적인 교장이 탁월한 리더다

올해는 유난히 긴 장마가 계속되었다. 일찍부터 찾아온 국지성 호우는 한반도의 중·남부를 오가면서 곳곳에 큰 상처를 남기고 가을 문턱에서야 주춤해졌다. 그 후텁지근한 날씨도 이젠 열기를 잃은 채 아침저녁으로 제법 선선한 느낌마저 든다. 이렇게 가을은 잊지 않고 우리 곁으로 다가오고 있다. 그간 텅 비었던 학교도 다시 아이들의 목소리로 가득하다. 2학기가 시작된 것이다.

9월은 학년 초 교사중심의 인사이동과는 달리 주로 학교 경영자인 교장의 인사가 이루어지는 시기다. 학교의 최고 책임자가 교체되는 만큼 교직원을 비롯하여 학생, 학부모, 그리고 지역사회까지 관심이 크다. 우리 학교에 새로 부임하는 교장은 어떤 분일까? 그분의 교육철학과 경륜, 학교경영 스타일과 대인관계, 그리고 개인적인 인맥까지도 궁금해지는 것이다. 이처럼 교장은 학교경영자이며 최고의 교육리더로서 학교변화에 큰 영향을 주기에 그 책임 또한 막중한 사람이다.

새로 승진하거나 새 학교로 영전한 교장은 그 나름대로 새로운 학교경영에 대한 설렘과 포부, 그리고 기대로 가득하다. 새 학교에 펼쳐질 청사진만 생각해도 가슴 뛰는 일이지만, 한편으론 학교경영에 대한 걱정과 두려움도 없지 않다. 인간을 기르는 교육은 교장의 교육철학과 경영전략이 아무리 좋을지라도 이를 학교현장에서 직접 가르치고 실천하는 교직원들이 잘 협조하지 않는다면 모두가 허사에 지나지 않는다는 사실을 간과해서는 안 된다. 이러한 마음은 교장뿐만이 아니다. 새 교장을 맞이하는 교직원들도 반가움과 걱정이 함께 교차한다. 솔직히 말해, 새 교장을 맞이하는 반가움보다 오히려 '어떤 교장일까, 앞으로 더 좋아질까, 힘들지나 않을까' 하는 염려가 더 크다. 다시 말해 새로운 학교발전에 대한 기대와 희망도 없지 않지만 새로운 학교경영에서 오는 변화의 두려움이 더 크게 다가오기 때문이다.

인간은 누구나 기존의 생활과 습관에 잘 길들여져 있어 새로운 변화와 일에 항상 두려움을 가지고 있다. 그래서 교직원들도 갑작스런 학교 변화나 혁신보다 현재의 생활과 근무여건이 더 안정되고 만족스러운 것이다. 옛말에 '구관이 명관'이란 말이 있다. 이 말을 바꾸어 보면, 새로운 교장이 아무리 좋은 교육정책으로 학교를 잘 경영해도 전 교장만큼 만족하지 못한다는 뜻이다. 어쩌면 그렇게 잘 맞는 말이 있을까 할 정도다.

교육은 시대나 환경에 따라 서서히 변화해야 무리나 저항이 없다. 학교경영도 마찬가지다. 교장은 새로운 교육 변화의 방향을 정확히 감지하고, 교직원들이 그 변화의 방향으로 움직이도록 동기를 부여해야 하는 것이다. 이렇게 교직원들에게 좋은 영향력을 미치는 교장이 되기 위해서는 리더로서 지녀야 할 자질과 소양을 갖추어야 하고, 긍정적인 마인드로 자기혁신과 자기관리에 부단한 노력을 해야 한다. 특히 리더가 '좋은(good)' 단계에서 '탁월한(extraordinary)' 단계로 성장하기 위해서는 항상 자신의 행동을 깊이 반성하고, 교직원의 입장에서 자신을 바라볼 수 있는 안목과 지혜를 갖추어야 하며, 언제라도 자기를 희생할 용기를 잃지 말아야 한다.

존 H. 젠거(John H. Zenger)와 조셉 포크먼(Joseph Folkman)은 『탁월한 리더는 어떻게 만들어지는가』란 책에서 탁월한 리더(extraordinary leader)가 되기 위해서는 첫째, 고결한 개인적 품성을 보여라. 둘째, 작은 것부터 시작하라. 셋째, 어떤 일에 뛰어나라. 넷째, 역량들을 연결하여 결합 효과를 충분히 활용하라. 다섯째, 비선형적 접근 방식을 사용하라. 여섯째, 강점을 개발하라. 일곱째, 치명적 약점을 고쳐라 하고 조언을 한다.

미래의 인재를 육성하는 탁월한 교육리더는 화려한 경륜이나 다양한 스펙도 중요하지만 바른 인간성과 폭넓은 식견을 바탕으로 교직원의 마음을 이해하고 배려하며 섬김을 실천할 줄 알아야 한다. 그리고 그들을 단순히 부하직원으로서 인식하는 것이 아니라 소중한 동반자로 받아들여 그들의 교육적 역량을 학교교육에 충분히 발휘할 수 있도록 지원하고 지지해주어야 하는 것이다. 한걸음 더 나아가 그들이 우리 교육에 새로운 리더로 성장할 수 있도록 격려하고 안내해주는 따뜻한 교육리더십이 바로 탁월한 교육리더의 역할이다.

학교조직을 효과적으로 경영하기 위해서는 학교경영의 전문적인 이론이나 교육리더십, 학교회계, 시설관리, 그리고 인간관계 등 교육 CEO로서의 갖추어야 할 다양한 지식과 경험이 필요하다. 하지만 대부분의 교장들에게 수십 년간 학생교육 이외 리더나 학교경영에 대한 교육이나 연수는 사실상 전무한 실정이다. 이러한 교육의 현실 속에서 좋은 리더(good leader)나 탁월한 리더(extraordinary leader)로 성장하고 인정받기란 정말 어려운 일이다.

최근 일부 교장들이 겪는 학교경영의 어려움 중 하나는 리더의 잘못된 학교정책보다는 자신의 경륜과 능력을 과신한 나머지 교직원들과의 충분한 공감이나 소통 없이 교육성과에만 집착한 자기중심적인 학교경영에서 일어난다. 특히 초보 교장일수록 너무 과분한 의욕과 자신감에서 화를 불러오는 경우가 대부분이다. 이처럼 교장의 독선적 리더십은 일시적이고 가시적인 교육성과나 경영효과는 다소 보일지라도 장기적으로는 교직원의 불평과 갈등으로 학교경영을 더욱 어렵게 하는 요인이 된다.

모든 교장들이 창의적이고 혁신적인 학교경영으로 높은 교육성과와 드높은 명성, 그리고 교직원들로부터 사랑과 존경받는 탁월한 교육리더가 되기를 바라지만 우리의 교육현실은 그리 녹록하지 않다. 교장이 아무리 좋은 학교정책과 경영전략을 가졌다 할지라도 이에 교직원들이 애정과 열정을 가지고 협조하지 않으면 기대만큼 좋은 성과를 얻을 수 없다. 그래서 모든 교장이 교육리더는 될 수 있지만 탁월한 교육리더는 될 수 없다.

아마도 탁월한 교육리더는 교직원들로부터 사랑과 존경, 그리고 신뢰받는 교장일 것이다. 탁월한 교육리더에 이르는 길은 리더 자신이 자기 위치를 알고 타인을 존중하는 겸손한 리더, 교장이라는 권위적인 생각을 버리고 작은 일에도 최선을 다하는 열정적인 리더, 교직원들의 교육역량과 에너지를 끌어올리는 선구자와 같은 인간적인 리더가 되어야 한다.

좋은 팔로어가 좋은 리더다

"자기 일만 잘하는 교직원이 아니라 나를 진정으로 도와줄 파트너가 필요해!"

"학교 업무만 잘하라는 교장이 아니라 진정으로 나를 키워주는 리더를 만나고 싶어!"

같은 학교에 근무하면서도 전혀 다른 생각을 가진 교장과 교직원의 말이다. 이들이 진정으로 바라는 학교조직은 어떤 모습일까? 같은 학교, 같은 교육목표를 향해 가는 이들 중 과연 누가 더 중요하고 소중한 분일까? 분명한 건 지금 잘 나가는 교장에게도 팔로어인 교사 시절이 있었다는 사실이다. 좋은 교장을 꿈꾸는 교육리더, 지금

당신의 학교에는 어떤 팔로어와 팔로어십이 필요한가?

리더 한 사람에 의해서 방향이 결정되고 경영되던 조직이 21세기 들어 다양한 환경변화와 위기를 겪으면서 리더와 리더십의 한계를 느끼게 되었고, 리더의 부족한 힘을 도와줄 수 있는 것이 좋은 팔로어(follower)들의 파로워십(followership)이라는 사실을 깨닫게 되었다. 이렇게 구성원들의 힘인 팔로어십은 리더의 중요한 의사결정을 도울 뿐 아니라 리더의 리더십을 충전시켜 조직의 위기 극복이나 재도약을 위한 새로운 리더십의 에너지원이 되고 있다. 이에 대해서 카네기 멜론대학(Carnegie Mellon University)의 로버트 켈리(Robert Kelley) 교수는 '조직의 성공에서 리더가 기여하는 것은 많아야 20%이고, 그 나머지 80%는 팔로어들이 기여한다'고까지 팔로어들의 중요성을 강조하고 있다.

우리는 지금까지 조직의 성패(成敗)는 오직 리더의 능력과 리더십에 달려 있다고 믿어왔다. 그래서 리더와 리더십의 역할과 중요성에 대한 관심은 높았지만 구성원인 팔로어에 대해서는 그저 리더를 따르고 움직이며 리더를 보좌하는 존재로만 생각했다. 최근에서야 팔로어십이 리더의 리더십 못지않은 중요성과 역할론이 대두되면서 새로운 주목을 받고 있다.

팔로어십은 리더십의 상대적인 개념으로 리더의 지시를 따르고, 더불어 리더와 조화를 이루며, 자기 주도적으로 일을 수행하는 조직원들의 정신인 추종력을 가리키는 말이다. 한마디로 '자발적으로 의욕을 가지고 리더를 따르는 행동 능력'이라 할 수 있다. 그래서 리더의 리더십이 조직의 목표달성을 위한 합리적이고 인간적인 의견을 팔로어들에게 효과적으로 전달할 수 있는 능력이라면, 팔로어십은 리더의 뜻을 아래에서 갈등 없이 받아들이고 이를 잘 실천할 수 있게 하는 것이라 할 수 있다. 다시 말해 리더십이 앞에 서서 비전을 제시하고 이끄는 능력이라면, 팔로어십은 뒤에서 리더를 도와 리더십을 완성하는 것이다.

사실 모든 교장들의 목표가 훌륭한 교육리더가 되는 것이지만 생각만큼 이루어지지 않을 뿐더러 또 교장 혼자서 이루긴 더욱 어렵다. 흔히 능력이 있는 사람도 운을 만나지 못하면 재능을 발휘할 수 없다고 한다. 교장 또한 아무리 똑똑하고 탁월한 리더십을 가진 리더라 하더라도 그를 믿고 따르는 교직원들이 없으면 소용이 없다. 그것은 아무리 탁월한 교장이라 할지라도 교직원 전체를 합친 능력보다 작고 현명하지 못하기 때문이다. 따라서 학교교육에서 보다 높은 교육역량을 발휘하려면 교장과 교직원이 모두 하나가 되어 공통의 교육목표를 향해 가야 한다.

교장의 학교경영은 좋은 팔로어십을 가진 교직원들이 지지하고 협력할 때 높은 교육성과를 발휘할 수 있고, 훌륭한 교육리더로 성장할 수 있다. 이는 교장의 능력과 리더십만큼이나 교직원의 능력과 팔로어십이 협력한 결과이다. 우리가 훌륭한 교장 주변에는 항상 뛰어난 교직원들이 있는 것도 어찌 보면 리더와 비전을 공유하여 좋은 팔로어로 만들어지기 때문이다. 이처럼 좋은 팔로어는 훌륭한 리더를 만나 헌신, 자기주도성, 열정, 실력, 조언, 조화 등의 진정한 팔로어십을 배우고 실천한다.

그렇다면 여러분의 학교 교직원들은 어떤 팔로어들이며 어떤 팔로어십을 갖고 있는가? 교장의 지시 없이도 책임감을 갖고 즐거워하며 스스로 움직일 줄 아는 조직인가? 만약 '그렇다'고 말한다면 당신은 탁월한 리더일 가능성이 크다. 그 이유는 좋은 팔로어는 좋은 리더의 리더십에 의해 만들어지기 때문이다. 일반적으로 교장과 학교조직이 원하는 인재는 팔로어십이 충만한 긍정적인 사람이다. 이들은 자기 주도적으로 교육성과를 창출할 뿐 아니라 타인을 배려하며 스스로 자기성장을 하는 사람이다. 그러나 모든 교직원이 긍정적이고 좋은 팔로어일 수는 없다. 대개 한두 명은 매사 불만을 늘어놓는 투덜이가 있게 마련이다. 이들의 불평이 확산되어 학교분위기를 흐리기 전에 이들을 설득하여 긍정적인 동반자로 만드는 일이 교장의 역할이며 좋은 팔로어십을 만드는 교장의 리더십이다. 아울러 이러한 불만자의 의견도 경청하고 학교조직의 보다 건설적인 생각이라면 기꺼이 수용하는 교장의 태도도 필요하다.

실제로 모든 리더가 처음부터 리더였던 것은 아니다. 그들 역시 팔로어에서부터 출발했다. 이 같은 맥락에서 보면, 현재의 팔로어는 곧 미래의 리더라 할 수 있다. 따라서 '어떤 리더가 되느냐'는 현재 '어떤 팔로어냐'에 의해 결정되는 거다. '남을 따르는 법을 알지 못하는 사람은 좋은 지도자가 될 수 없다'는 아리스토텔레스(Aristoteles)의 말처럼 좋은 팔로어가 된다는 것은 좋은 리더가 되기 위한 선행조건이기도 하다. 그래서 리더라면 한 번쯤 자신을 되돌아보는 것이 필요하다. 나는 조직구성원들과 '희로애락' 중 몇 개를 얼마만큼 같이 느끼고 있는가. 얼마나 같은 소망을 가지고 있는가. 그리고 그 소망을 이루어 나가는 중 슬픔을 얼마나 자주, 그리고 진심으로 같이 느껴주었는가?

아무리 유능하고 훌륭한 교장이라 하더라도 교직원들이 그렇지 못하면 교장마저 무능해지고 만다. 더불어 교장의 역할이 아무리 중요하다고 해도 리더십만으로는 부족하고, 좋은 교직원의 팔로어십이 조화를 이루어야 창조적인 학교경영 리더십이 만들어지는 것이다. 그러므로 훌륭한 교장은 충성스럽고 현명한 교직원을 만날 때 그 진가가 발휘되고, 탁월한 교직원은 훌륭한 교장을 만날 때 탄생된다.

교직원의 좋은 팔로어십을 형성하려면, 교장 자신이 강력한 리더십을 갖는 데만 너무 집착하지 말고 자기 스스로 좋은 교직원이 되는 데 힘써야 한다. 그리고 교직원들에게 순종형 팔로어십만 강요하지 말고 때론 교장을 견제하는 파트너로서 그들이 문제의식과 독립의식, 건전한 비판의식을 갖고 적극적으로 일할 수 있도록 지지하고 지원해야 한다. 아울러 교직원들도 자신의 교장을 진심으로 섬기고 협력하는 좋은 팔로어가 되어야 한다. 그런 팔로어가 바로 훌륭한 교육리더가 되는 길이다.

서번트 리더가 존경받는다

"교장 선생님, 학교경영 대상을 축하드립니다."

"교장이 뭐 한 게 있습니까? 다 우리 교육가족이 합심해서 이룬 결과지요."

"우리 학교 직원들은 교장이 이야기하기 전에 알아서 움직이니 더 없이 고맙고 감사할 뿐이지요."

오직 교직원들의 장점을 찾아 사기를 살려주는 게 교장의 할 일이라고 한 교장선생님의 말씀 속에 교직원들을 믿고 얼마나 인격적으로 대하고 있는지를 과히 짐작하게 한다. 한마디로 교육의 성과를 교장 자신보다는 교직원들에게 애써 돌리려는 겸손함과 배려하는 마음이 배어나는 사려 깊은 말이다.

실제로 이상적인 조직 구성은 리더의 명령과 지시 없이도 책임감을 갖고 스스로 움직이는 조직이다. 마찬가지로 학교조직도 교직원들이 주도성을 가지고 맡은 업무에 충실할 때 보다 나은 교육은 물론, 예기치 않은 위기에서도 협동심을 발휘하여 학교의 어려움을 극복할 수 있다.

요즘처럼 학교업무가 다양하고 복잡할 땐 사소한 업무 갈등으로 인해 교직원 간 얼굴을 찌푸릴 때가 많다. 이렇게 서로 힘들어하고 기피하는 업무들을 한낱 불평 없이 선뜻 하겠다고 나서는 교직원이 있는 학교는 좋은 학교다. 대체로 이런 학교 교직원들은 교장의 마음은 물론 동료들의 마음까지 읽을 수 있는 높은 공감능력을 가지고 서로 신뢰하며 배려하는 사람들이다. 이러한 학교의 문화는 단순히 교직원들의 노력만으로는 불가능하다. 학교의 최고 리더인 교장이 어떤 역할과 리더십을 발휘하느냐에 달려 있다.

서번트 리더십(Servant Leadership)은 1977년 미국의 로버트 그린리프(Robert K. Greenleaf)가 처음 제시한 개념으로 '타인을 위한 봉사에 초점을 두며, 종업원, 고객 및 커뮤니티를 우선으로 여기고 그들의 욕구를 만족시키기 위해 헌신하는 리더십'으로 정의했다. 리더가 영향력을 효과적으로 발휘하기 위해서는 리더는 '권력(power)'이나 '권위(authority)'에 기초한 리더십이 아닌 섬김의 리더십, 즉 서번트 리더십을 발휘해야 한다. 다시 말해, 리더의 역할은 방향제시자,

의견조율자, 일과 삶을 지원해주는 조력자 등을 제시하고 있으며, 우리나라에서는 '섬기는 리더십'으로 더 잘 알려져 있다.

서번트 리더십을 구성하는 요소로는 의지·사랑·봉사와 희생·권위이며 그 핵심은 스튜어드십(stewardship), 경청, 타인의 성장을 위한 노력, 공감, 치유, 공동체 형성 등이라 할 수 있다. 이렇게 진정한 리더는 타인을 위해 자원을 관리하고 봉사하며, 약자의 작은 목소리까지도 경청하고, 타인의 감정을 이해하고 공감해야 하며, 타인의 성장을 위한 자기 헌신적 노력을 통해 더불어 사는 공동체 형성에 기여해야 한다.

서번트 리더는 지위가 높기 때문에 구성원들에게 지시하고 결과를 평가하는 것이 아니라 구성원에게 목표를 제시한 후, 그들이 그 목표를 성취할 수 있도록 함께 노력하고 지원한다. 즉 자신의 어떤 점이 도움이 될 수 있는지를 먼저 고민하는 것이다. 그래서 서번트 리더는 자신을 구성원들이 활용할 수 있는 하나의 자원으로 생각하면서 자신이 가지고 있는 전문적인 경험과 지식을 구성원들에게 제공한다.

이렇게 서번트 리더십은 '인간 존중 정신'을 바탕으로 세심하게 구성원들을 섬기고 보살피면서 그들이 스스로 최대한의 능력을 발휘할 수 있게끔 도와주고 이끌어 나가는 것이다. 구성원들이 리더에 대한 신뢰와 존경심을 갖고 마음으로부터 따르게 만든다는 점에서 겉으론 일사불란해 보이지만 불만과 갈등이 내재되는 카리스마 리더십과 대조를 이룬다.

어떤 리더가 진정한 서번트 리더일까? 존 맥스웰(John Maxwell)은 '리더십은 영향력이다'고 했다. 테레사 수녀와 다이애나 황태자비는 서로 상반된 환경에 존재하였으나 세상의 많은 사람에게 영향을 미치는 사람이었다는 공통점을 가지고 있다. 이것이 리더의 영향력 법칙이다. 테레사 수녀는 의료지식을 배운 후 수도원을 떠나 빈민가에서 평생 동안 봉사와 희생정신으로 가난한 사람들의 따뜻한 어머니가 되었으며, 다이애나 황태자비는 사람들을 돕겠다는 목표를 정하고 자신이 할 수 있는 새로운 역할을 계발하여 자선을 위한 기금운동을 벌였으며 에이즈 연구, 나병환자를 돌보는 일, 지뢰설치 금지 등을 통해 많은 인명을 직간접적으로 구했다. 이들이 곧 진정한 리더 '서번트 리더'다.

이같이 서번트 리더가 되기 위한 덕목으로 먼저, 상대방을 위한 봉사에 초점을 두고 구성원을 섬길 수 있어야 하며 그들의 욕망을 만족시키기 위해 헌신하는 자세가 필요하다. 다음으로는 리더가 되기 이전에 먼저 종의 위치에서 섬기는 자세가 필요하다. 리더의 입장이 아니라 고객이나 종업원의 위치에서 생각하고 대화를 해야 한다. 그리고 구성원들이 역량을 개발할 수 있는 환경을 조성해야 한다. 또한 불필요한 일을 버리고 일할 수 있는 환경을 조성해 능률적인 시스템으로 개선해야 한다. 마지막으로 인간적인 배려와 공감대형성이 필수적이다. 이처럼 구성원들과 자유롭게 대화하고 소통할 수 있도록 배려하는 마음, 어머니의 마음처럼 부드러운 리더십을 갖추고, 경청하고 공감하고 설득하는 과정이 지속적으로 이루어져야만 서번트 리더가 될 수 있다.

서번트 리더십이란 사랑을 실천하는 리더십으로 군림하고 강제하며 권위적인 모습의 리더에서 탈피하여 봉사와 헌신에 기초한 사랑이 서번트 리더십의 핵심 실천양식이다. 리더는 사랑을 통해 조직을 융합하고 문제를 해결해야 한다는 것이다. 사랑을 잃은 리더들은 권위적인 모습을 자처하게 되고 권력에 의존하려 한다. 서번트 리더는 사랑과 권력의 차이를 구분하고 진정한 리더십은 섬김과 사랑에 기초함을 알고 조직에 도입하는 리더라 할 수 있다. 다시 말해 권위적이고 이기적인 리더가 아닌, 봉사하고 헌신하는 '섬기는 리더'만이 팀과 조직 그리고 사회를 가장 효과적으로 이끌 수 있다.

서번트 리더는 단순히 성격이 착하고 친절한 사람과는 다르다. 오히려 불굴의 의지로 위험을 감수하기도 하며 신념대로 행동하는 사람이라고 할 수 있다. 겉보기에는 순박한 사람처럼 보일 수도 있지만, 그렇다고 해서 서번트 리더는 세상을 지배하는 기관의 전통적 구조에 쉽사리 순응하는 사람은 아니다. 그린리프는 때때로 서번트 리더는 외톨이가 될 수도 있다고 고백한다. 하지만 결국은 그들의 리더십이 신뢰를 얻어 그들이 속한 기관과 세상의 변화를 이끌어낼 것이라고 확신하고 있다.

서번트 리더가 되기 위한 덕목으로 첫째, 상대방을 위한 봉사에 초점을 두고 종업원과 고객을 섬긴다. 그들의 욕망을 만족시키기 위해 헌신하는 자세가 필요하다. 둘째, 리더가 되기 이전에 먼저 종의 위치에서 섬기는 자세가 필요하다. 관리자의 입장이 아니라 고객의 입장, 팀원의 생각, 하급자의 위치에서 생각하고 대화를 하라는 것이다. 셋째, 구성원들이 역량을 개발할 수 있는 환경을 조성해야 한다. 불필요한 일을 버리고 일할 수 있는 환경을 조성해 능률적인 시스템으로 개선하라는 것이다. 마지막으로, 인간적인 배려와 공감대 형성이 필수적이다.

서번트 리더십의 역할을 살펴보면, 먼저 방향제시자 역할은 조직의 비전을 제시해주는 역할을 의미한다. 서번트 리더가 조력자이면서도 '리더'인 이유는 다른 구성원들이 보지 못하는 미래를 바라보고 비전을 보여줄 수 있는 능력을 갖고 있기 때문이다. 리더십 분야의 저명한 학자인 블랜차드(K. Blanchard)에 따르면 구성원들은 자신에게 분명한 방향과 목표가 주어질 때 잠재력을 발휘하여 최상의 성과를 거둘 수 있다고 한다. 최고경영자는 중간관리자에게, 중간관리자는 일선 실무자들에게 조직이 나아가고자 하는 방향과 목표를 명확히 설명해줄 수 있어야 한다.

다음으로 서번트 리더는 파트너로서 구성원들 간의 합의를 이끌어내기 위해 의견들을 조율하는 역할을 담당하게 된다. 파트너로서 서번트 리더는 재능 있는 음악가들로 이루어진 오케스트라의 지휘자 모습에 비유할 수 있다. 연주의 템포를 유지하고, 연주자의 역할과 능력이 적절한지, 전체 연주자들 간의 조화가 이루어지는지 확인하는 지휘자의 모습은 구성원들의 의견들이 목표에 적합한지 살피며, 다른 구성원들과의 의견 교류가 원활히 이루어질 수 있도록 조율하는 파트너로서의 리더 역할과 유사하다 하겠다.

마지막으로 지원자 역할은 구성원들이 업무 수행을 원활히 할 수 있도록 지원하고, 업무 외의 개인적인 삶에 있어서도 업무와 균형을 이룰 수 있도록 돕는 역할이다. 이러한 두 가지 측면에서 지원자 역할에 충실하기 위해 서번트 리더는 구성원들이 찾아오기를 기다리기보다 먼저 찾아다니면서 도울 것이 없는지를 구성원들에게 묻고 다닌다.

서번트 리더십을 실천하는 교장은 교직원을 존중하고 리더이기 전에 동료로서, 명령과 지시보다는 먼저 솔선하여 베품을 실천하는 친절한 리더이다. 또한 교육의 성과에 대한 공적은 항상 자신보다는 교직원들에게 돌리며, 칭찬과 격려, 그리고 감사함을 아끼지 않는 분이다. 반면에 독선적인 교장은 매사가 자기중심적이고 성과 중심의 일에 관심이 많은 출세지향적인 분이다. 따라서 모든 의사결정은 교장이 중심이며, 목표 달성을 위해서는 수단과 방법을 가리지 않는 매우 권위적이고 고독한 제왕이다. 그런데 아이러니하게도 우리 주위에는 전자보다 후자인 고독한 제왕이 오히려 언론의 주목을 받게 되고, 교육행정가로 발탁되어 승승장구한다는 사실이다.

우리가 과거의 교장 권력을 제왕적이라고 까지 애써 표현하는 것도, 오랫동안 이어온 우리의 관료적인 학교조직과 수직적 상하관계, 그리고 교장의 권위적인 의식과 태도에서 비롯된 결과이다. 그러나 지금은 세상이 많이 변했다. 교육환경도 달라졌고 교장의 의식도 바뀌고 있다. 과거처럼 일방적인 권위와 권한으로 교장의 자리를 더 이상 지킬 수 없다. 오히려 스스로 학교 현장을 누비며 교직원들이 필요로 하는 것이 무엇인지 찾아내어 이를 적극적으로 도와주는 지원행정을 펼치는 교장들이 늘어나고 있는 것이다. 한마디로 군림하는 교장에서 서번트 하는 교장 시대를 맞이하고 있다. 이렇게 교육리더의 서번트 리더십은 우리 교육의 시대적인 흐름이자 또한 교육 수요자들의 요구이기도 한 것이다.

그린리프 연구소장인 스피어즈(Spears)는 서번트 리더의 주요 특성을 경청(Listening), 공감(Empathy), 치유(Healing), 스튜어드십(Stewardship), 부하의 성장을 위한 노력(Commitment to the growth of people), 그리고 공동체 형성(Building community) 등을 제시하고 있다. 이러한 특성들을 교육리더가 실천하기 위해서는 무엇보다 먼저 교직원의 이야기를 경청하고 이를 존중하는 인간적인 배려가 선행되어야 한다. 그래야 교직원들이 교장을 믿고 학교업무에 헌신과 몰입을 할 수 있다. 둘째는 교직원들의 잠재적인 교육역량을 충분히 발휘하여 새로운 리더로 성장할 수 있도록 격려하고 지원해주는 일이다. 셋째는 소중한 교육인적자원을 잘 관리하고 교육에 헌신할 수 있도록 학교문화를 만들어주어야 한다. 넷째는 교장과 교직원 관계가 소위 '갑을관계'가 아니라 학교경영의 좋은 동반자로 파트너십을 발휘할 수 있게 해야 한다.

살면서 생기는 문제를 해결하기 위해서는 돈과 시간이 필요하기도 하지만 결국 사람에게서 답을 찾아야 하는 경우가 더 많다. 나를 힘들게 하고 즐겁게 하는 것도 어떤 상황이나 조건이 아니라 실상 사람이기 때문이다. 모든 일의 중심에는 사람이 있으며 사람을 기본으로 해야 서번트 리더십을 발휘할 수 있는 것이다.

코칭 리더십이 좋은 리더를 기른다

요즘 행복한 성공을 이룰 수 있는 지혜의 도구로 불리는 코칭이 라이프 코칭, 학습 코칭, 독서 코칭 등 가족이나 부모, 아동 차원에서 이루어지고, 최근에는 비즈니스 코칭, 커리어 코칭, 조직 차원에서의 코칭문화 확산이 활발히 전개되고 있다.

코칭(coaching)이란 조직의 리더와 구성원의 신뢰를 바탕으로 구성원 개인의 목표나 자아실현을 위해 지원하거나 도와주는 활동이다. 이렇게 조직의 리더와 구성원 간의 파트너적 관계를 바탕으로 리더가 구성원에 대해 영향력을 발휘할 수 있는 리더십을 우리는 코칭 리더십(Coaching Leadership)이라 부른다. 하버레이터(Haberleiter)는 '코칭 리더십을 구성원이 스스로 가능성을 인지하고 확대하여 능력과 의욕을 높일 수 있게 하는 리더십 방식'이라고 하였다. 따라서 코칭 리더십은 구성원의 잠재능력을 리더의 질문과 조언을 통해 구성원 스스로 문제를 해결하고 잠재능력을 최대한 발휘할 수 있도록 지원해주는 리더십이라 할 수 있다.

세상에 힘들고 어렵지 않은 삶이 어디 있으랴. 사람은 누구나 살아가면서 크고 작은 고난을 만난다. 남들이 보기엔 꽤 성공한 사람도 자세히 들여다보면 성공 뒤에 숨어 있는 남모를 온갖 고난이 존재한다. 이렇듯 성공은 언제나 고난과 고통 다음에 오며, 그 배경에는 반드시 그를 열렬히 응원하고 조언해준 훌륭한 스승인 코치가 존재한다. 그러므로 성공은 저절로 오는 것이 아니라 좋은 코치를 만나 어려움을 이겨내고 고난 끝에 피어나는 아름답고 향기로운 꽃이다.

아직까지 우리 정서는 그리 개방적이지 못하여 선뜻 남의 충고나 조언을 긍정적으로 인식하고 이를 받아들이는 사람이 그리 많지 않다. 그래서 타인을 코칭하기란 어렵고 조심스러운 일이다. 신중하고 또 신중해야 할 일이다. 진정한 코칭이란 그 사람에게 건네고 난 뒤에 가슴이 아프고 눈물이 쏟아질 정도의 공감이 있을 때라야 가능한 것일지도 모른다.

우리 삶에는 항상 좋은 일만 있을 수 없고 어려운 일도 많다. 이렇게 힘들고 어려운 일을 혼자 감내하기란 여간 어렵지 않다. 그중에서도 내 마음이 겪고 있는 것에 대해 어디에도 물어볼 곳이 없다는 것을 깨달았을 때가 가장 답답하고 외롭다. 그때 누군가 나에게 지혜로운 조언을 들려주었더라면 얼마나 좋았을까? 괜찮다고, 누구나 겪는 일이라고 알려주는 사람이 있었다면 긴 열등감에 시달리지 않았어도 좋았을 텐데 말이다.

진실한 격려 한마디는 절망에 빠진 사람을 일으켜 세우고, 열정과 환희를 지속시켜 일의 완성도를 높이고 사람과 사람, 나라와 나라를 변화시키는 힘이 된다. 마크 트웨인이 "한마디 격려는 우리를 한 달 동안 기쁘게 할 수 있다"고 말했던 것도, 지그 지글러(Zig Ziglar)가 "적절한 순간의 진실한 말 몇 마디가 인생에 얼마나 큰 영향을 줄지는 아무도 모른다"고 강조했던 것도 바로 '격려'로 인한 변화의 힘 때문이다.

대개 사람들은 힘들고 어려운 일을 이해해주고 어떠한 이야기도 잘 받아줄 수 있는 믿음직한 코치를 원하지만 이는 말처럼 쉽지 않다. 특히 교직은 다른 직업보다 관료적이고 권위적인 요소가 많고, 교사 또한 자존심과 자기주장이 강할 뿐 아니라 늘 남을 가르치는 일에 익숙하다 보니 타인으로부터 조언이나 코칭받기를 싫어한다. 설령 원한다 하더라도 이들을 코칭을 하겠다고 나서는 사람도 없는 것이 우리 현실이다.

훌륭한 교육리더에게는 자신만의 탁월한 리더십을 발휘하는 것뿐만 아니라 교직원들을 잘 코칭하여 좋은 리더로 성장시키는 일도 중요하다. 교사들의 아픔을 어루만져주고 교육열정을 높이도록 동기를 부여하며 교직에 헌신하도록 코칭하는 교장이 진정한 교육리더이다. 코칭의 대가인 존 휘트모어(John Whitmore) 회장은 코칭의 핵심을 '의식(awareness)과 책임(responsibility)'이라는 두 가지 키워드로 정리했다. 그래서 교육리더의 코칭이 일방적으로 지시하고 조언한다면 교사들의 의식은 개발되지 않을 뿐더러 책임감 없이 시키는 대로 일하는 사람으로 머무를 수밖에 없다. 따라서 교사를 더 깊게 생각하도록 해 어떤 사안에 대해 통찰과 의식을 갖게 하고, 스스로 해법을 찾아내어 그에 대한 책임감을 갖게 하는 게 코칭의 핵심이다.

지금과 같이 어려운 교육환경이나 여건들은 교사의 교직생활을 더욱 힘들게 하게 한다. 과거와는 달리, 만만치 않은 학교갈등은 교사의 정신적인 고통뿐 아니라 경제적인 피해까지 낳고 있으며, 끝내는 소중한 교직의 꿈을 접게 한다. 교직을 떠나는 이들의 대부분은 새로운 삶을 찾기 위한 것이 아니라 학생이나 학부모와의 갈등관계를 스스로 해결하거나 감당하지 못해 선택하는 마지막 수단이다. 이러한 일들이 일어날 때마다 교사들을 위한 코칭이 필요하다는 생각이다.

교사들에게 필요한 코칭은 건강한 교직생활을 위한 멘토의 역할이다. 초임교사를 포함한 모든 교사들의 원만한 교직 적응과 성장을 위해 꼭 필요한 활동이다. 생각해보면 필자도 40여 년 가까이 교직 생활을 하면서 삶이나 교직 성장을 위해 진정성 있는 충고나 코칭을 받아본 적이 거의 없다. 오직 교과서대로 살아온 진솔한 삶이어서 그런지 그다지 큰 어려움 없이 지내온 삶이 얼마나 다행하고 큰 행운이었는지 모른다. 물론 작은 일이나 고민이 왜 없지 않았겠는가. 아마도 그런 일들은 스스로 해결할 수 있어서 가능했을 것이다. 다른 한편, 나에게도 진실한 마음으로 코칭을 해주는 든든한 멘토가 있었으면 하는 아쉬움도 없지 않다. 그렇게 되었다면 지금보다 더 큰 교육역량을 발휘하는 교육리더로 성장했을 것이다.

실제로 교사는 학생을 가르치는 일 외에도 학부모나 교원과의 인간관계, 학교업무 등에서 여러 가지 갈등을 겪게 된다. 게다가 혼자 해결하기 어려운 학생문제에 부딪쳤을 때 누구나 도움을 필요로 한다. 이러한 도움은 나보다 먼저 그런 일을 하고 그런 일들과 맞닥뜨렸던 교직 선배들의 경험들을 말한다. 가보지 않은 길엔 앞서 그 길을 지나친 사람들의 경험이나 충고가 얼마나 소중한 것인지 누구나 다 아는 사실이다. 그래서 생각이 깊되 머뭇거리지 않고 결단력 있게 코칭해주는 든든한 교육리더가 있어야 교육에 대한 열정과 도전으로 교직의 성장과 발전을 이룰 수 있다.

교육리더의 코칭 리더십은 교사 개인의 문제나 교직생활 전반에 걸쳐 필요한 일이며, 교장이 아닌 동료나 선배의 입장해서 코칭하는 것이 가장 이상적이다. 사실 어렵고 힘들 때 자신의 문제를 잘 들어주고 이해하며 공감해주는 그 자체만으로도 고맙고 큰 힘이 된다. 그래서 교육리더의 말 한마디가 교사의 고민 해결은 물론 삶에 힘이 될 수 있는 것이 코칭의 영향력이다. 하지만 교육리더의 바람직한 코칭 리더십은 교사를 이끌고 조언하고 가르친다기보다는 지지하고 격려하여 도전 의식을 고취시켜주는 일이다. 코치는 도움을 받는 교사에게 직접적으로 무엇을 해야 하는지, 어떻게 해야 하는지 구체적으로 말해주지 않아야 한다. 단지 귀 기울이며 이따금 고개를 끄떡여주는 일, 그리고 '그때 기분이 어땠어요?' 하고 이야기 속으로 조금 들어가는 일, 그것이 코치의 기본자세이자 가장 중요한 능력이다. 그래야 코칭받는 교사가 스스로 파악하고, 어떤 방법으로 그것을 성취할지, 그 과정에서 어떤 것이 자신에게 동기를 부여하고 어떤 것이 방해가 되는지를 깨닫게 된다. 또한 이야기를 귀 기울여 듣고 있으면 그 사이에 교사가 스스로 해답을 찾는 경우가 많기 때문이다.

21세기 리더들의 최고의 덕목인 코칭 리더십은 교사들의 어려움을 스스로 극복하고 성취감, 자신감, 만족감을 높여 무한한 가능성을 발휘하여 자아실현을 도와주며 교직에 헌신하게 하는 긍정적 에너지원이다. 그러므로 교육리더의 코칭 리더십은 교사와 학교조직의 성장은 물론 사회의 발전을 위해서도 반드시 필요한 새로운 리더십이다.

갈등해결엔 협상 리더십이다

사람 사는 곳에는 말로 인한 크고 작은 갈등이 있기 마련이다. 어쩌면 이는 살아가면서 피할 수 없는 일이기도 하다. 사실 누군가에게 화가 나거나 누군가와 갈등이 생겼을 때, 누군가와 언쟁을 벌이는 상황에 처했을 때, 현명하게 잘 대처하는 것이 쉬운 일은 아니다. 많은 사람들이 화가 나면 눈물부터 나거나, 반박 한번 제대로 못하고 얼굴만 붉으락푸르락하다가 나중에 왜 한마디도 못했는지 분해서 밤잠을 못 이루거나, 무슨 문제가 생기면 벌컥 화부터 내 분위기를 망쳐놓기 일쑤다.

이러한 갈등 중에서는 혼자서 해결할 수 있는 일과 시간이 지나면 스스로 해결되는 일도 있지만 아무리 고민하고 묘안을 짜내도 문제 자체를 풀 수 없는 일도 있다. 이러한 난제에 부딪칠 때 대부분의 사람들은 삶에 대한 실망과 좌절을 겪게 된다. 그러나 건강한 사람이라면 누군가 공격을 해왔다 해도 마음을 잘 다스려 스스로를 보호할 수 있어야 한다. 그렇게 하려면, 어떻게 스스로를 방어하고 승리할 것인가? 다시는 내게 얼씬도 하지 못하게 상대를 때려눕힐 것인가, 사람들 앞에서 모욕을 주어 기를 완전히 꺾어버릴 것인가를 고민한다.

최근 교사들이 겪는 가장 어려운 문제가 학생의 학습지도가 아니라 문제 학생을 상담하고 지도하는 학생 생활지도와 학부모 민원이다. 요즘 학교에서 일어나는 학생들 간의 각종 문제들은 교사가 전혀 겪어보지 못한 새로운 사건들이 많다. 이들 간의 작은 오해와 잘못된 관계는 해결의 끝이 보이지 않을 정도로 얽히고설킨 것들로 어디서 어떻게 해야 할지 막막할 때 교사로서 어려움을 겪는다.

사실 학생 간의 문제는 학생들의 눈높이에서 들여다봐야 하지만 감정이 얽힌 문제들은 반드시 학부모가 이미 개입한 문제들로 꼬여 있다. 이러한 경우 신규교사들은 생활지도 원리나 이론에 근거하여 원론적인 해결점을 찾으려다 오히려 사태를 악화시키는 일이 허다하다. 교사로서 의욕과 책임감은 누구보다도 크지만 문제를 해결하는 능력은 상대적으로 경험이 적어 선배교사들의 도움을 받아야 한다. 그래서 신규교사들은 불평한다. "교육은 이론과 다르다." 그리고 "이론보다 현장의 교육경험이 중요하다고. 또한 선배교사들은 "교사 경력이 고스톱으로 딴 경력이 아니다"라고…… 정말 그렇다. 교사들에게 교과교육을 위한 우수한 실력을 갖추는 것도 필요하지만 학생들을 달래고 설득하는 협상력이 학교교육엔 더 중요한 것이다. 훌륭한 교사, 학생들이 좋아하는 교사는 잘 가르치는 것보다 친구같이 함께 놀아주고 그들의 고민을 해결해 줄 수 있는 진정한 교사라는 점도 반드시 새겨들어야 할 대목이다.

우리 교육문제는 매우 다양하고 그 이해관계도 갈수록 복잡해지고 있다. 최근 학교현장에서 일어나는 문제들은 비단 신규교사들 뿐만은 아니다. 경험이 많은 경력 교사들까지도 문제해결이 힘들고 자존심에 상처를 받아 교단을 미련 없이 떠나고 있다. 학생들 간의 단순한 문제임에도 학부모 간의 감정이 얽히면서 문제는 더 복잡해지고 어렵게 하고 있는 것이 현실이다.

교육현장의 갈등이나 문제를 슬기롭게 해결하기 위해서는 무엇보다 교사의 협상력을 길러야 한다. 교사의 협상리더십은 협상상황을 잘 포착하고 정리하여 좋은 기회를 만들어 설득해야 한다. 협상상황이란 협상상대를 만나기 전 교사가 취해야 할 기본적인 협상자료 준비와 자세다. 즉 문제를 명확히 이해하고, 학생 간의 입장을 충분히 듣고, 상호 간의 해결점 일치 여부 등과 같이, 사전 조사를 통해 알게 된 사실들을 준비하는 것이다.

교사가 협상을 유리하게 만들기 위해서는 다음과 같은 원칙들이 필요하다. ① 학교관리자인 교장이나 교감 그리고 부장교사 등 영향력 있는 조직을 구성한다. ② 협상의제의 범위를 교사가 감당할 수 있을지를 생각하고 정한다. ③ 상대가 학부모일 경우는 교사로서 기본적인 예절을 준수한다. ④ 협상 장소는 가능한 학교를 선택하고 학교 관리자를 배석하게 한다. ⑤ 협상 전에 상호 신뢰와 우호 관계를 구축한다.

물론 학교의 학생문제 상황은 일반 조직의 문제와는 차이가 있다. 일반 조직사회의 협상문제는 당사자의 생사가 달린 문제라서 협상 자체가 녹록하지 않으나 학교에서 발생하는 학생과 관련된 문제는 대개가 학생 간의 심리적인 요인으로 인한 마음의 상처가 깊다. 그래서 초기에 어떻게 잘 대응하느냐가 문제해결의 관건이 된다. 특히 크게 문제가 되지 않는 것도 초기 대응이 미숙하여 큰 화를 자초하는 경우가 많을 뿐 아니라 새로운 문제의 단초가 되기도 한다. 그러므로 상대방의 심리적 요인을 고려하여 자존심과 감정이 최대한 상하지 않도록 협상해야 성공할 수 있다.

인간은 감정의 동물이다. 감정적 행동은 효율적인 협상의 걸림돌이자 적이다. 감정적으로 변한 사람들은 남의 말을 전혀 듣지 않고자기 말만 한다. 또한 목표 의식을 잃어버리고 예측할 수 없는 우발적이거나 충동적 행동을 하기도 한다. 반면 공감은 상대방의 감정에초점을 맞추어 인간적으로 이해하는 것이므로 협상에 도움이 된다.결론적으로 말해, 자신에게 너무 집중하는 감정은 협상에 오히려 방해가 되며, 상대에게 집중하는 공감은 협상에 도움이 된다. 그리고협상에 성공하려면 먼저 협상 상황을 제대로 파악해야 한다. 대개학생과 학부모 문제에 있어서 교사들은 아무 준비 없이 대하는 경우가 많다. 너무 안일한 생각과 대응이다. 결코 쉽게 생각해서는 안 된다. 문제를 교육적으로 잘 해결하기 위해서는 사전에 교육관련 고문변호사의 자문을 충분히 들은 후 협상에 임해야 성공할 수 있다.

마이클 왓킨스(Michael Watkins)는 『협상리더십』(김성형, 최요한역 2007)에서 다음과 같이 제시하고 있다.

첫째는 협상 관련자가 어떤 학생이며 쟁점이 무엇인가를 파악한다. 사실 협상은 둘 혹은 그 이상의 협상의 특정한 쟁점에 대해 합의점을 찾아가는 과정이기 때문에 협상 관련자가 많아지고 쟁점이 복잡해지더라도 협상 관련자와 핵심 쟁점이 존재함으로 협상 관련자와 핵심 쟁점을 정확히 파악해야 상대방보다 전략적인 우위를 차지할 수 있다.

둘째는 협상의 대안과 압박 요인을 적절하게 사용한다. 대안이란 현재의 협상 상대가 아닌 다른 상대와 협상할 때 얻을 수 있는 조건을 말한다. 사람들은 대부분 협상에 임할 때 다양한 대안을 마음속에 가지고 있는데, 그 대안에는 거래를 포기하고 협상장을 떠나는 것부터 제3자와 협상하는 것, 기다리면서 관망하는 것, 소송을 제기하는 데까지 매우 광범위하다. 이때 대안이 좋으면, 협상이 결렬되더라도 다른 좋은 대안을 가진 곳과 거래하면 된다. 압박 요인은 일종의 임계점(break point)으로, 상대가 관망하는 대안을 버리도록 압박해서 합의나 철회 같은 최종 결정을 내리도록 유도하는 것이다. 이 압박 요인은 협상자가 어떤 선택을 하거나 강수를 두는 데 커다란 영향을 줄 수 있다.

셋째는 이해관계와 교환한다. 협상자와 중요 협상 관련자가 누구이고, 그들의 대안이 무엇인지 훤히 꿰었다면, 이제는 상대의 이해관계와 상대가 수용할 수 있는 교환이 무엇인가에 대해 초점을 맞춰야 한다. 이해관계는 자신의 주요 관심사이면서 중요하게 여기는 것을 얻기 위해, 자신에게는 덜 중요하지만 상대에게는 매우 중요한 것을 파악해 그것을 기꺼이 양보하는 것이다.

넷째는 정보와 확실성이다. 대안과 이해관계를 파악하고 나면 정보에 집중할 차례이다. 이것은 누가 무엇을 알고 있으며, 자신이 우선적으로 아는 것이 무엇인지를 아는 것을 의미한다. 훌륭한 대안과 뛰어난 정보는 협상력의 중요한 토대가 되는데, 특히 상대가 나에 대해 아는 것보다 내가 상대에 대해 아는 것이 더 많을 때 정보의 가치가 빛나는 법이다. 협상 상대가 나보다 정보의 확실성이 낮다면 협상 과정을 지배할 수 있다.

다섯째는 입장과 패키지이다. 협상자의 현재 또는 미래의 입장을 이해해야 한다는 것이다. 우리가 경험하는 대부분의 협상은 윈윈(win-win)의 이해관계에 근거하기보다는 입장에 근거한 투쟁이므로, 입장에 근거한 협상은 대개 여러 가지 조건을 일괄적으로 묶은 패키지 형식으로 결말을 지으면 도움이 된다. 패키지로 묶는 일괄 협상은 쌍방의 입장을 만족시킬 수 있는 합의점을 대부분은 지니고 있기 때문이다.

여섯째는 파이(pie) 키우기와 파이(pie) 나누기의 가능성을 판단한다. 이것은 크기가 정해진 파이를 놓고 단지 공정하게만 분배하려고 하는지, 아니면 서로 파이를 키운 다음에 모두에게 이익이 되도록 파이를 나누려고 하는지 그 차이를 의미한다. 대부분의 협상가들이 고정된 파이를 놓고 제로섬(zero-sum)의 협상에 집착한다. 제로섬의 협상은 내가 얻는 만큼 상대방이 잃어버리는 협상을 말하는데, 이런 협상을 '승패(win-lose)' 협상이라고 한다. 그러나 이것은 이상적인 협상 형태가 아니다. 대부분의 비즈니스 협상은 고정된 파이만 나누는 것이 아니라, 다양한 이해관계가 존재하기는 하지만, 상호 보완적인 협상을 통해 파이를 키워 모두에게 이익이 되도록 파이를 나누는 식으로 결정한다.

협상 상황이 상대를 만나기 전에 무엇이 필요한지를 미리 파악하는 준비단계라면, 협상 과정은 협상 상황에서 파악한 것을 바탕으로 실제로 상대와 마주 앉아 협상을 하는 과정에서 무엇을 어떻게 해야할지를 구체적으로 준비하는 단계이다. 이에 대해 마이클 왓킨스(Michael Watkins, 2007)가 『협상리더십』에서 밝힌 구체적인 내용은 다음과 같다.

첫째는 협상 과정에서 어떤 국면에 처해 있는지를 이해해야 한다. 먼저 협상자는 탐색 국면에서 협상을 통해 실현할 수 있는 잠재 이익이 얼마나 클지에 대해 측정하고, 대안을 평가하며, '협상 테이블에 앉을 것인지' 아니면 '결렬시킬 것인지'를 결정한다. 다음은 협상자가 협상하기로 결정하면, 협상을 위한 기본 규칙과 협상의 범위를 정하는 게임의 규칙 국면으로 넘어간다. 게임의 규칙이 정해지면 틀 짜기 국면이 시작된다. 이는 협상자가 합의할 수 있는 기본 방안의 범위를 정하는 단계이다. 틀 짜기가 끝나면, 세부 항목 국면으로 접어든다. 이 국면의 초점은 협상 장소에서 주고받는 제안과 역제안에 있다. 이 단계에 이르면 협상자가 쟁점별 또는 여러 가지 쟁점을 포함하는 패키지를 통해 세부 사항을 조목조목 단도직입적으로 논의한다.

둘째는 상대의 기대치를 파악한다. 당신이 어떤 협상 국면에 있든지 간에 협상자의 야심이 얼마나 큰지를 유심히 살펴봐야 한다. 어떤 사람들은 협상을 통해 작고 점진적인 이익만 챙기려 하고, 어떤 사람들은 좀 더 야심에 차고 포괄적인 것을 얻고자 하기 때문이다. 협상자가 가지고 있는 야심의 크기와 원하는 이익의 크기를 분석함으로써, 각각 얼마나 큰 리스크(risk)를 받아들일 수 있는지, 그리고 보상의 수준을 얼마나 원하는지를 대략적으로 알 수 있다. 때로는 점진적인 협상이 불가능할 때도 있다. 이런 경우 상대방이 문제 삼은 내용들에 대해 직접 한꺼번에 해결하도록 포괄적인 거래를 내놓고 상대를 압박함으로써 결과를 지켜보는 것이 훨씬 효과적이다.

셋째는 학습과 영향력의 문제이다. 협상자는 상대가 내세운 입장과 그 이유를 통해 상대에 대해 '학습'하고, 자신의 입장과 그 이유를 내세움으로써 상대에게 '영향'을 주려고 한다. 만일 연봉(年俸) 협상이 벌어지고 있는 상황이라면 자신에게 유리한 가격으로 상대에게 먼저 제안하는 가격을 앵커링(Anchoring Tactic) 효과라고 하는데, 앵커링 효과에 관한 연구에 따르면 먼저 제안할 경우 훨씬 유리한 결과를 얻는다고 주장한다. 사람들은 대부분 상대가 먼저 제안한 가격이나 저항가격에 강력하게 구속되거나 지배받게 된다는 것이다. 보통 협상은 대개 최초의 제안과 최초의 반대 제안의 중간쯤에서 타협이 이뤄진다. 즉 학습과 영향력이라는 협상진행의 요소는 대립, 갈등, 양보, 타협의 과정을 겪으면서 쌍방 합의점에 이르게 되는 것이다.

마지막으로 협상자와 쟁점을 결정한다. 유능한 협상자는 미리 함께 협상하고 싶은 사람과 협상하고 싶은 쟁점에 대해 깊이 생각하게 되는데, 말썽을 일으킬 소지가 있는 협상자는 도중에 내보내는 것보다 미리 피하는 것이 상책이며, 가능하면 파이 키우기를 극대화하고, 관계를 잘 유지하며, 명예를 지키면서 파이 나누기를 할 수 있는 협상 파트너를 구해야 한다. 특히 쟁점들을 분리시켜서 개별적으로 협상할지, 아니면 보따리로 묶어서 일괄 처리하는 것이 좋을지를 판단해야 하는데, 결국 개별적인 협상보다는 보따리로 묶어서 일괄 처리하는 것이 타결 가능성이 높고, 더 나아가서 흥정의 보따리가 클수록 다양한 쟁점의 조합을 만들어 양쪽의 욕구를 충족할 수 있기 때문에 협상타결의 가능성이 커진다.

최근 들어 학교가 다양한 요인들로 인하여 분쟁이 늘어가고 있다. 학생지도로 인한 교사와 학생 간, 학생과 학생 간, 그리고 학부모 간의 발생하는 문제들이 단순한 협상이나 조정으로는 해결의 실마리를 잡지 못하는 경우가 많다. 이런 경우 교사들이 겪는 어려움이나 고통은 말할 것도 없거니와 결국 재판으로 인한 경제적인 손실까지 입는 경우가 종종 있다.

대개 교사들은 자기감정만 앞세우다 보니 정작 중요한 메시지를 제대로 전달하지 못하여 상대방의 감정만 상하게 하는 경우가 많다. 남을 잘 설득하고 싶다면 먼저 자기감정을 절제하며 자신이 원하는 것을 얻어내는 데 집중해야 한다. 자신이 원하는 것을 얻기 위해 노력하는 모습을 보여주거나 행동과 말이 일치하면 더 설득력이 있는 거다. 협상 중 돌발적인 상황에서도 어떤 질문을 받든 긴장하지 말고 자신이 전하려는 메시지를 연결시켜 대화를 주도적으로 이끌어가야 한다. '내'가 아닌 '상대방'에 초점을 맞춰 말하면 훨씬 설득력이 있다.

좋은 리더는 긍정 리더십이다

세상의 모든 일이 바라는 대로 이루어진다면 얼마나 좋을까. 그러나 세상사가 모두 내 뜻대로 되긴 참 힘든 일이다. 우리는 더 많은 연봉과 높은 직위, 그리고 건강한 삶을 기대하면서 살아간다. 그래서 오늘보다 더 좋은 내일을 기대하고, 행복한 삶을 희망하기에 힘들고 고달픈 현재의 생활도 참고 견디는 것이다.

최근 들어 교직이 내 인생에 가장 큰 행운이라는 생각을 많이 한다. 보람 있는 일이기에 인생을 걸었고, 안정된 직업이었기에 지금까지 큰 어려움이 없이 평범하게 살아왔다. 그렇다고 한두 번의 후

회나 원망을 하지 않은 건 아니지만 곰곰이 생각하면 그래도 현재 생활에 만족하고 행복하다. 사람은 누구나 한 번밖에 없는 인생이기에 그 삶이 더욱 값지고 소중한 것이다. 사람들은 좌절과 실패보다는 성공하기를 바라지만 '고진감래(苦盡甘來)'란 말처럼 성공은 쉽게 찾아오지 않는 법이다. 그래서 개인이나 조직의 성공 뒤에는 반드시 역경이 있기 마련이다.

세상에서 가장 어려운 일이 사람의 마음을 얻는 일이다. 어떤 조직이나 개인생활도 마찬가지다. 인간관계가 성공을 좌우할 만큼 어렵고도 소중하다. 교장은 모든 교사들이 학교교육에 만족하고 보람과 긍지를 갖는 건강한 교직원이 되기를 바라지만 생각처럼 쉽지 않다. 설령 교장이 교직원들을 존중하고 배려하는 학교를 경영한다 하더라도 모든 교원들이 이에 만족하고 긍정적인 생각을 갖는 것은 아니다. 이는 인간의 모습만큼이나 교원들의 마음도 각기 다르기 때문이다. 혹여 교장과 궁합이 잘 맞는 교직원은 다행이지만, 그렇지 않는 사람은 늘 불안과 불만으로 가득하여 기회가 되면 다른 학교로 떠날 준비를 하는 것이다.

현대를 살아가는 사람들에게 부정적인 마음을 긍정적으로 바꾸기란 대단히 어렵다. 긍정이란 말은 '어떤 생각이나 사실 따위를 그러하거나 옳다고 인정'하는 말이다. 긍정은 부정의 반대말로 비록 잘못된 사실이더라도 크게 불평하지 않고 모든 것을 자신의 탓으로 돌리는 마음 자세이다. 따라서 긍정은 주어지는 것이 아니라 자신이 만들어가는 것이므로 마음의 자세가 중요하다. 긍정적인 마음이면 슬프고 험난한 일도 긍정적으로 생각하고, 보다 현명하게 대처한다면 고난을 슬기롭게 이겨낼 수 있다. '칭찬은 고래도 춤추게 한다'고

한다. 칭찬과 같이 긍정은 사람의 마음을 움직여 환한 미소와 편안한 마음을 갖게 하는 반면에 부정은 새로운 불평을 낳아서 오래 지속되면 불행으로 이어지는 것이다.

우리는 흔히 인생에서 진정한 승리자는 자신의 꿈을 이룬 사람이라고 생각한다. 자신이 꿈꾸고 희망했던 삶을 사는 사람이야말로 자기 인생에서 당당한 주인공인 것이다. 이렇게 자기 인생의 주인공이 될 수 있는 자는 자기 자신을 긍정적으로 보고 주체적으로 노력하는 사람이다. 긍정적인 사람은 중간에 길을 잃고 실패하더라도 다시 방향을 돌려 새로운 방향을 찾는 반면에 부정적인 사람은 그렇지 않다. 자신이 가진 단점이 문제가 아니라 부정적인 사고가 더 큰 문제다. 따라서 부정적인 사람은 길이 막히면 새로운 방법을 찾는 것이 아니라 그대로 주저앉아 포기하고 마는 것이다.

미국의 심리학자이자 철학자인 윌리엄 제임스(William James)는 우리 세대가 이루어낸 가장 위대한 발견 중의 하나로 '인간이 생각과 태도를 바꿈으로써 삶을 변화시킬 수 있다는 것을 깨달은 것'이라고 했다. 똑같이 어려운 상황이라도 생각과 태도를 긍정적으로 바꾸면 인생이 달라질 수 있는 것이다. 그 대표적인 예가 바로 오스트리아의 정신과 의사이자 심리학자인 빅터 프랭클(Victor Frankl, 1905~1997)이다. 그는 세계 2차 대전 당시 독일의 나치 수용소에서 죽음의 공포와 가혹한 학대를 경험하면서도 인간으로서 존엄성을 잃거나 낙담하지 않았다. 나치 수용소에서의 삶을 회고하며 남긴 저서에 다음과 같은 고백을 했다.

"우리가 처한 환경을 바꿀 수 없다면 스스로 우리 자신을 바꾸는 것이 과제이다."

이처럼 긍정적인 성품을 소유한 사람은 어렵고 힘든 상황도 뛰어넘어 행복한 성공과 기쁨을 경험할 수 있다. 다시 말해 좋은 생각, 좋은 감정, 좋은 행동을 선택하는 마음가짐을 통해 어떤 상황에 있든지 그 속에서 감사한 것들을 찾아내고 희망을 포기하지 않는다. 이렇게 긍정적인 사람이 부정적인 사람보다 더 좋은 세상, 더 행복한 세상을 바꾸는 데 선도적 역할을 하는 것이다.

펜실베이니아대학교 심리학과 교수인 마틴 셀리그먼(Martin E. P. Seligman) 박사의 연구에 의하면 우울증에 걸린 사람들은 "내가 잘못했어", "나는 안 될 거야'와 같은 부정적인 언어를 습관적으로 사용한다고 했다. 그는 또 인생에서 능력이나 재능보다 더 중요한 변수가 긍정적인 언어라며 긍정적인 태도의 성품을 강조한 바 있다.

긍정적인 태도(Positive Attitude)란 '어떠한 상황에서도 가장 희망적인 생각과 말, 그리고 행동을 선택하는 마음가짐'이다. 모든 사람들이 긍정적인 태도를 가질 수는 없지만 어떤 생각과 말, 그리고 행동을 선택하는가에 따라 결과에 대한 평가의 명암이 극명하게 엇갈린다. 특히 공동체를 이끄는 리더가 긍정적인 리더십을 소유할 때는 구성원들에게 긍정적 협력관계를 만들지만, 부정적인 리더는 구성원을 분열시키고 불안감을 전염시키기 쉽다.

이 세상에 오욕칠정(五慾七情)과 희로애락을 느끼지 않은 사람은 없다. 다시 말해 부정적인 감정에서 완전히 자유로울 수 있는 사람은 없다는 뜻이다. 분노, 질투, 걱정, 절망, 자책, 원망 등 부정적인 감정이 일어날 때 최대한 차분하게 이러한 감정이 생긴 원인을 생각해보자. 절대 다른 사람의 탓을 해서는 안 된다, 남의 탓을 하지 않고 자신을 객관적으로 볼 줄 알아야 자기감정의 주인이 될 수 있으며, 감정을 지배할 힘을 얻을 수 있다. 다른 사람 때문에 화를 내는 것은 그 사람이 잘못한 일로 오히려 자기 자신을 벌하는 꼴이 된다.

결론적으로 인간에게 '욕망', '분노', '미망(迷妄)' 등 부정적 에너지는 스트레스가 되지만, '괜찮아', '좋아', '잘 될 거야'와 같은 긍정적인 말과 생각은 대체로 마음먹은 대로 이루어진다는 사실이다. 따라서 교장의 긍정적이고 낙관적인 감정들이 바로 교직원들에게 그대로 전해지는 선순환적인 리더십을 우리는 긍정 리더십(Positive Leadership)이라고 부른다. 교장의 긍정적인 생각인, 즉 교직원이나 학생에 대한 믿음, 기대, 예측 등이 그들에게 그대로 실현되는 피그말리온(Pygmalion) 효과가 바로 긍정 리더십의 핵심이라고 할 수 있다.

요즘 우리 학생들의 태도를 보면 안타까울 때가 한두 번이 아니다. 조금만 힘들고 어려워도 참지 못하고 쉽게 포기하며 좌절하는 모습을 보이는 예가 많다. 약간 더워도 덥다고 야단이며 조금만 추워도 춥다고 불만이다. 어려운 과제는 아예 시도도 하지 않는다. 특히 시험을 잘못 봐서 성적이 조금 떨어졌다고, 친구에게 왕따를 당했다고 소중한 생명을 포기하는 극단적인 행동이 끊이지 않고 있는 우리 교육의 현실은 정말 안타까운 일이다. 물론 이러한 학생들의 행동에는 학생 개인의 인성도 문제가 있지만 이들을 키운 부모들이나 어른의 잘못이 더 크다. 그 원인은 부모들의 성적 제일주의나 일등 지향주의로 인해 학생들이 죽음으로 내몰리고 있는 것이다. 따라서 어떤 어려운 상황이 닥쳐와도 스스로 희망을 갖고 인내하고 이겨낼 수 있는 긍정적인 자아를 형성하게 하는 교육이 필요하다.

우리는 일상생활 속에서 매일 직면하는 문제들 중에는 쉬운 일보다 힘들고 어려운 일들이 더 많다. 어떻게 보면 인간의 삶 자체가 인내하며 새로운 일에 도전하는 일인지도 모른다. 어려움과 고통 속에서도 긍정적인 생각으로 좌절하지 않고 끈기 있게 도전함으로써 아름다운 성공을 이룰 수 있고, 새로운 신념이나 긍정적인 희망을 가질 수 있는 것이다.

교장도 인간이기에 좋아하고 싫어하는 사람이 있다. 교직원들 중에는 불만이 있어도 내색하지 않고 성실히 책임을 다하는 믿음직한 사람이 있는가 하면, 자기주장이 강하고 이기적이며 불평 많은 사람도 있다. 아무리 긍정적인 교장이라 할지라도 사사건건 문제와 갈등을 반복하는 교직원에 대한 부정적 인식을 온전히 떨치기란 여간 어렵지 않다. 또한 교직원의 신분이 공무원이다 보니 교장 마음대로 이들을 학교조직에서 제거할 수도 없는 처지라 눈에 가시일 때가 많다. '절이 싫으면 중이 떠나라'고 했는데, 이들은 학교가 싫어도 떠나지 않고 학교 분위기를 흐리고 혼란하게 할 때 교장으로서 가장 어려운 상황에 직면하게 된다.

"마음이 유쾌하면 종일 걸을 수도 있고, 마음이 괴로우면 십 리 길도 지친다"는 셰익스피어(William Shakespeare)의 말은 우리의 감정이 우리 몸에 미치는 직접적이고도 큰 영향력에 대해 잘 말해주고 있다. 무엇을 하든 즐겁다고 느끼고 기분 좋게 할 수 있는 긍정적인 사람은 매우 열정적인 사람이 되기 쉽다. 즐겁고 기분 좋은 일은 지치지 않기 때문이다.

퇴계 선생의 훈몽(訓夢)이란 시에 '찬승달초(讚勝撻楚)'란 글이 있다. '칭찬이 매질보다 훨씬 낫다'는 뜻이다. 이처럼 칭찬은 상대에 대한 관심이자 기대의 표현으로 믿음을 주고 긍정의 힘을 발휘한다. 부정과는 달리 긍정은 잘못된 사실이 있더라도 크게 불평하지 않고 모든 것을 자신의 탓으로 돌리는 마음자세이다. 따라서 긍정적인 마음은 주어지는 것이 아니라 자신이 만들어가는 것이다. 비록 불만이 많고 까다로운 교직원이라 하더라도 교장의 따뜻한 관심과 배려가 있으면 태도가 달라진다. 다시 말해 '내 편'이라는 인식이 되면 차츰 불안도 사라지고 불만도 개선되는 거다. 그래서 한때 학교 갈등을 일으키던 문제 교직원도 코드가 맞는 좋은 멘토를 만나면 성실한 교직원으로 변화될 수 있기도 하면, 교장의 긍정적인 말 한마디에 위로와 힘이 되어 좋은 교직원으로 성장하는 사례도 있다.

교장의 긍정 리더십은 교직원에 대한 부정적인 인식과 편견을 버리고 모든 교직원들을 포용할 수 있는 너그러운 마음으로 그들을 이해하고 서로 공감하며 긍정적인 교육 에너지를 만드는 일이다. 또한 칭찬과 격려로 교직의 만족과 성장을 돕고 교육열정과 욕구를 끌어내어 장점은 키워주고 약점은 극복할 수 있는 자신감을 갖도록 리드해야 한다. 이처럼 교장의 긍정 리더십은 학교조직과 교직원의 성장과 발전에 중요한 에너지원이다.

아무리 탁월한 경영 감각과 높은 긍정 리더십을 지닌 교장이라 하더라도 모든 교직원들이 학교경영에 대해 긍정적인 생각으로 참여하고 협력하기를 기대하기 어렵다. 그래서 긍정적인 학교 갈등은 조직발전에 도움이 된다. 건강한 학교조직을 위해서는 긍정적이고 잘 따르기만 하는 교직원보다 오히려 직언을 할 줄 아는 까칠한 교직원도 있어야 한다.

'경영의 신'이라고 불리는 일본 마쓰시다 그룹의 창시자 마쓰시다 고노스케(松下幸之助)는 성공 이유를 묻는 질문에 이렇게 대답했다.

"나는 세 가지 은혜를 입고 태어났지요. 가난한 것, 허약한 것, 못 배운 것, 이 세 가지를 가졌기 때문에 성공할 수 있었습니다."
"예? 그것은 모두 불행이라고 할 수 있는데 은혜라고요?"

마쓰시다 회장은 놀라는 사람에게 "가난했기 때문에 부지런히 일할 수 있었고, 약하게 태어났기 때문에 몸을 아끼고 건강하게 힘쓸 수 있었고, 또 못 배웠기 때문에 항상 배우려는 노력을 할 수 있었습니다"고 했다. 이처럼 긍정과 부정은 종이 한 장 차이이나 그 힘과 마력은 위기를 호기로 만드는 동력이 되기도 한다.

실제로 교육에서의 긍정 리더십은 앞에서 언급한 바와 같이 '학생들이 교육에 대한 불가능을 가능으로 생각하고, 학교교육을 통해 자기 목표를 성취할 수 있다'는 긍정적 믿음과 기대를 갖게 하는 것이다. 따라서 학교교육을 통해 학생 개개인이 잠재되어 있는 능력을 찾아 이들의 능력을 최대로 발현하여 행복한 삶을 살게 해야 한다.

교육에서의 긍정 리더십은 다음과 같이 학생 교육에 필요하다.

첫째, 교육을 통해 학생들이 긍정적 인식을 갖게 해야 한다. 학교교육은 학생들에게 긍정적인 꿈을 심어주어야 한다. 교육을 통해 자신의 미래를 설계하고 실천할 수 있는 희망적인 꿈을 꿀 수 있도록 해야 한다. 그래야 많은 실패에도 좌절하지 않고 재도전하면 반드시 성공할 수 있다는 긍정적인 자신감을 길러줄 수 있다. 이렇게 학생들에게 긍정적인 인식을 길러주기 위해서는 먼저 긍정적인 언어습관, 학습동기 유발을 위한 교사의 칭찬과 격려, 그리고 작은 실패에도 인내를 갖고 스스로 해결할 수 있는 긍정적인 성취감 인식이 필요한 것이다.

둘째, 고난과 역경을 반드시 이겨낼 수 있다는 자신감을 통한 긍정적인 인식이 필요하다. 일반적으로 자기 긍정성이 강한 사람은 과거보다는 미래 지향적 사고의 경향이 강하다. 현재는 나의 긍정적 미래로 가는 과정일 뿐이므로 현재의 어려움이 크게 보이지 않는다는 것이다. 그래서 인간의 삶은 고난과 역경의 과정인 동시에 그 경험은 성공적인 인간 삶의 원동력이다. 우리는 요즘 학생들이 갈수록 끈기와 인내심이 없고 정신적으로도 점점 나약하다고 걱정하고 있다. 그 원인을 살펴보면 이들은 고난과 역경을 모르고 자란 세대이며, 부모의 과잉보호로 인하여 학생 스스로 참고 이겨내는 힘을 기르지 못했다. 그래서 부모에게 의존성이 높은 것이다. 그러나 불확실한 미래를 살아가기 위해서는 이들 앞에 닥쳐오는 난제들을 스스로 해결하고 개척하지 않으면 안 된다. 즉, 다양한 사람들과 어울리고, 두려움에 맞서 싸워야 하며, 실패를 통해 배울 수 있는 교훈을 얻게 함으로써 긍정적 리더십을 배울 수 있다.

셋째, 교육을 통해 자신의 가능성을 믿는 긍정적인 자신감을 길러주어야 한다. 긍정적인 자신감은 평범함에도 위대한 힘을 발휘하며 용기 있는 사람을 만든다. 자신감은 나만 잘났다는 고집스러움이 아니라, 당당하게 인생의 주인으로 살 수 있는 용기이다. 긍정적인 자신감은 무엇보다 긍정적 자아 형성에 있다. 자신의 소중함, 사랑, 자신의 긍정적인 인식 등을 갖게 하며 주체적인 삶을 사는 것이다. 학생들이 학교생활에 잘 적응하지 못하는 이유 중 하나는 성적 등 실패에 대한 두려움으로 인해 자신감을 갖지 못하는 데 있다. 그러므로 자신의 능력을 믿고 '할 수 있다'는 자신감을 갖게 하는 교육적 활동과 성공감을 맛볼 수 있게 하는 긍정 리더십이 필요하다.

넷째, 교육을 통해 성공, 우정, 사랑, 행복, 평화 등 삶의 긍정적인 요소들을 길러 주어야 한다. 긍정적 마인드는 일상생활에서 꼭 필요하고도 중요한 덕목으로 간주된다. 남에게 좋은 이미지를 주기도 하지만, 실제로 태도와 결과에 좋은 영향을 미치기도 하기 때문이다. 긍정은 장점을 키우고 약점은 극복할 수 있는 능력을 키워준다. 이러한 긍정적인 요소들을 교육활동을 통해서 길러주고 학교가 이들의 역량을 발휘할 수 있는 기회를 제공해주어야 한다. 또한 학생들로 하여금 그들 자신이 꿈꾸는 것은 모두 실현시킬 수 있는 잠재력의 소유자라는 사실을 일깨워주는 교육이 필요하다.

교육은 긍정적인 생각을 갖게 하는 일이다. 긍정적인 생각은 마음을 변화시켜 영혼을 살찌우는 무한한 힘을 가지고 있다. 그래서 교육리더의 긍정 리더십은 교직원과 학생들에게 교육을 통해 자신감과 용기를 주며, 신뢰와 협력의 긍정적 생각으로 세상 사람과 올바른 관계를 맺게 하고 행복한 삶을 돕는 탁월한 리더십이다.

공감하는 교장이 최고의 교육리더다

겨울방학에 앞서 교사들에게 보낸 글이다.

선생님, 그동안 수고하셨습니다. 세상이 아무리 삭막하고 각박해져도 교육만은 따뜻해야 아이들의 행복한 꿈이 자랄 수 있습니다. 하지만, 지금과 같이 왜곡된 우리 교육의 현실이 왜 원망스럽지 않겠습니까. 날이 갈수록 교육현장은 불신과 학교폭력으로 점점 선생님들을 힘들게 하고 있습니다. 오죽하면 감정노동자라고 하겠습니까. 저보다 선생님들의 마음이 더 아프고 더 시리시겠지요. 그래도 우리 선생님 모두가 자기 자리를 지키고 책임을 다해 주셔서 무사히 한 해를 마무리하게 되어 정말 고맙습니다. 그간 쌓였던 피로와 걱정을 훌훌 털어버리고 희망찬 새해를 맞이합시다. 마음을 열고 서로 이해하고 사랑하는 새해가 되길 바랍니다. 새해 복 많이 받으시고, 따뜻하고 행복한 방학되시길 빕니다.

위 글에 대한 모 선생님의 회신이다.

교장선생님, 저는 금년 한 해 외풍에 흔들리지 않고 든든한 울타리가 되어주시고, 겉치레의 행사를 배제하며 내실을 다지시는 교장선생님 덕분에 마음껏 학급경영을 할 수 있었습니다. 교장선생님의 교사들에 대한 신뢰와 자율성으로 인해 저는 진정한 소명감을 갖고 아이들을 사랑하며 행복한 학교생활을 하였습니다. 모두 교장선생님의 멋진 학교경영 덕분이라고 생각합니다. 또한 교사의 일에 손발 걷고 적극적으로 도와주시려는 따뜻한 마음 잊지 않고 오랫동안 간직하겠습니다. 그리고 감정노동······ 너무 와 닿는 말입니다. 교장선생님께서도 방학 동안 많은 에너지 충전하시고 새해 복 많이 받으시기 바랍니다.

지금은 감성과 소통의 시대다. 고도 경제성장 시대는 지식이 많을수록 힘이 되었지만 이젠 타인의 감정을 얼마나 잘 읽어내는가, 사람들의 능력을 어떻게 잘 끌어내고 융합하느냐가 더 중요하다. 남을 설득하고 협상하기 위해 공감할 수 있는 리더를 원하는 것이다.

공감은 다른 사람의 입장이 되어보는 것이다. 물론 이것은 늘 즐거운 경험만은 아니다. 만약 누군가가 분노나 슬픔, 실망, 혐오감으로 가득 차 있고 당신도 그 감정을 함께 느낀다면, 그것도 공감이다. 이렇게 우리는 공감을 통해 혼자가 아니라고 느끼며 위로를 얻는다.

영어로 공감은 심퍼시(sympathy, consensus)다. 공감(sympathy)은 함께 아파하고 함께 느끼는 것을 말한다. 사전적 의미는 '남의 주장이나 감정, 생각 따위에 찬성하여 자기도 그렇다고 느끼는 것'으로 다른 사람이 느끼고 있는 감정이나 느낌에 대하여 대리적으로 경험하는 것이라고 할 수 있다. 그리고 공감은 인지적인 면보다 정서적인 의미가 강하고, 나와 너, 우리와 그들을 넘어서 공동의 자리, 전체의 자리에 서서 생각하고 느끼는 사람만이 소통하고 공감하며 함께 느끼고 함께 아파하고 함께 생각하는 감정교류이며, 마음을 움직이는 힘이다.

정서적인 공감은 전염성이 있다. 예를 들어 누군가가 하품하는 모습을 보면 따라서 하품을 하게 된다. 울고, 웃고, 환호하는 등 자연스럽게 나오는 다른 행동들도 이러한 전염성 공감에 해당된다. 보다 미묘한 예로 두 사람이 대화에 열중하다 보면 종종 무의식적으로 상대방의 자세, 몸짓, 말투까지 따라 하기 시작한다.

공감이 감정에 관한 것만은 아니다. 인지적 차원의 공감도 있다. 감정 공유는 인식 공유와 연결된다. 이것은 '당신이 왜 그렇게 느끼는지 알겠습니다'라는 의미로 "이해합니다"라고 말하는 것에서 정확히 포착된다. 성장 배경, 경험, 가치관이 다른 사람들이 어떻게 세상을 바라보고 느끼는지 이해하기 위해서는 정신적으로 많은 노력이 필요하다.

이처럼 공감은 자신을 멈추고 상대방의 마음속으로 들어가서 상대방의 마음속에 일어나는 일을 아는 것이다. 서양에서는 '남의 신을 신고 먼 거리를 가는 것'으로 비유한다. 공감은 동정과는 다르다. 동정은 나를 유지하면서 상대의 안 좋은 처지에 대해 '안 됐다' 하고 생각하는 것이나 공감은 상대방이 느끼는 그대로 느껴보는 것이다. 다시 말해 공감은 자신을 성찰하고 상대방의 마음속에 일어나는 일을 자신의 것처럼 느끼고 아는 것이며, 그 힘은 상대와의 정서적인 교감이나 공감을 통해 내 편으로 만들어 뜻을 같이하는 사람끼리의 단결력과 결속력을 발휘한다.

공감능력이란 남이 아파하면 아파하고, 남이 슬퍼하면 슬퍼하는 능력이다. 즉 남의 생각과 의견, 감정 등에 대하여 자기도 그러하다고 느끼거나 그런 감정을 갖는 능력과 상대방에게 자신의 입장을 적절히 전달하여 상대방으로 하여금 자신을 이해할 수 있도록 하는 능력이다. 그래서 자신의 감정 상태를 깨닫고 그것을 어떻게 처리하는 것이 좋을지를 생각한 다음 상대방의 감정을 이해하고 느낀 감정을 말이나 표정, 그리고 행동으로 반응하는 능력이다.

유정아(2012)는 『당신은 상대의 아픔을 보지 못했다』란 책에서 공감을 "연민은 못 하지만, 불쌍히 여겨지지 않더라도, 그가 되어보려는 노력이다. 그러다 보면 내가 살면서 스쳐 지나가는, 나와는 먼 삶을 살게 된다"라고 하였다. 이처럼 공감은 상대방과 함께 느끼고, 함께 호흡하는 능력이며, 상대방과 감정의 단자를 연결하여 마음이 서로 통하는 것을 말한다. 그러나 공감은 생각보다 어렵다. 다른 사람의 아픔과 기쁨을 함께 느낄 수 있는 감정이기 때문이다. 따라서 상대방에 대한 애정과 관심 없이는 불가능하므로 다른 사람들의 감정을 예견할 수 있어야 함께 웃고 울어 줄 수 있는 공감능력이 생기는 것이다. 공감능력은 상대방에 대한 심오한 이해를 바탕으로, 행동의 동기, 예상되는 반응을 추적하며 이에 대한 적절한 대응을 유도한다. 이 능력은 사람들의 행동뿐만 아니라 한 사회의 변화까지 예측하게 해준다.

　실제로 공감을 해보려고 하면 쉽지 않다. 그 이유는 내 마음도 아닌 상대의 마음속은 더더욱 이해하기 어렵기 때문이다. 다만 알려고 노력할 뿐이다. 때로는 자기 자신의 마음도 못 믿을 때가 많은 것이 인간의 마음이다. 그러한 마음이 상대의 마음을 읽기 위해 추측하고 판단하는 데에 많은 선입견이 작용한다. 게다가 공감을 하려고 노력해보면 우리가 상대를 있는 그대로 이해한다는 것이 거의 불가능하다. 그래서 상대에 대한 선입견, 추측, 판단을 내려놓고 상대를 유심히 바라보게 되고, 그가 하는 말을 귀 기울여 듣게 된다.

　공감은 좋은 인간관계 형성을 위해 상호 감정을 교류한다. 상대방의 마음을 잘 이해하지 못하면 그 사람과 잘 통할 수 없고 공감할 수 없기 때문에 진정한 인간관계를 잘 맺을 수 없다. 우리는 상대방과 공감하기 위한 훈련방법으로 명상을 한다. 이를 통해 보다 집중적으로 상대의 마음을 읽을 수 있는 것이다. 명상으로 느끼는 연민의 감정은 타인과 공감을 통해 느낄 수 있는 마음으로 좋은 리더의 자질이 된다.

　리더가 공감능력을 기르기 위해서는 구성원에 대한 편견을 버리고 그들의 생각을 비판하지 않고 관심과 경청, 그리고 긍정적인 이해와 무조건적으로 수용하는 태도가 필요하다. 사람은 누구나 자신의 마음을 알아주고 잘 이해해주는 사람에게 끌리기 때문에 공감능력은 대인관계를 보다 친밀하게 만들어 좋은 인간관계를 형성하게 한다. 그러나 무분별한 공감은 자칫 확증편향(確證偏向: 가설이 확실한 쪽으로 치우침)의 함정에 빠져, 때로 오류가 발견되더라도 쉽게 주장을 포기하지 않는다. 이러한 경우 또 다른 소통의 단절로 공감은커녕 불감(不感)만 낳는다.

탁월한 교장은 교직원들과 신뢰관계 속에서 생각을 같이하여 학교목표를 향해 함께 움직이도록 하는 공감 리더십이 뛰어난 사람이다. 이러한 공감능력을 높이려면 교육리더인 교장이 먼저 교직원들의 생각을 긍정적으로 이해하고 그들과 좋은 인간관계를 형성하고, 신뢰로운 정서적 교류를 통해 공감능력을 높일 수 있다. 하지만 아무리 공감능력이 높은 교장이라 할지라도 교직원 모두가 공감할 수는 없는 일이다. 공감이 잘 이루어지지 않는 교직원에 대해 어떤 균형감으로 그들을 설득하고 이해시켜 학교목표에 접근시키느냐가 교장의 또 다른 리더십의 과제이다.

리더십의 핵심은 사람의 마음을 움직이는 데 있으며, 그 시작은 사람의 마음을 아는 것이다. 대체로 교장들은 교직원들과 잘 소통하며 공감하고 있다고 생각한다. 하지만 정작 교직원들의 말은 교장과의 불통을 호소하고 있다. 사실 교직원의 마음을 모르는 것보다 더 답답한 것은 교장 스스로 자기 자신을 모르는 일이다. 이러한 경우 학교 분위기는 말할 것도 없거니와 교장의 대인관계도 원만하지 못하다. 대개 독선적인 교장은 일방적인 소통으로 진정성이나 신뢰성도 이미 결여된 상태다. 그래서 시간이 갈수록 교직원과의 오해와 불신의 골은 더 깊어지고 끝내는 교직원 간 갈등으로 나타난다. 반면에 교장이 진심으로 교직원과 공감하고 있다면 어떠한 오해나 불신도 일어나지 않을 뿐더러 드러난 갈등도 쉽게 사라진다.

공감은 타인에 대한 배려와 이해로 더불어 사는 사회가 원하는 덕목이다. 게다가 원활한 소통을 전제로 하기 때문에 교장과 교직원 간의 감정과 정서 교류가 공감활동으로 전파되어 교직원이 아파하면 교장도 아파하고, 교직원이 슬퍼하면 교장도 함께 슬퍼하는 것이다.

뛰어난 리더는 잘하는 부하를 더 잘하게 만들지만 탁월한 리더는 문제 있는 부하에게서 잠재력을 끄집어내 같은 목표를 바라보게 만든다. 공감 리더십 역시 리더 자신을 통찰하고 구성원들과 공감을 통해 그들의 마음이 조직목표를 향해 움직이도록 하는 리더십이다. 따라서 교장의 공감 리더십은 신뢰를 바탕으로 교직원을 배려하며 그들도 교장의 학교경영의 목표를 예견하고 잘 협조함으로써 어떠한 어려움도 극복할 수 있는 힘이 된다. 뿐만 아니라 학교의 어려운 환경을 극복하고 교직원의 사기를 진작시켜 그들의 업무능력을 최대한 이끌어내는 긍정적 리더십이다.

소통하는 교장이 진정한 리더다

세상에는 늘 까다로운 사람들이 존재한다. 이들로 인해 크고 작은 갈등이 일어난다. 어쩌면 이는 살아가면서 피할 수 없는 일이기도 하지만 또한 반드시 극복해야 할 일이다. 흔히 세상에서 가장 아름다운 것이 사람이라고 하지만 가장 무서운 것도 사람이다. 그것은 이들과의 관계 때문이다. 그래서일까? 요즘 사람들은 처음 만나는 반가움과 기쁨보다 '어떤 사람인가' 하는 두려움에 서로 견제하고 긴장하는 눈빛이다. 그만큼 사람 대하기가 불안하여 마음의 문을 닫아버리는 것이다. 사람과 사람이 서로 소통하고 의지하며 살아야 기쁨과 슬픔을 함께 나누는 아름답고 행복한 삶인데, 가장 가까운 부모 자식 간에도 오해와 갈등으로 평생 소통하지 않고 사는 사람도 있다. 가장 불행한 삶이다.

21세기에는 생각이 돈이다. 그런데 자신의 생각을 놀랍도록 잘 전달하는 이들이 있는가 하면 그렇지 못한 사람도 있다. 오늘날 사회에서 사람의 언변은 사람의 가치와 평판, 그리고 영향력을 높이는 데 큰 역할을 한다. 좋은 대화에 담긴 사상은 큰 영감을 주며, 새로운 생각을 효과적으로 꾸려 전달하면 세상을 바꿀 수도 있기 때문이다. 그래서 지식인이나 유명인사 뿐만 아니라 평범한 사람들도 소신을 가지고 다양한 방식으로 자신과 자신의 생각을 널리 알리는 시대다. 소통 능력이 뛰어났던 링컨, 처칠, 케네디, 킹, 레이건 등 지금까지도 그들의 성(姓)을 세계인 모두가 기억할 정도로 존경하고 있다.

이제는 다른 사람과 직접 대면한 상황에서는 물론이고, SNS 같은 수단을 통해서도 언제 어디서나 많은 사람과 대화하는 환경에 놓여 있다. 말하는 능력이 성공과 직결된다. 그리고 소통의 기회가 늘어날수록 많은 사람들과의 대화로 인한 갈등 또한 더 자주 경험하고 있다. 특히 비즈니스 세계에서 의사소통을 잘하지 못하는 것은 실패의 지름길이다.

최근 빌 클린턴, 버락 오바마, 잭 웰치, 마크 저커버그, 셰릴 샌드버그 등 세계적인 정치가와 CEO들이 소통에 주목하고 있다. 자신이 하고자 하는 바를 다른 상대에게 정확하게 표현하는 것, 상대의 말을 제대로 듣고 의견을 모아 같은 길을 가자고 격려하는 것, 그것이 성공으로 가는 가장 빠르고 분명한 길이라는 사실을 잘 알기 때문이다.『세계를 움직이는 리더는 어떻게 공감을 얻는가』의 저자 빌 맥

고완(Bill McGowan)은 소통을 할 때 가장 중요한 것은 '첫마디에 집중하는 것'이라고 말한다. 중언부언하지 말고, 뜸들이지도 말고, 다른 사람들이 가장 흥미로워할 내용을 간결하고 명확하며 단호하게 표현하라고 강조한다. 어설픈 인사말보다는 주제를 나타내는 첫 문장에 집중하라는 것이다.

이처럼 소통은 리더십의 시작이다. 소통 없는 리더십은 아무 소용이 없다. 아무리 좋은 아이디어와 경영철학을 지닌 훌륭한 리더라도 구성원들과 잘 소통하지 못하면 리더십을 제대로 발휘할 수 없다. 때문에 리더의 첫 번째 일은 구성원들과 잘 소통하는 것이다. 대체로 사람들은 남들 앞에서 자신을 드러내거나 이야기하려고 하지 않는 것도, 어찌 보면 그들 간의 소통에 대한 불안과 두려움 때문이다. 이러한 불안과 두려움을 없애고 편안하고 자유로움 속에서 자기 생각이나 의견을 나눌 수 있는 원활한 소통 분위기를 만드는 것이 리더의 중요한 역할이다.

우리 삶에서는 상대방과의 소통을 통해 자신의 의사가 전달될 뿐 아니라 모든 갈등도 소통 장애에서 비롯된다. 그러므로 좋은 리더가 되기 위해서는 우선 자신과 소통하는 자기반성에서 출발해야 하고 그다음이 구성원들과의 소통이다. 국내 10대 CEO들이 밝힌 최고의 성공 요인은 업무능력보다 대인관계능력이라 할 정도로 리더의 소통을 강조했다. 탁월한 리더가 갖추어야 할 '소통 리더십(Communication Leadership)'은 조직의 신뢰구축과 위기극복은 물론 팔로어십과 잘 융합하여 조직성과를 극대화한다.

소통 리더십에서 중요한 것은 리더의 소통방법에 있다. 소통은 대부분이 말을 통해 상대와 이루어진다고 생각하나 실상은 그렇지 않다. 놀랍게도 언어는 불과 7%에 불과하고 비언어적인 몸짓이나 표정, 자세 등이 93퍼센트를 차지한다고 한다. 말은 상대의 귀에 전달되긴 쉽지만 마음에 다가가기가 그리 쉽지 않다. 불교에서 '목격전수(目擊傳受)'라는 말이 있다. 깨달음은 말이 아니라 눈에서 눈으로 전해진다는 것을 이르는 말이다. 이처럼 진정한 소통은 리더 자신의 내면을 진정성 있게 드러내는 일이 중요하다. 말을 하지 않아도 눈으로 마음을 주고받을 수 있다면 그것이 가장 좋은 리더의 소통 리더십이다.

교장의 소통 부재를 보면, 교장 자신은 교직원들과 잘 소통하고 있다고 믿고 있다. 이를테면 학교의 모든 의사결정이 민주적이고 자율적이라는 것이다. 그러나 교직원들의 이야기는 이와 반대로 교장이 너무 독선적이고 독단적이라고 불평한다. 이처럼 소통은 어렵다. 교장은 교직원들이 좀더 적극적이고 자발적으로 일하길 바라지만, 교직원들은 교장이 좀더 명확하고 구체적인 지시와 이를 수행할 수 있도록 지원해주길 원하기 때문이다. 그래서 진정한 소통은 서로 다른 생각의 공통분모를 최대한 끌어내어 상호 인정하는 일이다. 다시 말해 닫힌 마음의 문을 열고, 갈등의 감정을 풀기 위한 양방향의 소통이 이루어져야 한다. 양방향의 대화는 지시 중심의 수직적인 대화가 아니라 협의 중심의 수평적인 대화이고, 수평적 대화는 서로 얽힌 감정을 보다 쉽게 이해시키거나 양보를 끌어낼 수 있는 대화이다. 이 같은 점에서 교장의 소통 리더십은 교직원들과의 관계개선과 학교조직의 건강을 위해 중요하다. 특히 교직원의 의견을 경청하고 배려하며 서로 공감할 수 있어야 그들의 자율적이고 창의적인 교육역량을 끌어낼 수 있다.

교직원은 교장의 대변자이고, 중재자이며, 협조자이기 때문에 그들과 감정을 교류할 수 있는 감성적 접근이 중요하다. 교장의 따뜻한 말 한마디는 얼어붙은 교직원의 마음을 녹이고 환한 미소와 용기를 주며, 온정적인 태도는 자율적이고 민주적인 학교를 만들어 교육성과를 높여준다. 학교의 최고 리더인 교장이 먼저 교직원들에게 다가가 그들 편에서 아껴주고 존중하며 적극적으로 지지해줄 때 진정한 교육리더로서 존경을 받을 수 있다.

그렇다면 교장의 소통 리더십을 어떻게 발휘할 것인가.

첫째, 자율적인 소통 분위기를 만들어야 한다. 교장의 직위나 권위를 버리고 교직원들과 수평적인 대화로 양방향의 대화가 이루어질 때 민주적이고 자율적인 학교문화가 형성된다.

둘째, 지시보다는 좋은 질문을 던져야 한다. 교장은 질문을 통해 교직원을 자극하여 남의 얘기를 자신의 얘기로 만들어야 지속적인 자기 개혁과 혁신으로 창의적인 교육역량을 높일 수 있다.

셋째, 인간적인 소통이 이루어져야 한다. 교장이 학교정책의 의사과정에서 교직원들의 의견을 무시하는 독단적 결정을 하면 소통이 아니라 불통으로 불만과 갈등의 요인이 된다. 그러므로 교장이 교직원들을 존중하고 충분한 대화로 이해와 공감이 이루어질 때 인격적인 신뢰와 존경받는 교육리더가 될 수 있다.

넷째, 교직원의 의견을 경청하고 이를 학교경영에 적극 반영해야 한다. 경청이야말로 상대의 닫힌 마음을 여는 열쇠이다. 교장이 교직원의 의견을 경청하고 이를 적극 지지하고 수용할 때, 교직원은 자율적으로 학교경영에 참여하고 그들의 교육열정을 학교교육에 쏟을 수 있다.

리더십이 "조직의 목표를 달성하기 위해서 구성원들에게 긍정적인 영향을 발휘하는 것"이라면 소통과 공감을 통해서 구성원의 마음을 얻는 것이 리더의 중요한 덕목이다. 조직구성원들의 역량과 기대치가 높아지고, 창의와 혁신이 필수요소가 된 현재 상황에서 예전처럼 자신의 지위와 힘을 이용해 직원을 억지로 이끌려고 하는 리더는 더 이상 설 자리가 없다.

사람들이 진정으로 원하는 것은 자기 말을 들어주고 자기를 존중해주며 이해해주는 진심이 담긴 말이다. 이러한 소통은 우리가 생각하는 것보다 그 힘이 훨씬 강하다. 그것은 듣기 좋은 소리보다 마음에 남는 말로 삶에 힘이 되고 위안이 되기 때문이다. 미래학자 대니얼 핑크(Daniel Pink)는 "열림이 닫힘을 이긴다"고 했다. 바로 소통은 열림이요, 나눔이자, 협력이다. 따라서 교장의 소통 리더십은 교직원들과 따뜻한 마음을 나누는 기술이고, 믿음과 신뢰를 얻는 과정이며, 자신을 이해하는 부드러운 리더십이다.

좋은 리더는 경청하는 교장이다

사람은 누구나 상대방의 말을 듣기보다는 말하기를 더 좋아한다. 그래서 우리는 차분히 상대방의 말을 듣지 못하고 이야기 도중 끼어들거나 심지어는 가로채기까지 한다. 또한 자신이 상대의 말을 잘 듣고 있다고 하지만 실제는 '동문서답' 하는 경우가 많다. 그것은 말하는 사람의 진정한 의도를 제대로 파악하지 못한 채 대부분 자기가 관심 있는 내용만 듣고 판단하기 때문이다.

톰 피터스(Tom Peters)가 '21세기는 경청하는 리더의 시대'라고 말한 것처럼 이젠 명령과 지시가 아니라 겸손히 들어주는 리더가 대우받고 존경받는 세상이 되었다. 커뮤니케이션 전문가들은 하나같이 경청에는 상대의 마음을 열어주는 신비한 힘이 있다고 말한다. 이처럼 경청은 상대방을 존중하고 배려하는 겸손한 태도이며, 기분 좋은 설득이다. 뿐만 아니라 힘들이지 않아도 좋은 대화로 이어가게 하는 비결이기도 하다. 이것이 바로 경청의 힘이다.

소통의 시작은 '경청'이다. 경청(attentiveness)은 상대방의 말을 귀 기울여 듣고 상대의 말을 바르게 이해하는 과정이다. 그 사람이 무엇을 말하고 싶은지 제대로 파악할 수 있는 종합적인 능력과 진심으로 귀 기울여 듣는 겸허한 태도다. 그러나 경청은 단순히 상대방이 이야기 하는 것을 잘 듣고 이해하는 것과는 의미가 다르다. 경청한다는 것은 상대방이 말한 사실에 대한 정확한 이해와 그의 언어에 내포된 의도를 제대로 파악하는 일이다. 때문에 상대방의 말을 있는 그대로 받아들이기 위해서는 먼저 자신의 마음을 비우고 편견과 고집 없이 상대의 이야기를 집중하여 들어야 바르게 이해할 수 있다.

비록 자신이 알고 있는 내용일지라도 겸손한 자세로 미소와 이해하려는 눈빛으로, 마치 처음 듣는 것처럼 상대의 말에 맞장구치며 들어야 보다 진지해지고 서로 공감하며 좋은 대화로 이어진다. 리더십의 석학인 스티븐 코비(Stephen Covey)는 상대방과 잘 소통하려면 먼저 '공감적 경청'을 하라고 했다. 공감적 경청은 상대의 내면에 들어가 그의 생각대로 세상을 바라보고 이해하는 태도이다. 사자성어에 '이청득심(以聽得心)'이라는 말이 있다. 상대방의 말에 귀를 기울이면 상대의 마음을 얻는다는 뜻이다. 이와 같이 사람들은 자신의 말을 끝까지 잘 들어주고 공감해주는 사람에게 자신의 마음을 내어주어 쉽게 친근감을 느낄 수 있으며, 곧 좋은 인간관계를 형성한다. 그러므로 경청은 소리뿐만 아니라, 눈으로, 마음으로 상대방의 입장에서 이해하고, 두 귀로 상대방을 설득하는 겸손한 태도이다.

대개 교장들은 교직원의 이야기를 잘 듣는 편이나 들은 것과는 달리 오히려 자신의 입장을 강하게 설명하거나 설득시키는 경우가 많다. 이러한 교장의 이중적 경청 태도는 겉으로는 교직원의 이야기를 잘 들어주는 것 같지만 실제적으로는 그들의 감정이나 입장을 충분히 읽지 못한다. 원칙과 신뢰를 잃은 독선과 독단적인 교장일수록 더 심하다. 그래서 공자는 '육십이이순(六十而耳順)'이라고 했다. 60세가 되어야 귀가 순해져 사사로운 감정에 얽매이지 않고 모든 말을 객관적으로 듣고 이해할 수 있다는 것이다.

경청은 생각보다 쉬운 일이 아니다. 교장의 진정한 경청은 겸손한 태도이므로 교직원을 배려하고 귀 기울여 마음으로 그들의 생각과 느낌을 들을 수 있어야 한다. 그래야 그들과 소통이 되어 학교의 핵심교육이나 문제를 바르게 이해하고 해결할 수 있다. 게다가 교장 자신이 그들에게 명확한 메시지를 전함으로써 수용과 신뢰를 동시에 지닌 훌륭한 학교경영자가 될 수 있다. 경청만큼 교직원을 위한 존중과 관심의 의사 표현도 없다. 그러므로 경청 리더십은 공감적 경청을 통해 상대의 마음을 얻고, 그들의 태도와 행동을 변화시키는 리더십이다.

교장의 경청 리더십은 교직원의 생각을 잘 읽고 그들의 마음을 얻는 최고의 지혜일 뿐 아니라 그들에게 권한과 기회를 제공하여 자발적으로 학교업무에 몰입하게 하는 윈윈(win-win)의 리더십이다. 경청 리더십에서 교장의 경청 태도는 귀 기울여 듣고 교직원들과 공감하며 신뢰를 쌓아야 한다. 이러한 공감적 경청은 교직원의 발전과 성장 기회를 가지게 한다. 이에 교직원들은 교장의 경청 태도에 대해 믿음과 보답으로 학교업무에 몰입과 신뢰를 보임으로써 좋은 교육 성과를 얻을 수 있다. 따라서 경청 리더십의 핵심요인은 바로 경청을 바탕으로 형성된 신뢰-기회-몰입의 발전적 상호작용이라고 할 수 있다.

학교경영자인 교장의 경청 리더십은 교장과 교직원의 신뢰 형성, 기회 제공, 자발적 몰입의 단계적 확산을 촉진하여 다음과 같은 교육적 효과를 기대할 수 있다.

첫째, 교장과 교직원 간의 공감대와 신뢰성을 형성한다. 교장의 경청 태도는 교직원에 대한 관심과 공감의 표현이다. 교장의 경청 리더십은 먼저 자기 자신을 이해하고 교직원들의 생각과 마음을 바르게 읽을 수 있어야 강한 믿음과 신뢰성이 형성된다. 이렇게 교장과 공감하며 신뢰가 형성된 교직원들은 자기 업무에 자신감을 가지고 학교교육을 위해 더 많은 교육정보와 아이디어를 제공하여 헌신한다.

둘째, 교직원의 새로운 도전을 위한 기회를 제공한다. 공감적 경청을 하는 교장은 자신을 발견할 뿐 아니라 교직원의 생각이나 의견도 잘 수용하여 이를 학교업무에 실천할 수 있게 한다. 이러한 교장의 학교경영 태도는 교직원의 높은 교육성과 창출은 물론 자기 계발과 성장 기회를 제공한다.

셋째, 교직원의 자발적인 업무몰입은 교직에 대한 긍정적인 인식과 함께 좋은 교육효과를 이끌어내는 원동력이다. 교장의 일방적이고 지시적인 업무를 지양하고, 교직원이 자율적인 경청을 통해 긍정적 동기로 업무에 몰입함으로써 기대 이상의 교육성과를 도출할 수 있다.

나이가 들수록 지갑은 자주 열고 말은 적게 하라고 했다. 말을 적게 하라는 것은 바로 상대방의 말을 잘 들을 수 있는 기회를 가질 수 있는 것이다. 교육리더인 교장도 교직원들에게 지시하기보다는 그들의 진솔한 이야기를 잘 들어주고 이해해주는 신뢰 있는 리더가 되어야 한다. 따라서 교장의 경청 리더십은 나와 다른 사람, 그리고 세상과 소통하며 영향력을 주는 소통의 기술이며, 교직원의 긍정적인 마음을 얻는 가장 지혜로운 리더십이다.

변화를 주도하는 교장이 변혁적 리더다

흔히들 21세기를 변혁의 시대라고 표현할 정도로 끊임없이 변화를 요구하고 있다. 살아남기 위해서 변해야 하고 변화하지 않으면 미래를 담보할 수 없는 세상이 되었다. 잭 웰치(Jack Welch)는 "변화를 두려워하지 말고 받아들이라"고 했고, 이건희 회장은 임원들에게 "처자식 제외하고 모든 것을 바꾸라"고 주문했다. 이러한 변화를 성공적으로 이끌어낼 수 있는 리더십이 바로 변혁적 리더십(Transformational Leadership)이다.

변화(change)는 인간의 욕구에 의해 물체의 형상, 성질 등이 달라지는 것을 말하지만, 변혁(transformation)은 사물의 상태나 본질 그 자체가 변화되는 대변신을 말한다. 이처럼 낡고 구태의연한 관행에서 벗어나 새로운 변화를 모색하고 구성원의 본질을 변화하게 하는 변혁적 리더십은 1978년 미국의 정치학자 제임스 맥그리거 번스(James McGregor Burns)가 처음 사용한 용어다.

변혁적 리더는 구성원들에게 장래의 비전을 공유하여 몰입을 높임으로써 구성원들이 기대 이상의 성과를 달성하도록 동기부여 하는 리더다. 이러한 리더십은 성과에 대한 가치의 중요성, 성과달성에 대한 구성원의 지각 수준 등의 제고를 통해 집단이나 조직을 위한 구성원의 이기심을 초월하도록 하여, 개인의 욕구범위를 확장하고 수준이 향상된 내용을 가진다.

변혁적 리더십이란 구성원들이 개인적 이해를 버리고 조직 전체의 이익을 위해서 전력하도록 유도하며 그들의 고차원적 욕구인 자아실현이 발현되도록 노력하는 지도력을 말한다. 이는 카리스마, 영감적 호소, 인간적 배려, 지적 자극을 구성 요인으로 하고, 구성원의 개인적 성장과 조직의 변화를 동시에 추구한다. 이를 구성하는 덕목은 비전 능력과 변화창출 능력, 그리고 위기관리 능력이다. 이같이 변혁적 리더십은 오늘날과 같이 급변하는 환경에 대한 조직의 합병이나 신규 부서의 신설 등 불황과 위기를 극복하는 데 가장 적합한 리더십이다.

일반적으로 거래적 리더십이 리더와 부하 사이의 교환적인 관계라면 변혁적 리더십은 리더가 부하들과 함께 동기유발 수준과 도덕 수준을 높이는 관계라고 할 수 있다. 이러한 변혁적 리더십의 특성으로는 ① 카리스마 리더는 구성원들에게 비전과 사명감, 자부심을 심어줌으로써 구성원들로부터 존경과 신뢰를 받는다. ② 영감을 불어넣기 리더는 구성원들에게 높은 수준의 기대감을 심어주고, 추종자의 노력 집중을 통해 상징기법을 사용하며 중요한 목적을 단순한 방법으로 표현한다. ③ 지적인 자극 리더는 구성원들의 지성, 합리성, 그리고 신중한 문제해결을 촉진시킨다. ④ 개인적 배려 리더는 구성원 개인에게 관심을 가지고 주목하며, 개별적인 관심을 높인다.

현재 상황에 만족하는 리더는 보다 크게 성장할 수 없을 뿐 아니라, 경우에 따라서는 리더의 지위마저 잃어버릴 우려도 있다. 그래서 현실에 만족하기보다는 생존하기 위해 변화해야 하고 자기변혁을 거듭해야 성장할 수 있다. 변혁적 리더는 자신을 스스로 변화하게 함으로써 구성원을 자극하고 그들에게 감동을 주어 자연스러운 영향력을 발휘하는 사람이다. 그는 카리스마와 열정, 낙관적 견해, 변혁적 비전을 갖고 시대변화와 흐름에 맞춰 변화를 선도하며, 변화의 걸림돌인 고정관념과 배타적인 생각을 과감히 버릴 줄 알고, 때론 불가능한 일에도 도전한다. 한마디로 변혁적 리더는 변화를 두려워하지 않고, 이를 즐기며 도전하는 사람이다.

대체로 안정된 조직을 가진 학교나 교직원들은 오랜 관행에 젖어 있어, 새로운 변화나 변혁을 싫어할 뿐 아니라 그에 대한 저항도 크다. 그래서일까 어지간한 학교변화는 체감하기 어려울 뿐더러 그 결과도 바로 나타나지 않는 것이 교육의 특성이다. 이러한 특성을 지닌 학교조직과 교직원들을 변화시키겠다고 나서는 교장은 진정한 변화 의지나 의욕 없이는 불가능하다. 하지만 이젠 달라졌다. 학교나 교직원도 새롭게 변화하고 변혁해야 발전하고 성장할 수 있다. 모두가 위기의식을 갖고 지속적인 자기변혁을 해야 하고, 교육적 역량을 높여야 좋은 교육을 할 수 있다.

학교를 변혁하고 교직원을 변화시켜 좋은 리더로 성장시키는 것이 교장의 변혁적 리더십이다. 이는 교직원들에게 많은 권한을 위임하고, 그들을 변화 지향적으로 교육하여 그들 스스로 학교교육에 만족하고 창의적인 교육역량을 발휘하게 하는 일이다. 특히 변혁적 교장은 교직원 한 명 한 명의 개인적인 관심사나 요구에 관심을 기울이고, 학교교육에 대한 새로운 시각으로 변화와 변혁을 일으키게 해야 한다. 뿐만 아니다. 교직원의 영감(inspiration)과 열정을 불러와 신명나게 일을 할 수 있는 학교환경과 분위기를 만들어주어야 모두가 공감하는 교육목표를 향해 보다 좋은 교육을 할 수 있다.

사실 과거 대다수 교장들은 교직원들을 단지 부하로 생각하고, 시키는 일에 성실히 잘 순응하는 사람을 우수한 교직원으로 여겼으며, 그 성과에 비래하여 평가하고 보상하는 소위 거래적 리더십(Transformational Leadership)을 실천했다. 그러나 최근 들어 교장의 권위적인 의식과 생각도 많이 변하고 바뀠다. 그래서 일방적 명령이나 지시보다는 오히려 교직원의 의견을 존중하는 섬김 리더십을 실천하고 있는 것이다. 다시 말해 교직원들에게 더 많은 자율과 책임을 주고, 그들이 훌륭한 교육리더로서 성장할 수 있도록 코칭하는 변혁적 리더십을 실천하고 있다.

이와 같이 교장은 학교경영자로서 뛰어난 판단력과 결단력을 가지고, 관용과 배려는 물론 강한 책임감과 냉철함을 갖춰야 효과적인 리더십을 발휘할 수 있다.

그렇다면 교장은 어떻게 변혁적 리더십을 발휘할 수 있을까.

첫째, 기존의 학교조직과 학교경영의 관행을 과감히 깨뜨릴 수 있어야 한다. 변화를 추구하는 교장은 학교경영의 모든 부분에서 새로운 생각과 실천의지를 갖고 학교변화에 선도해야 한다. 그러기 위해 기존의 관행과 틀을 과감히 버리고, 보다 새롭고 진취적인 시각에서 반성하고 평가해야 새로운 교육, 변혁적 학교경영을 할 수 있다.

둘째, 새로운 변화와 혁신적 마인드를 가져야 한다. 변화를 추구하는 교장은 학교변화에 도전할 수 있는 변화 지향적인 생각과 의지를 가져야 한다. 학교변화는 교장의 혁신적인 생각 없이는 불가능하다.

셋째, 건강한 학교문화로 교육의 변화를 유도해야 한다. 학교문화가 변화하면 교육이 바뀐다. 그 변화 중심에 교장이 있기 때문에 교장이 책임감을 갖고 자율과 협력의 건강한 학교문화를 만들어야 학교를 변화시킬 수 있다.

넷째, 모든 교직원을 훌륭한 교육리더로 성장시켜야 한다. 변혁적 교장은 칭찬과 공정한 보상으로 교직원의 사기를 높이고, 전문적 교육역량을 함양시켜 훌륭한 교육리더로 성장할 수 있도록 도와주어야 한다.

변화와 혁신은 고달프고 어렵다. 그러나 이러한 개혁 없이는 새로운 교육이 펼쳐질 수 없고, 변화할 수도 없다. 변혁적 교장만이 우리 교육을 새롭게 바꿀 수 있다. 따라서 교장의 변혁적 리더십은 높은 동기와 도덕성을 바탕으로 가치 있는 교육비전을 통해 학교변화를 주도하고, 모든 교직원을 훌륭한 교육리더로 성장시키는 진취적인 리더십이다.

위기관리 리더십은 실제와 같은 훈련이다

세월호 참극은 기본과 원칙을 무시하고 인간의 도리를 저버린 우리 어른들의 잘못이 빚어낸 대형 인재이다. 선장은 안전한 항해를 책임지는 최고 리더임에도 세월호 선장은 가장 기본적인 승객 안전 조치나 퇴선 명령 등 어떠한 조치도 취하지 않은 채 자신만 살겠다고 먼저 탈출했다. 무능한 리더의 안일한 판단과 무책임이 얼마나 처참한 비극을 불러오는지를 보여준 '비열한 리더십'의 전형이었다.

그러나 교사들이 보여준 '살신성인(殺身成仁)' 정신은 달랐다. 교사들 대부분은 제자들의 안전과 생명을 지키기 위해 자신의 목숨까지 아끼지 않았으며, 마지막 순간까지 제자들에게 "살아서 만나자"고 걱정과 사랑으로 보듬었다. 절체절명의 순간에도 자신의 몸을 던져 제자들의 탈출을 돕다가 희생된 참스승이었다. '세상은 고통으로 가득하지만 그것을 극복하는 사람들의 휴먼 스토리도 가득하다'고 한 헬렌 캘러(Helen Keller)의 말처럼, 전 국민을 비탄에 빠지게 한 세월호 침몰사고에서 제자들을 구하다가 목숨을 바친 교사들의 고귀한 희생정신은 이 시대의 큰 스승이며 진정한 영웅으로 오래 기억될 것이다.

재난은 예고 없이 찾아온다. 천재지변일 수도 있고, 어처구니없는 인재로 참사가 발생할 수도 있다. 이러한 재난을 예방하고 슬기롭게 극복하려면 리더는 사전에 그 징후를 찾아야 하고, 발생 시는 현명한 판단과 지혜로 빠르게 대처하며, 끝까지 책임과 의무를 다하는 리더십을 발휘해야 한다. 해상 재난사고 중 가장 큰 참사를 빚었던 타이타닉(Titanic)호 침몰사고가 수차례 영화화됐던 것은 젊은 연인들의 비극적인 이별 때문이 아니라 선장의 숭고한 책임감과 승무원들의 희생정신이 깊은 감동을 주었기 때문이다.

위기(Crisis)란 본래 '분리하다'라는 뜻의 그리스어 크리네인(Krinein)

에서 유래한 말로, 어떤 일이 그 진행 과정에서 급작스럽게 악화된 상황 또는 파국을 맞을 만큼 위험한 고비를 의미한다. 요즘과 같은 예측불허의 불확실한 사회에서는 대개 복합적 위기의 형태를 지니기 때문에 사소하거나 경미한 위기에도 이를 방심하거나 잘못 대응하면, 국가나 사회, 그리고 학교 등에 치명적인 영향을 줄 수 있다.

위기관리란 발생한 위험이 실패로 이어지지 않게 하는 관리하는 행위를 말하며, 위기를 어떻게 극복하고 대처하는지에 따라 조직의 성패를 좌우할 정도로 절대적이다. 이렇게 우리의 안정된 삶을 위협하는 이들 크고 작은 위험 상황에서 어떻게 하면 가장 신속하면서도 현명하게 판단하고 행동할 수 있을까? 오랫동안 '직관과 위험 판단력'을 연구해 온 세계적 석학 게르트 기거렌처(Gerd Gigerenzer) 박사에 따르면, 이 세계는 불확실성으로 가득 찼고, 확실성을 추구하는 것은 환상에 불과하다는 것이다. 우리는 판단을 내리기 위해 더 많은 정보, 더 복잡한 공식, 더 많이 배운 전문가를 찾지만, 그것들은 오히려 문제의 일부가 되기 일쑤일 뿐이다. 오히려 최소한의 정보, 간단한 공식, 직관을 무기로 위험을 판단하는 방법을 배우면, 보다 빠르고 현명하게 판단할 수 있다.

위기를 극복한 CEO들에게는 공통적으로 위기 상황을 헤쳐나아가기 위해 기존 체제를 버리는 변화를 단행하는 강한 리더십이 존재하였다. 그들의 리더십에게 나타나는 특성으로 다음과 같이 5가지를 꼽을 수 있다.

첫째는 비전의 제시이다. 비전 제시는 폭넓은 시야를 갖게 하고, 목표와 이슈로 리드하는 리더십이다. 위기극복 및 변혁의 방향을 가리켜주는 나침반 역할을 하는 비전을 제시하여 조직 내 통일된 행위와 방식을 갖추도록 한다.

둘째는 기민한 환경 적응력이다. 구성원들에게 문제해결을 위임하는 방식으로 환경에 대한 민감성과 적응성을 강화한다. 이는 또한 리더의 비전을 실천하려는 신념을 갖게 할 만큼 동기를 부여하는 역할을 한다.

셋째는 신뢰형성이다. 훌륭한 리더는 구성원들에게 다른 것을 요구하기 전에 이들의 마음을 감동시킨다. 마음을 감동시키는 인격은 신뢰를 형성하고, 그러한 신뢰를 바탕으로 리더는 자신의 비전을 성공적으로 실천할 수 있게 된다.

넷째는 새로운 기회의 창출이다. 직면한 문제 상황은 항상 가변적이므로, 목표와 수단의 적절성도 상황에 따라서는 재검토가 필요하다. 그리고 위기에 대한 단순한 대응보다 상황에 유연하게 대응하는 리더십이 더 중요하다.

다섯째는 인재 중시와 화합이다. 무능한 리더는 무능한 사람을 가까이 두고, 현명한 리더만이 인재를 곁에 둘 수 있다는 것은 리더가 인재를 양성하는 데 있어 기본 원칙이다. 그래서 신뢰와 존중 속에서 우수 인재들을 체계적으로 육성해가면서 그 인재들이 창조적 능력을 마음껏 발휘할 수 있는 환경을 조성해야 한다. 그래야 리더 자신이 그리는 비전에 적합한 인재를 육성하고, 변혁에 적응하는 구성원들의 동기를 부여할 수 있다.

학교에는 예상하지 못한 크고 작은 안전사고가 곳곳에 도사리고 있다. 언제, 어디서, 어떤 일이 일어날지 모르는 학교 안전사고는 학생의 수만큼이나 많고 다양하다. 이러한 학교 안전사고는 누구보다도 학교의 최고 리더인 교장의 무한책임이기에 이를 잘 관리하는 것이 교장이 해야 할 중요한 책임과 의무다. 교장의 학교 위기관리 대응은 무엇보다 평상시에 철저한 예방 훈련과 교육이 이루어져야 하며, 모든 교직원이 함께 학교시설과 학생들을 살피고 그 징후를 찾아 사전에 예방하는 것이 우선되어야 한다.

교장의 위기관리 리더십은 학교 위기가 발생한 후에 대응에 초점을 맞추는 위기관리와는 달리 이를 사전에 예방하기 위해 노력할 것을 강조한다. 또한 위기를 위협으로만 보는 위기관리와는 달리 위기를 기회로 인식해 위기극복 과정을 통해 학교조직이 학습하고 성장하는 데 초점을 맞춘다. 그러므로 교장의 위기관리 리더십은 사전에 학교 위기를 예방하고, 위기 발생 시 적절하고 신속한 의사결정을 내리고 행동에 옮기며, 위기를 학교조직의 학습과 성장의 기회로 활용하는 리더십이라고 할 수 있다.

교장의 위기관리 리더십을 효과적으로 발휘할 수 있는 방법은 무엇일까.

첫째, 학교 위기관리업무 매뉴얼의 절차 및 내용을 숙지하고 연습 및 훈련계획을 수립 시행하여야 한다. 교장은 매뉴얼대로 신속히 지휘해야 안전사고의 피해를 최소화할 수 있다. 그리고 안전사고는 예고 없이 발생함으로 실제와 같은 안전관리 시스템을 만들어 교육과 훈련을 하는 것이 위기예방의 최선의 방법이다.

둘째, 위기를 변화의 기회로 삼아야 한다. 교장은 학교 위기를 단순히 피하는 데 초점을 두기보다는 위기를 통해 한층 더 성장하고 발전할 수 있는 기회를 만들려는 적극적인 자세가 필요하다.

셋째, 학교 위기를 초래할 수 있는 안전사고 취약점을 항상 찾고 관리해야 한다. 학교의 안전사고 대부분은 방심과 원칙의 무시에서 나타나는 경우가 많다. 그래서 항상 기본으로 돌아가 취약점을 꼼꼼히 살펴서 이에 대한 대책을 수립하는 것이 위기를 예방하고 안전사고 피해를 줄일 수 있다.

넷째, 바르고 빠른 판단과 신속한 의사결정을 해야 한다. 대부분의 사람들은 위기 상황에 직면하면 당황해서 현실을 제대로 파악하지 못한다. 평상시와는 달리 위기 상황에서의 리더의 의사결정은 신속하게 이루어지지 않으며 더 큰 혼란과 사고로 이어진다. 닥친 위기를 분명하게 바라보고 그에 대한 적절한 대안을 빠르게 제시하는 것이 효과적이다.

다섯째, 신뢰를 토대로 책임 있고 용기 있는 행동을 취해야 한다. 위기상황에서는 불확실성이 더욱 증가하는 것만큼 교장이 책임감을 갖고 용기 있게 행동하는 결단을 보여야 한다. 교장의 용기 있는 행동은 교직원들에게 자신감을 불어넣어줄 뿐만 아니라 교장을 더욱 신뢰하고 따르도록 만들어준다.

여섯째, 솔선수범하는 리더이어야 한다. 세상에는 많은 리더들이 존재한다. 그들은 평화로운 상태에서는 모두 각자의 자리에서 최선을 다하지만 위기가 오면 그렇지 못한다. 잘못된 위기의 리더십은 오히려 위기를 크게 하여 더 큰 어려움을 겪게 된다. 학교경영을 책임지는 교육리더도 마찬가지다. 학교가 위기의 상황에 닥치면 리더의 리더십이 제대로 발휘하기 힘들다. 그것은 바로 사고가 발생하면 이미 교직원들의 사기가 최하로 떨어진 상태이기 때문에 리더 스스로가 자신감보다는 해결하기 어려울 것 같은 부정적인 생각이 머릿속을 지배하기 때문이다. 그래서 빨리 이 상황을 모면하거나 벗어나기만을 바라게 된다. 이럴 때일수록 리더의 솔선수범은 빛이 난다.

리더가 솔선수범하며 몸을 사리지 않은 모습에서 교직원들은 그를 신뢰하게 되고 저하된 사기에 다시 용기와 힘을 얻게 되는 것이다.

가까이는 우리의 세월호 참사에서부터 2015년 중국톈진 폭발 사고, 2004년 동남아시아를 휩쓴 쓰나미, 2001년 미국에서 벌어진 9·11 테러에 이르기까지 수많은 목숨을 앗아갔다. 위급할수록 많은 사람들은 평소와는 달리, 결정을 잘하지 못하고 우왕좌왕한다. 특히 갑작스런 상황이 발생하면 더욱 판단을 내리기 어려워한다. 그래서 더 많은 정보와 더 정교한 공식과 더 믿음직한 전문가를 찾느라 시간과 돈을 소비하지만, 그렇다고 그게 꼭 현명한 판단이었던 것이 아니기 일쑤다. 게르트 기거렌처(Gerd Gigerenzer) 박사는 그저 "과감히 알려고 하는" 자세만 있으면 된다고 용기를 북돋는다. 그렇다. 세상 어디에나 길이 있다. 그러니 잠시 삶의 막다른 골목에 이르렀다고 주저앉지 말아야 한다.

많은 사람들이 탁월한 리더들의 번득이는 리더십에 경탄하곤 하지만, 그 리더들이 따랐던 원리들은 대부분 우리가 이해할 수 있는 것들이다. 신은 우리에게 일을 맡기실 때 성공할 수 있는 능력도 함께 부여해주지만 그에 못지않은 위험도 주었다. 이러한 위기를 얼마나 슬기롭게 잘 극복하느냐가 바로 리더의 능력이며 리더십이다.

학교의 위기관리는 교직원과 학생, 학부모 모두를 위협으로부터 안전하게 구제하고, 이를 사전에 예방하는 기술이다. 교장의 위기관리 리더십은 현명한 판단력과 결단력으로 어떠한 상황에서도 침착하게 행동하며, 단순히 학교 위기를 피하기보다는 위기를 통해 한층 더 학교가 성장하고 발전할 수 있는 기회로 활용할 수 있는 탁월한 리더십이다.

내 삶의 최고 경영은 셀프 리더십이다

사람은 누구나 자신의 삶에 대한 기대와 믿음으로 살아간다. 비록 지금은 어렵고 힘들더라도 오늘보다 나은 내일, 그리고 행복한 미래를 위해서 참고 견디어내는 것이다. 이렇게 세상을 살아가면서 스스로의 생각과 행동을 변화시켜 자신의 목적을 달성해 나가는 것이 셀프 리더십(Self Leadership)이다.

이는 1980년대 조직 환경의 급속한 변화와 개인의 가치관 변화로 전통적 리더십에 의해서는 더 이상 조직목표를 달성할 수 없다는 인식이 고조되면서 1986년 만츠(Manz)가 최초로 제안한 개념이다. 셀프리더십은 한마디로 '어떻게 하면 나 자신을 잘 이끌 것인가'이다. 다른 사람을 이끄는 것보다 자신을 이끌기가 더 어렵다. 자신을 이끄는 셀프 리더십은 리더십의 기본일 뿐만 아니라 모든 리더십을 가능하게 하는 바탕이 된다. 누군가를 잘 이끌기 위해서는 무엇보다 자신을 잘 이끄는 셀프 리더십이라는 탄탄한 토대가 필요하다. 자신을 잘 이끄는 리더가 타인에게 신뢰감을 줄 수 있기 때문이다.

우리의 삶에는 미래에 대한 마스터플랜이 있느냐 없느냐에 따라 그 가치와 의미가 달라진다. 그래서 목표가 분명한 사람은 삶에 대한 강력한 힘과 에너지를 끌어낼 수 있는 셀프 리더십을 가지고 있기에 어떠한 고난과 역경에도 참고 이겨낼 수 있다. 이렇게 셀프 리더십은 우리 삶의 계획에서 매우 중요하다.

구성원들을 잘 이끌 수 있는 리더가 되려면 먼저 자기 자신을 잘 통제할 수 있는 리더가 되어야 한다. 바로 셀프 리더가 되어야 하는 것이다. 뛰어난 셀프 리더는 자기 스스로 자신의 꿈을 향해 나가는 사람이다. 그는 자신의 비전과 목표, 존재 가치를 알고, 내가 어떤 사람이 되기 바라며, 지금 무엇을 원하고 어떤 노력을 해야 할지를 분명히 알고 있다. 그리고 그 꿈을 성취하도록 자극하고 통제하며, 스스로를 보상하고 격려할 줄도 안다. 그래서 우리가 인생의 주인공으로 당당히 살아가려면 첫 번째가 삶의 확고한 목표를 설정하는 것이고, 그다음은 강한 실천력이다.

셀프 리더십에 대한 만츠(Manz)와 심스(Sims)의 연구는 젊고 교육 수준이 높은 신세대 중산층 근로자들이 나이가 많은 동료 근로자들보다도 작업의 질이 떨어진다는 점을 착안하여 규명한 결과, 전통적인 관리방식이 신세대에게는 부적합하다는 점이다. 신세대 근로자들은 자신의 정열을 회사에 바치고자 하는 것이 아니라 자신의 일에 바치고자 하며 명령만 받게 되면 참지 못하고 그들의 고유한 재능과 능력을 충분히 발휘하지도 못한다는 것이다. 따라서 신세대 근로자의 특성에 맞는 리더십, 즉 변화와 진보를 발하는 자발적이고 혁신적인 행동을 이끌어내기 위해 등장한 리더십이 바로 셀프 리더십이다. 셀프 리더십은 "스스로 자기 자신에게 영향을 미치기 위해 사용되는 행위전략 및 인지전략을 통틀어서 일컫는다(C.C.Manz & Sims)"고 했다. 즉 사람들로 하여금 높은 성과를 올리도록 이끌어주는 자율적인 힘을 셀프 리더십이라고 한다.

우리는 흔히 '자리가 사람을 만든다'고 한다. 높은 지위 때문에 어려운 결정도 많이 해야 하고, 책임도 크고 무거우며, 때론 홀로 외로운 싸움도 해야 한다. 그래서 높은 지위와 중요한 일을 수행하는 사람일수록 보다 큰 용기와 힘, 그리고 자신의 내공인 강한 셀프 리더십이 필요하다. 셀프 리더십은 누구에게나 존재하지만 개인적인 삶의 목표나 그 실천의 동기, 의지력에 따라 사람마다 차이가 난다. 또한 자신이 가지고 있는 셀프 리더십을 얼마나 잘 일깨워주고 그것을 활성화시키느냐에 따라 능력이 달라지기 때문이다.

일반적으로 리더십은 다른 사람을 원하는 방향으로 이끌어가는 능력을 의미하지만, 셀프 리더십은 스스로를 원하는 방향으로 이끄는 것이다. 다시 말해 셀프 리더십은 자기 스스로 자신의 인생의 방향을 설정하고 자신에게 주어진 일에 최선을 다하는 자기경영 마인드이다. 자신을 스스로 이끌어 가는 셀프 리더십은 변혁의 시대를 살아가는 현대인들에게 매우 강하게 요구되는 리더십이다. 자기를 알고 자신의 삶을 자신이 원하는 방향으로 행복하게 이끌어 가는 총 책임자는 자기 자신이므로 자신을 리드하는 능력은 갈수록 더욱 중요해진다.

이처럼 셀프 리더십은 리더십의 출발자이자 기본이며 핵심이다. 그래서 모든 리더십의 시작은 셀프 리더십에서 출발하며, 나에게서 시작하여 다른 사람에게 옮겨가는 것이다. 사람들의 마음을 얻는 위대한 리더십을 발휘하기 위해서는 셀프 리더십이 반드시 필요하다. 따라서 셀프 리더십이 제대로 갖춰지지 않은 리더는 탁월한 리더십의 역량을 발휘할 수 없다.

뿐만 아니다. 셀프 리더십은 조직 차원에서도 중요한 의미를 지닌다. 그것은 구성원 모두가 셀프 리더십을 갖추게 할 때 비로소 조직 안에 공유된 팀 셀프 리더십이 형성되기 때문이다. 이같이 팀 셀프 리더십은 먼저 자기 자신을 변화시키고 팀의 수준을 이해하여 조직이 무엇을 해야 하고, 왜 해야 하며, 또 그것을 어떻게 할 것인지를 알 수 있게 한다. 따라서 셀프 리더십은 구성원 개개인이 직무에 대한 자율과 통제를 하며 끊임없이 스스로에게 동기를 부여하여 개인의 목표 달성은 물론 자신이 속한 조직의 성과도 끌어낸다.

셀프 리더는 자기 스스로 자신의 꿈을 향해 나가는 사람이다. 나의 비전과 존재 가치를 알고, 내가 무엇을 원하고 어떤 사람이 되기 바라며, 무엇을 해야 할지를 분명히 알아야 한다. 그리고 그 꿈을 성취하도록 자극하고 통제하며, 스스로를 보상하고 격려할 수도 있어야 한다. 그래야 우리가 인생의 주인공으로 당당히 살아갈 수 있는 첫 번째 단계이면서, 동시에 성공의 시작점이다.

셀프 리더십은 자기 스스로에게 영향을 미치는 과정이다. 스스로를 리드하여 참된 자신의 리더가 되는 것이다. 자신의 유일한 리더는 자신밖에 없다. 자기 자신에게 충실한 사람은 다른 사람에게도 충실하게 된다. 그래서 자신에게 충실한 삶은 셀프 리더십의 기반이 되는 것이다. 셀프 리더십을 최고로 발휘해야 할 때는 최고 리더가 되었을 때다. 자신을 바꿈으로써 다른 사람도 변화하게 할 수 있다는 세계적으로 명성을 떨친 대다수의 리더들은 셀프 리더십을 잘 실천한 사람들이다. 그들은 자신과의 싸움에서 물러나지 않고 인내해 왔으며, 끊임없이 변화에 도전하고 자기계발에 혼신의 힘을 다한 것이다. 이를테면 빌 게이츠(Bill Gates), 잭 월치(Jack Welch), 피터 드러커(Peter Drucker), 앤드류 카네기(Andrew Carnegie) 등은 셀프 리더십으로 세상을 바꾼 사람들이라고 할 수 있다. 따라서 스스로를 리드하지 못하는 사람은 결코 남을 리드할 수 없고, 위대한 리더도 될 수 없다.

셀프 리더십은 자신의 잠재 능력인 자신감, 꿈과 비전, 자기관리, 대중스피치, 성공 습관, 인간관계, 창의성 등 자신의 노력을 통해서 생산적인 능력으로 밖으로 끄집어 낼 수 있도록 도와주는 도구 역할을 한다. 즉 능력(ability)×힘(power)=성공(success)

셀프 리더십의 7가지 Power는 다음과 같다.

첫째는 자신감이 있는 사람이다. 자신감이 있는 사람과 없는 사람의 차이는 자신의 능력을 끄집어내는 능력이다. 이러한 자신감은 곧 용기이며, 용기가 없이는 자신이 갖고 있는 능력을 펼칠 수 없는 것이다.

둘째는 꿈과 비전을 갖고 있는 사람이다. 꿈이 없는 사람에게는 성공이라는 말이 존재하지 않는다. 꿈과 비전은 인간의 삶의 목표이며 살아갈 의욕과 희망이기도 하다. 그래서 목표를 향해 성취하는 것이다.

셋째는 자기관리를 잘하는 사람이다. 자기관리에는 시간관리, 건강관리, 자산관리, 이미지관리, 인맥관리, 환경관리, 업무관리, 학습관리가 있으며, 자신의 능력을 향상·발전시키는 기본이 된다.

넷째는 인간관계가 폭넓은 사람이다. 인간의 능력은 혼자보다는 집단의 능력이 더 크다. 인간관계가 좋은 사람은 사교성이 넓고, 자신보다는 상대를 먼저 생각하는 공감, 배려가 전제되어야 한다.

다섯째는 대중 스피치(speech)를 잘하는 사람이다. 우리는 누구나 남들 앞에서 당당하게 서서 말을 할 기회를 갖고, 청중들을 설득할 수 있는 대중 스피치 실력을 갖추고 있어야 한다.

여섯째는 성공한다는 믿음이 있는 사람이다. 성공한다는 믿음과 의지를 긍정적인 생각하고 실천한다면 누구든지 성공의 기회는 온다.

일곱째는 창의성 있는 사람이다. 에디슨(Thomas Alva Edison)이나 아인슈타인(Albert Einstein)은 타고난 천재였을까? 그들은 한 분야에 끊임없이 생각하고 연구한 사람이다.

교장은 학교의 최고 리더다. 교직원을 효율적으로 리드하기 위해서는 우선 자신부터 잘 리드할 수 있어야 한다. 그래서 손자병법(謀攻篇)에 '지피지기면 백전불패(知彼知己 百戰不敗)'라 했던가. 그러나 자신을 잘 알고 이해하기란 그리 쉽지 않다. 자신을 진실로 리드할 수 있는 것은 오직 자신뿐이다. 때문에 자신을 객관적으로 볼 수 있는 지성과 스스로의 행동을 컨트롤할 수 있는 의지, 그리고 목표를 설정하고 스스로 동기부여할 수 있는 지혜를 가진다면 자신은 물론 타인도 잘 리드하는 좋은 리더가 될 수 있다.

우리 모두는 탁월한 교장이 되길 바라지만, 그 길은 멀고도 험하다. 그것은 자기 자신을 알고 잘 리드하여 자신의 잠재적인 재능을 마음껏 발휘하는 최고의 셀프 리더가 되어야 하기 때문이다. 그렇다. 내 삶의 최고 경영은 바로 셀프 리더십에 있다. 사람은 누구나 자신의 내면에 셀프 리더십이 존재하지만 이를 얼마나 잘 일깨워주고 활성화하느냐에 따라 자신의 가치와 능력이 달라진다. 그러므로 자기 스스로 자신의 밑바닥에 깊숙이 숨어 있는 다양한 재능을 깨워주고 마음껏 활용할 수 있게 하는 최고의 자기관리인 셀프 리더십을 발휘해야 한다.

학교의 최고 경영자인 교장은 확고한 교육관과 열정으로 자신을 사랑하고 스스로에게 자극과 동기를 부여하며, 보다 높은 교육역량을 발휘하여 좋은 교육성과를 얻어야 한다. 이같이 교장의 학교경영 능력은 직접적인 교육경험이나 경력, 그리고 꾸준한 연수 등에 의한 역량도 크지만, 보다 중요한 것은 자신의 내면에 존재하는 잠재적 재능을 얼마나 잘 깨워 이를 활용하느냐에 있다. 그렇다면 교장의 셀프 리더십을 일깨우고 활성화하는 비결은 무엇일까?

첫째, 교장은 학교의 최고 리더로서 끊임없는 자기관찰을 통해 철저한 자기훈련과 자기관리에 힘쓰고, 자기통제를 통해 자기를 이해해야 한다. 나의 장점과 단점은 무엇인지, 성격은 어떤지, 가치관은 무엇인지, 어떤 행동 특성을 가지고 있는지 등을 알아야 한다. 특히 자신의 특성이나 장점 중에서 발전시킬 것은 무엇이며 개선시키거나 변화시켜야 할 것은 무엇인지 파악해서 변화하도록 노력해야 한다. 이와 같이 자기관찰과 성찰은 자기조절과 강한 의지를 갖게 하는 긍정적 에너지이며, 교직원을 이해하고 사랑하는 기초가 된다.

둘째, 교장은 학교경영자로서 올바른 자기목표와 교육목표를 설정하고 그 성공을 예견하고 확신해야 한다. 분명한 자기목표는 자기확신과 자신감을 갖게 하는 원동력이며, 동시에 강한 실천력으로 인생의 방향을 이끌어주는 나침반이다.

셋째, 교장 스스로 자신의 교육역량을 계발하고 그 실천에 솔선해야 한다. 자기 관리를 위해서는 직위와 연령을 막론하고 평생 배워야 한다. 내가 배울 점이 있는 사람이라면 비록 하찮은 지위와 손아래 사람이라도 그에게서 배워야 한다. 자기 계발을 하는 가장 좋은 방법은 독서다. 풍부한 독서는 동서고금을 막론하고 위대한 리더들의 공통적인 방법 중의 하나다. 그러므로 교장이 교직원을 잘 관리하려면 먼저 솔선수범하며, 끊임없는 자기계발과 이를 실천하는 모습을 보여야 한다. 그래야 교직원의 마음을 쉽게 움직여 잘 따르게 된다.

넷째, 교장은 자신을 믿는 만큼 타인을 신뢰하고 존중해야 하며, 독단적인 이익을 추구하기보다 팀과의 조화를 통해 높은 시너지 효과를 창출해야 한다. 그러기 위해 교장 스스로 자신을 리드하는 것에 멈추지 않고, 모든 교직원이 셀프 리더가 되도록 슈퍼 리더십(Super Leadership)을 길러주어야 한다.

내 인생은 내 자신이 선택한 삶이다. 그래서 나는 나 자신의 삶에 책임을 지며, 내 인생의 출발점이자 최종점인 것이다. 다시 말해, 내 삶은 내가 스스로 선택하여 관리하는 삶이므로 그 결과에 대해 스스로 책임져야 한다. 때론 자신의 한계를 극복하고, 자신의 잠재력을 깨워 능력을 신장시킬 수 있는 이는 바로 나 자신이다. 그러므로 나의 진정한 리더는 다름 아닌 나 자신이며, 자신에 대한 탁월한 리더만이 인생의 주인이 될 수 있는 것이다.

셀프 리더는 바로 내 인생의 개척자요, 내 삶의 최고 경영자다. 셀프 리더십은 내가 좋아하고 내가 사랑하는 긍정적인 '나'를 만드는 힘이고, 행복한 삶을 사는 슬기이며, 인생을 다스리는 리더십이다. 따라서 교장의 셀프 리더십은 개인의 행복한 삶과 교장으로서 보람과 긍지를 지닌 생활을 만드는 최고의 자기관리이며, 자기 자신을 아끼고 사랑하며, 어려울 때 스스로에게 격려할 줄 아는 따뜻한 리더십이다.

슈퍼 리더십은 모두를 리더로 만든다

21세기에 필요한 리더는 변화의 방향을 감지하고 구성원들이 그 변화의 방향으로 움직이도록 동기를 부여하는 뛰어난 지혜와 통솔력을 가진 사람이다. 이러한 리더는 과거처럼 리더가 구성원 앞에서 권위를 앞세워 명령이나 지휘를 하며 이끄는 것이 아니라 그들 뒤에서 격려하고 지지하며 동기와 용기를 주어 그들 스스로 자율적 리더십을 마음껏 발휘하게 하는 사람이다.

이제 리더십은 어느 특정인들의 전유물이 아니다. 조직구성원 누구나 리더십을 알고 실천할 수 있어야 좋은 리더로 성장할 수 있다. 뛰어난 리더는 자신이 최고가 아니라 자신보다 더 똑똑하고 현명한 사람들이 많다는 것을 인정한다. 그리고 모든 구성원들이 자신의 역량을 마음껏 발휘하여 좋은 리더가 되도록 도와주는 리더다. 우리는 이런 사람을 슈퍼 리더(Super Leader)라 부른다. 슈퍼 리더는 구성원들이 자기 자신을 리드할 수 있는 셀프 리더가 될 수 있도록 리드해 가는 사람이다. 그래서 구성원 스스로 자신의 잠재능력을 개발하고 극대화한다. 다시 말해, 리더를 기르는 리더로서, 구성원들에게 동기를 부여하는 '동기부여형'과 가치를 생산하게 하는 '가치창조형' 리더로 나눌 수 있다.

이 같은 슈퍼 리더의 출현 배경에는 급변하는 환경변화의 적응에 있다. 사회가 민주화와 정보화, 그리고 개방화되면서 자율경영이 새로운 경영방식으로 자리 잡게 되었다. 이러한 자율경영이 성공하기 위해서는 리더의 역량에 못지않게 구성원 개개인이 능력도 중요하다. 이젠 구성원이 더 이상 구성원이 아닌 새로운 리더로 거듭나 자기 역량을 최대한 발휘하도록 하는 슈퍼 리더가 필요하다. 다시 말해, 구성원 스스로 조직의 비전과 목표를 만들고, 이를 성취할 전략과 전술, 그리고 그 과정을 실행하면서 또 다른 리더로 거듭나게 되는 것이다. 이러한 구성원들은 무슨 일을 맡겨도 자신의 역할은 물론 새로운 리더로서 역량을 마음껏 발산하여 신바람 나게 직무를 수행하고 리드할 수 있다.

슈퍼 리더(Super Leader)는 리더로서의 자기 자신의 능력을 계발하고, 다른 사람들의 잠재능력을 끌어내는 리더를 말하며, 명령을 내리기보다는 다른 사람들이 스스로 책임을 맡도록 고무한다.

슈퍼 리더십의 기본적인 정신은 인간존중의 정신과 종업원중심의 사상이다. 즉 인간에 대한 낙관적인 인식과 긍정적인 태도로 보는 "맥그리거의 Y이론적 발상"에서 출발한다. 슈퍼 리더십은 리더가 구성원들을 스스로 판단하고 행동하고 그 결과에 책임질 수 있는 셀프 리더로 만드는 리더십을 말한다. 슈퍼 리더십은 구성원들이 셀프 리더가 될 수 있도록 가르치고 이끄는 과정이라고 볼 수 있다. 따라서 슈퍼 리더십은 권한 위임형으로 상급자의 명령에 무조건 따르기보다는 자신의 냉정함과 차가운 두뇌로 판단해 조직 활성화에 도움을 주는 리더십이다. 풍부한 지식을 활용해 경영하는 박식한 리더들에게 어울린다.

슈퍼 리더십의 특징으로는 ① 셀프 리더십은 학습될 수 있다. ② 초 슈퍼 리더십은 구성원 각자가 스스로를 통제하고 자신의 삶에 진정한 주인이 될 수 있도록 자율적 지도력을 계발하는 데 중점을 두는 리더상이다. ③ 셀프 리더십은 최고리더, 리더, 그리고 구성원들을 포함한 조직 내에서 일하는 모든 사람들에게 적용된다.

좋은 학교를 경영하려면 교장의 경영능력에 못지않게 교직원들의 능력도 중요하다. 교직원 개개인이 스스로 교육역량을 기르고 자율적으로 그 능력을 발휘할 때 학교경영의 효과성을 높일 수 있다. 이젠 학교경영도 과거처럼 교장의 일방적인 명령이나 지휘에 의해 관리되고 경영되던 시대는 끝났다. 특히 불확실한 교육환경에 잘 적응하는 학교경영은 교장 혼자가 아닌 교직원들의 협력을 끌어내어 학교비전과 목표를 함께 만들고 서로 신뢰하며 자율경영을 잘 실천할 때 좋은 교육성과를 얻을 수 있다. 따라서 학교의 최고 리더인 교장은 교직원들의 능력과 리더십을 개발하여 좋은 셀프 리더를 만들 수 있는 슈퍼 리더가 되어야 한다. 이에 대해서 만츠(Manz)와 심스(Sims)는 "구성원으로 하여금 자기 자신을 스스로 이끌어갈 수 있도록 해주는 리더로 그들에게 자율성과 권한을 부여하여 셀프 리더로 만드는 리더"라고 말한 것처럼 구성원에게 각자가 가지고 있는 셀프 리더십의 에너지를 발현케 하여 스스로를 이끌도록 도와주는 것이 슈퍼 리더의 주요 역할이다.

슈퍼 리더인 교장은 교직원들의 개인적 능력을 중시하며, 그들이 책임감을 갖고 자율적으로 교직을 실천한다는 인식을 하고, 스스로 리더의 역량을 기를 수 있는 창조적 학교문화를 만들어야 한다. 그래서 교직원 각자가 학교의 주인이고 직원이며 동시에 리더가 되어야 진정한 슈퍼 리더십을 발휘할 수 있다. 이렇게 교직원들이 보다 체계적이고 효과적인 셀프 리더십을 개발하고 이를 교직에 잘 실천하도록 돕는 것이 바로 교장의 슈퍼 리더십(Super Leadership)이다.

교장의 슈퍼 리더십은 교직원들이 교장의 지시와 통제에 따라 움직이는 것이 아니라 스스로 자신의 업무를 찾아 수행하고 통제하며 자율적으로 실천하게 하는 셀프 리더십을 갖도록 하는 일이다. 따라서 교장의 슈퍼 리더십은 교직원들이 좋은 교육역량을 갖춘 인적자원으로 성장하고 셀프 리더십을 계승하며, 그들과 교장 사이의 파트너십(partnership)을 발휘하게 하는 것이다. 이를 셀프 리더십과 비교하면, 셀프 리더십이 스스로 자기 자신에게 영향력을 미치기 위해 사용되는 사고 및 행동전략이라면, 슈퍼 리더십은 다른 사람들이 스스로 이끌어 가도록 하는 사고 및 행동 전략이라고 할 수 있다. 따라서 슈퍼 리더십은 인간 내부의 셀프 리더십을 자극하고 활성화하며, 자기 영향력을 외부통제와 권위에 의한 것이 아니라 자율적인 자기통제에 의해 보다 높은 성과를 얻는 리더십이다.

결국 교장이 슈퍼 리더십을 발휘하기 위해 가져야 할 전제 조건은 교장 자신이 먼저 셀프 리더가 되어야 하며, 자기 절제와 통찰 그리고 섬김을 실천해야 한다. 그리고 모든 교직원들을 셀프 리더로 유도하기 위한 칭찬과 보상, 학교의 자율경영을 위한 여건조성, 신속한 의사결정을 할 수 있는 민주적 관리역량이 필요하다. 또한 여기에 교직원 스스로 내적인 통제에 의해 긍정적이고 생산적인 교직업무를 수행하는 자기 주도적인 리더십이 함께 실천될 때 보다 높은 시너지를 발휘할 수 있다.

사실상 우리 교육현실에서 대부분의 교장들은 이러한 슈퍼 리더십을 실천하기가 어렵다. 그것은 학교경영에서 교장의 업무가 매우 제한적이어서 지금과 같은 교육제도하에서는 교장의 소신대로 학교를 경영하여 창의성을 발휘할 수도 없을 뿐더러 또한 교장의 재량권을 마음대로 사용했다가는 오히려 감사 대상이 되어 사기마저 위축되기 쉽다. 이러한 현실 속에서는 보다 좋은 교육리더의 모델이 되기는 더더욱 어렵다. 설령 교장이 교직원들에게 슈퍼 리더십을 발휘한다고 해도 모든 교직원들이 자연스럽게 셀프 리더가 되는 것도 아니다. 교직원들이 교장의 뜻을 긍정적으로 이해하고 스스로 목표를 세우고, 계획하고, 실천하며, 예기치 못한 변화에 대응하고, 결과를 창출하는 일련의 과정을 겪으며 몸소 깨우치며, 구성원의 역할을 넘어 교육리더로서 역량을 발휘할 때이어야 가능하다.

어떤 교장이라도 자신과 함께 근무하고 있는 교직원들의 뛰어난 능력과 재능을 키워주는 것 이상의 의미 있고 값진 보람은 없을 것이다. 교장의 슈퍼 리더십이란 바로 교직원들의 상상을 초월할 정도의 뛰어난 교육역량을 발굴해 내며, 교직원 개개인이 좋은 리더로서 성장할 수 있도록 돕는 일이다.

21세기가 원하는 진정한 리더의 모습은 사람을 강제로 이끄는 것이 아니라, 스스로 따르게 하는 리더십을 발휘하는 것이다. 그래서 평범한 리더는 구성원을 이끌려고 하지만 탁월한 리더는 그들이 스스로 따르게 한다. 구성원들에게 긍정적인 영향을 주어 이들을 스스로 움직이고 따르게 하는 슈퍼 리더의 능력이야말로 21세기 리더십의 핵심이자 본질이다.

창조적 리더십은 변화와 혁신이다

21세기의 지식정보 시대를 살아가면서 우리 인간이 가장 크게 도전받고 있는 것은 '변화에 대한 두려움'이다. 우리를 둘러싼 환경이 빠르게 변화하면서 리더들에게 요구되는 능력도 많이 달라지고 있다. 요즘 구성원들은 적극적으로 팀원과 함께 성장하고 조직의 변화를 주도하며 창조성을 발휘하는 리더를 원한다.

지금은 창조적 시대라 할 정도로 창조성을 강조하고 있다. 새로운 고객, 새로운 상품, 새로운 시장, 새로운 서비스, 새로운 조직도 창조성 없이는 존재 가치를 상실할 정도다. 창조는 모든 경쟁력의 원천이며 생존의 필수 도구가 되었다. 그래서 이젠 남들이 하는 일을 그 대로 하고 어떤 규칙에 반복되는 일이라면 더 이상 새로운 것을 추 구할 수 없는 세상이 되었다. 사실 창조는 기존의 것에 대항하는 것 이며 또한 반하는 것을 말한다. 그렇다고 기존의 것은 모두 버리라 는 것은 아니다. 하지만 기존의 생각과 마인드, 패러다임에 메여 있 다면 창조성은 기대하기 어렵다.

창조는 '새로운 것을 처음 만들어내는 것'을 뜻하며, 더 좋은 아이 디어로 더 좋은 생각을 하게 하는 것이다. 자신의 일과 관련한 분야 의 지식과 경험을 더 많이 적극적으로 쌓는 것이 창조성을 키우는 첫 번째 단계이다. 창조성은 어떤 특별한 능력이라기보다 생각의 방 식을 좀 더 다르게 하고 다양화하는 일이다. 2015년 노벨 생리의학 상을 수상한 일본 오무라 사토시(大村智・80)교수가 밝힌 성취의 비 결이다. 그는 "한두 번 실패했더라도 별일 아니다. 젊었을 때는 어쨌 든 실패를 반복하면서 하고 싶은 것을 하라고 그렇게 말하고 싶다" 고 젊은 세대에게 조언했다.

창조성은 무엇보다도 리더의 창조적 상상력에 달려 있다. 리더가 얼마나 좋은 상상력을 가지고 이를 잘 실현하느냐에 따라 조직변화 는 물론 조직의 성패를 판가름한다. 조직의 성장・발전에 리더가 중 요한 이유도 바로 여기에 있다.

리더의 창조적인 생각은 조직변화의 원류이자 창조의 원천이다. 세계 최고층 빌딩과 수중호텔, 사막 위의 스키장 등 세계 많은 사람 들이 주목하고 있는 두바이의 원동력은 무엇일까? 바로 아무도 생각 하지 못한 무한한 상상력을 가진 셰이크 무함마드(Sheik Mohammad) 같은 리더일 것이다. 우리는 그를 창조적 리더(Creative Leader)라 부른다. 이처럼 창조적 리더는 항상 새로운 경험, 새로운 도전, 새로운 기회를 찾으며 참신하고 도전적이며 위험하기까지 한 역할을 위해 기꺼이 행동할 줄 알아야 한다. '창조적 리더'야 말로 인류의 희망이요, 미래 창조의 열쇠다.

삼성경제연구소는 「미래 CEO의 조건: 창조적 리더십」이라는 보고서를 통해 "앞으로는 창조형 CEO가 요구된다"고 밝혔다. 창조형 CEO란 창조적인 파괴 활동으로 신사업과 신시장을 개척하는 창조적 의지와 역량을 발휘하는 리더이다. 그리고 창조형 CEO가 되기 위한 5대 조건으로 '부단한 성장 추구', '인재확보 및 후계자 육성', '조직에 창조적 영감 부여', '글로벌 시장 개척', '사회와의 의사소통' 등을 제시했다.

창조적 리더들은 무리와 다른 창조적 행위를 하는 자들이다. 그들은 단지 높은 성과만을 위해 노력하지 않는다. 과감한 아젠다(agenda)를 옹호하고 날카로운 비판을 업계에 가함으로써 경쟁우위를 창출한다. 그들은 고객의 만족을 이끌어내고 직원들의 에너지를 북돋우며 사업 방향을 명확하게 결정하도록 해주는 참신한 접근방식을 취한다. 그들은 흔히 보는 경영자들과 말하는 방식이 다르다. 사업방식을 이야기할 때 틀에 박힌 어휘나 표현을 거의 쓰지 않고 대신 독특하고 진정성 있는 방식으로, 심지어 기이한 방식으로 전략 등을 설명한다. 또한 업계에 보편적으로 퍼져 있는 비즈니스 방식에 도전해 새로운 것을 시도하는 데서 그치지 않는다. 성공과 그 방식 역시 끊임없이 제고한다. 그뿐만 아니라 경쟁업체와 자신이 몸담고 있는 회사를 구분 짓는, 독특하면서도 파괴적인 목표의식이 있다.

정부의 미래창조과학부가 신설되면서 우리는 '창조 경제'라는 말을 자주 듣게 되지만 그 의미가 선뜻 머리에 들어오지 않는다. 그것은 '창조'라는 말은 이해하지만 그 뒤에 오는 '경제'라는 말과의 이종 간의 융합적인 개념이 잘 정리되지 않기 때문이다. 창조적 리더십도 마찬가지다. 그야말로 창조성을 이끌어내는 리더십이다. 나와 다른 팀원의 의견을 무시하지 않고, 수용하는 것, 그것으로부터 창조가 시작된다. 다름을 인정할 수 있어야 창조적 리더십(Creative Leadership)이 깃든다. 이처럼 창조적 리더십은 고정관념에서 벗어나 주어진 환경이나 여건을 뛰어넘어 일반적인 사람들의 사고를 확장시키고 바꿔놓은 변화의 리더십이다. 일찍이 아리스토텔레스(Aristoteles)는 "창조적인 통찰력이 인간의 마음 그 자체에, 그리고 마음의 조합과 결합 능력에 있다"고 말했다. 생각과 실체의 사이를 좁히고, 상황의 재구성을 통해 새로움을 찾는 것이 창조적 리더의 역할이다.

세상에 많은 리더들은 창조적 리더십을 발휘하기를 간절히 바라지만 쉽지 않다. 그렇다. 그것은 글로벌 리더십, 인문학적 소양, 창의적 전문지식, 이타적 열정 등 이 모든 것이 합쳐져야 탄생하고, 개인을 브랜드화하고 남과 다른 전략을 가진 창조적 리더이어야 한다. 게다가 리더가 창조적 리더십을 발휘하기까지는 보다 많은 좌절을 경험하고, 성공적인 삶을 이끈 리더들의 생애 속에서 생생한 리더십의 지혜를 배워야 하기 때문이다. 뿐만 아니라 리더 자신이 자발적으로 참여하고, 매사에 긍정적이며, 최고 팀원의 마인드를 가진 따뜻한 리더십을 실천할 수 있어야 한다. 그래야 창조적 관점으로 보다 먼 미래의 안목으로 강한 리더십을 실천할 수 있다.

창조성은 사물을 지금까지와는 다른 시각에서 보는 힘이다. 그것은 끝없는 질문에서 나오며, 질문을 하려면 호기심이 있어야 하고,

호기심은 독서, 여행 그리고 다른 사람과의 만남에서 나오는 것이다. 창조적인 학교경영도 마찬가지다. 학교경영은 교장 혼자서는 불가능하므로 교직원의 적극적인 협조가 있을 때 창조성이 발휘된다. 그래서 그들과의 소통을 통해 새로운 경영 아이디어를 찾아야 하는 것이다. 창조적인 학교경영을 하려면 교장의 생각부터 바꿔야 한다. 교장이 변하면 교직원의 생각도 변하기 마련이고 학교경영과 학급경영도 변하게 된다. 이러한 창조적 학교경영과 학급경영은 좋은 교육과정으로 학생들의 학교생활을 보다 행복하게 하고, 학교교육을 통해 미래에 행복한 삶을 살게 하는 일이다. 창조적 학교경영을 위한 최상의 리더십은 존재하지 않는다. 다만 탁월한 교장은 학교의 여건과 상황에 따라 새로운 교육 가치와 최고의 교육성과를 만들 수 있는 창조적 리더십을 실천할 뿐이다.

창조적인 교장은 끊임없이 도전하고, 미래를 내다보는 다양한 안목으로 아이디어를 창출하는 내적동기가 강한 사람이며, 교직원들부터 창조성을 끌어내기도 한다. 교장이 창조적인 리더십을 발휘하기 위한 기본적인 조건은 다음과 같다.

첫째, 교장은 어려운 환경 속에서도 학교발전의 기회를 추구해야 한다. 그는 확고한 교육철학과 민주적인 경영 의지로 교직원들과 함께 협력하여 새로운 학교발전시스템을 구축한다.

둘째, 교장은 훌륭한 교직원을 확보하고 좋은 학교교육과정과 학교문화로 학생의 행복한 삶을 위한 체계적인 교육프로그램을 운영하며 보람과 긍지를 지닌 훌륭한 교직원으로 성장하게 한다.

셋째, 교장은 교직원의 다양한 교육역량을 마음껏 발휘할 수 있도록 창조적 영감을 부여하여 자율적으로 실천하게 한다.

넷째, 교장은 교직원들과의 의사소통을 경영의 핵심요소로 인식하고 이를 통해 민주적이고 참여적인 학교경영으로 교육성과를 증대시킨다.

우리의 삶도 창조적인 생각을 하고 새로운 아이디어를 실천할 때 보다 편리하고 안전하며 행복함을 느낀다. 그러나 그 일은 결코 쉽지 않다. 현대그룹의 창시자인 정주영 회장은 그의 저서 『시련은 있으나 실패는 없다』에서 "나는 누구에게든 무엇이든, 필요한 것은 모두 다 배워 내 것으로 만든다는 적극적인 생각을 가지고 있다. 뿐만 아니라 진취적인 자세로 작은 경험을 확대해 큰 현실로 만들어내는 것에 평생 주저해 본 일이 없었다. 목표에 대한 신념이 투철하고 이에 상응한 노력만 쏟아 부으면 누구라도 무슨 일이든 할 수 있다. 누구나 다할 수 있다"고 하였다. 결국 창조력은 경험의 누적이며, 다양한 경험이 창조력의 원천인 것이다.

조용한 리더십이 세상을 움직인다

극한 상황이나 역사적 순간 등 영웅이 필요한 드라마틱한 대형 사건들보다 우리 주변에서 흔하게 일어나는 일상적이고 사소한 상황들이 오히려 우리 삶을 더욱 어렵게 할 때가 많다. 아주 작고 사소한 문제들이라도 그것이 쌓이면 결국 조직의 승패까지 좌우할 정도 위협이 된다. 이처럼 일상적이고 작은 위협과 도전을 경영자가 특정한 상황이나 환경 때문이라고 믿고 적극적으로 대응을 하지 않고 무관심하거나 원칙 없이 갈팡질팡한다면 어떻게 될까. 탁월한 리더는 바로 이런 일상적이고 소소한 문제들을 잘 해결하는 경영자다.

일반적으로 리더라고 하면, 가장 먼저 떠오르는 것이 조직의 전면에 나서 위대한 일을 하는 카리스마가 넘치는 영웅적 리더를 생각한다. 영웅적 리더는 우리들에게 위대한 업적으로 주목받지만 그 이외의 리더에 대해선 별로 관심을 두지 않는다. 이렇게 겉으로 드러나지 않지만 소리 없이 고민하고 선택하며 조직을 성공으로 이끌 수 있는 리더를 우리는 조용한 리더(Quiet Leader)라고 부른다. 경영 컨설턴트 짐 콜린스(Jim Collins)는 이를 '잘난 체를 하지 않는 겸손함은 신뢰감을 형성하고 사람들을 모으며 협력의 규모를 조직 외부로 확장하는 겸손한 리더'라고 하고, 하버드대 경영대학원 교수인 바다라코(Joseph L. Badaracco Jr.)는『조용한 리더』에서 '바람직한 리더십은 위대한 영웅에게서보다 조심스럽고 참을성 있게 소리 없이 자신의 일을 해내는 사람들에게서 더 많이 발견된다'고 했다.

조용한 리더는 자기 자신에게 있어서 정의로운 것이라고 생각되는 것을 소리 없이 실천하는 현실적인 사람이다. 바다라코 교수는 자제력과 겸손과 의지를 갖고 있는 조용한 리더들이 추구하는 전략을 다음 여덟 가지로 제시하고 있다. ① 현실을 직시하라. ② 복잡한 이유들을 피하지 마라. ③ 지름길을 찾지 마라. ④ 최소 위험으로 최대 효과를 내도록 행동하라. ⑤ 끈기 있게 사태를 파악하라. ⑥ 규칙을 유연하게 적용하라. ⑦ 조금씩 천천히 행동범위를 넓혀라. ⑧ 타협할 여지를 만들어라.

사람은 누구나 역경을 딛고 정상에 올라선 영웅적 리더들의 이야기를 들으면 큰 감동을 받고 존경을 보낸다. 하지만 실제로 하루하루를 지탱하고 신뢰와 배려로 구성원들의 마음을 변화시키고 움직이게 하는 주역은 조용한 리더들이다. 이처럼 조용한 리더는 거창하거나 영웅적인 행동으로 드러나는 것이 아니라 겸손과 상식을 지니고 조용한 리더십(Quiet Leadership)을 실천하는 사람이다. 이렇게 어렵고 힘든 일도 리더의 크고 작은 노력이 모여 이루어진 결실이기 때문에 조용한 리더십은 처음은 미미하게 보일지라도 조직과 세상을 움직이는 진정한 힘이다.

실질적으로 학교조직을 움직이는 것은 교장의 뛰어난 교육정책의 변화도 중요하지만 실상은 학교조직 내 이해관계, 책임 소재, 시스템 사이의 충돌 등 자잘하면서도 복잡하게 벌어지는 교육문제를 딛고 매일매일 실천하는 작지만 소중한 교육활동들이다. 이처럼 학교조직은 카리스마 넘치는 소위 영웅적인 교장이라고 말하는 리더보다는 오히려 유연하고 합리적인 사고와 겸허한 자세와 품성을 지닌 교직원들과 가깝게 지내는 조용한 교장을 더 선호한다. 이것이 진정한 학교를 움직이고 변화시키는 교장의 조용한 리더십이다.

어떻게 보면 조용한 리더십은 오늘날과 같은 자기 PR 시대에 최고 교육리더인 교장들에게 어울리지 않는 덕목처럼 보일 수도 있지만 보다 많은 교직원들과 가까이 다가가 서로 다양한 의견을 수렴한다는 점에서 모든 리더들이 가져야 할 필수적인 리더십이다. 특히 자신의 교육행정 능력을 평가받기 위해 성급한 교육결과를 생산하는 교육리더들이 반드시 성찰하고 주목해야 할 리더십이기도 하다.

흔히들 교육은 '백년지대계'라고 말한다. '백년지대계'답게 장기적인 계획과 실천이 필요하지만, 실제 우리 교육은 그렇지 않다는 생각이 든다. 모든 교육이 성급한 성과주의와 실적주의에 빠져 새로운 교육정책을 생산하기에 바쁘다. 바쁘다 못해 그 결과도 하루아침에 내놓기 일쑤다. 섣부르고 설익은 교육정책들로 학교가 몸살을 앓고 있다. 정말 안타까운 교육이며 교육리더의 그릇된 생각이다. 진정한 교육의 결과는 먼 훗날 교육을 받은 학생들의 성장과 삶에 고스란히 비춰진다. 그때까지 조용히 기다리는 교육이 되어야 한다. 그러므로 교육리더는 혜성과 같이 갑자기 나타나 좋은 교육결과를 자랑하는 영웅적인 리더십보다 서두르지 않고 천천히 실천하고 기다리는 조용한 리더십이 우리 교육에 더 중요하고 필요하다.

교육리더가 조용한 리더십을 발휘하기 위해서는 다음과 같은 전략이 필요하다.

첫째, 우리 교육현실을 직시해야 한다. 조용한 교육리더는 누구보다도 현실주의자이다. 그는 모든 가능성을 생각하기 때문에 때때로 예상보다 상황이 악화되고, 간단한 문제에도 꼬이기도 한다. 물론 어떨 땐 생각보다 일이 잘 풀리는 경우도 있다. 그래서 조용한 교육리더는 언제고 기회를 얻을 준비도 잊지 않는다.

둘째, 신중하며 침묵할 수 있어야 한다. 조용한 교육리더는 도덕적 헌신과 원칙만으로는 각 상황들이 지니는 복잡한 면을 모두 파악할 수 없다는 것을 알기에 신중히 행동할 줄 안다. 그리고 리더가 말이 너무 많으면 자주 궁지에 몰린다. 지자불언 언자부지(知者不言 言者不知), 즉 진정 아는 사람은 떠들어 대지 않고 말을 많이 하는 사람은 알지 못하는 것이라는 뜻이다. 이처럼 리더의 실수는 말이 많은 데서 생긴다. 그래서 말보다는 행동이 앞서는 그런 사람이 우리에게 필요한 리더다.

셋째, 겸손해야 한다. 많은 독재자들이 영구집권을 꿈꾸다 패가망신하는 모습을 우리는 너무나 잘 보아왔다. 겸손은 낮춤의 처세다.

그러니까 언제나 목표는 높은 곳에 두고 눈높이는 아랫사람에게 맞추는 것이 좋다.

넷째, 마음을 비워야 한다. 채우는 것보다 어려운 것이 비우는 것이다. 자기 고집, 고정된 편견을 버리면 그는 새로운 것을 가득 채울 수 있다. 무릇 리더는 욕심이 가득 차고서는 되는 일이 없다.

조용한 교육리더십은 미래의 불확실한 교육환경에 더 겸손하고 신중하며 조심스럽게 학교경영의 효율성을 극대화하는 리더십이다. 또한 교육의 본질을 찾고 바르고 옳은 교육에 집중하고, 원칙과 기본을 중시하며 학교환경과 상황에 맞는 실용적인 교육을 실천하는 유연한 교육리더십이다.

21세기 교육은 여성 리더십이다

미래학자 존 나이스비트(Jone Nisbitt)는 21세기를 '3F의 시대'로 가상(Fiction), 감성(Feeling), 여성(Female)이라고 했다. 그렇게 '21세기는 여성의 세기'라 할 만큼 여성이 주인인 시대다. 그래서 모든 조직이 남성 중심의 강한 카리스마적 리더십에서 점차 수평적이고 통합적인 리더십으로 변모하고 여성이 미래 사회에 소중한 파트너십을 발휘하는 시대가 되었다.

요즘 여성은 지난날 우리 어머니 세대와는 비교할 수 없을 정도로 적극적인 사회활동과 국가발전에 참여하고 있다. 그저 다소곳함이나 순수함을 여자의 매력으로 인정하던 시대는 지난 지 오래다. 이젠 남성 이상의 적극성과 진취성으로 우리 사회 곳곳에서 뛰어난 여성 리더십(Female Leadership)을 발휘하고 있다.

여성 리더십은 남성적 리더십, 가부장적 리더십, 부성적 리더십과
는 반대되는 개념으로 1985년 로덴(Loden)에 의해 처음 사용되었다.
그는 여성리더가 조직 내에서 구성원의 모든 활동에 영향을 주는 협
동성, 권한의 위임, 참여적 관계 형성, 공감, 배려적 태도 등 자발적
으로 목표를 달성하도록 참여를 유도하고 자극을 주는 리더의 정서
적 작용을 포함하는 행동을 여성 리더십이라고 정의하고 있다.

리더십 연구에 따르면, 일반적인 생각과 달리 여성 리더들이 남성
리더들에 비해 오히려 모든 부분에서 더 높은 성과를 얻고 있다는
것이다. 이는 여성 리더들이 계급과 서열의식이 다소 낮고 관계 중
심적이며, 신뢰에 민감하고 직관력이 높기 때문이라는 것이다. 이것
은 바로 우리 시대가 요구하는 리더의 소중한 자질이다.

우리가 알고 있는 여성 리더의 대표적인 인물로는 마가렛 대처,
오프라 윈프리, 마더 테레사, 앙겔라 메르켈, 힐러리 클린턴, 그리고
우리나라의 선덕여왕, 신사임당, 유관순, 현재 박근혜 대통령에 이르
기까지 많은 분이 있다. 이들 리더들의 공통점은 바로 명확한 비전,
뛰어난 전략과 전술, 리스크를 감수하려는 의지, 감동을 주는 화법,
부하의 적극적 동기부여, 그리고 높은 호감지수와 감성지수 등이라
고 할 수 있다. 이들은 권위와 힘으로 대표되는 남성적 리더십보다
포용, 섬김, 배려 등의 여성적 감성을 강조하는 관계지향적인 여성
리더십이다.

이와 같이 여성 리더십은 섬세함이나 꼼꼼함, 배려성, 협동성, 유
연성, 공감, 참여성, 서비스 정신이며, 그의 장점은 여성의 공감과 부
드러움, 섬세함은 물론 배려, 포용, 감성능력이 남성보다 한수 위라

는 분석이다. 또한 여성 리더들은 자신이 맡은 일을 끝까지 처리하는 책임감과 세세한 부분까지 놓치지 않는 꼼꼼함, 여성 특유의 직관력과 본능은 기대 이상의 결과를 내는 유연성, 그리고 가족을 대하듯 고객과 직원을 배려하는 서비스 정신이야말로 현대 사회의 리더들에게 요구되는 중요한 자질을 모두 가지고 있다.

교육에서 여성 리더는 이미 그 숫자에서 빠르게 증가하고 있다. 2013년 교육부 자료에 따르면, 우리나라 초등학교 여교사 비율이 76%로 이미 성별 불균형이 심각할 정도이고, 2014년에 여성 교장·교감 비율이 29.4%에 도달하였으며, 세종시(36.4%), 대구시(34.9%), 서울시(32.6%) 등은 여교장이 비율이 매년 빠르게 증가되고 있다. 이러한 증가는 이미 2010년에 경기도 초등 여교감 자격연수자가 과반수를 넘은 것을 감안한다면 그 추이를 대략 짐작할 수 있다.

민쯔버그(Mintzberg)는 '관리행동의 연구'에서 여교장 리더십의 우수한 특징을 밝히고 있다. 그 첫 번째가 여교장이 더 민주적이고 참여적으로 행동하며, 다음은 여교장이 남교장보다 더 인간중심적인 리더십 유형을 가지며, 마지막으로는 여교장이 학교의 핵심기술인 교수학습기술에 대해서 더 많은 관심을 가지는 행동을 한다고 하는 것이다. 또한 국내연구 결과에서도 여교장의 리더십이 보다 인간 지향적이고 목표 지향적이며, 민주적이며 덜 권위적인 경향이어서, 남교장보다 교직원을 배려하고 협력적인 특성을 가진다는 결론에 이르고 있다.

이 같은 여교장 리더십은 이미 학교경영 면에서 그 효과성이 입증되고 있다. 좀 더 구체적으로 말하며, 여교장 리더십은 여성적 장점인 모성본능, 봉사, 헌신 등을 최대로 학교경영에 활용함으로써 교육적 효과를 극대화하고 있다. 물론 여교장도 단점이 없는 것은 아니다. 하지만 남교장에 비해 좁은 네트워킹과 인간관계 등 대다수의 여교장들이 이를 잘 극복하고 좋은 인맥관리로 효율적인 학교경영을 하고 있다.

그렇다면 교육에서 여성 리더십을 효과적으로 발휘하려면 어떻게 해야 할 것인가?

첫째, 어머니 같은 모성애와 부드러움을 최대한 발휘해야 한다. 학교조직은 타 조직에 비해 인간을 교육하고 인간관계를 중시하는 조직이다. 그러므로 보다 부드러움과 끈끈한 인간애가 학교경영의 협력과 동료애를 불러내는 주요한 요인이다.

둘째, 여성의 강한 원칙 준수와 꼼꼼함과 섬세함을 통해 학교경영의 효율화를 이끌어내어야 한다. 학교경영은 매년 같은 업무가 반복되는 교육활동이다. 때문에 관행이나 관례에서 쉽게 벗어나지 못해 새로운 변화나 혁신으로 보다 좋은 결과를 얻지 못한다. 이러한 학교경영 특성에 대해 여성 리더의 장점을 잘 살린다면 학교변화와 혁신으로 보다 좋은 교육적 효과를 얻을 수 있다.

셋째, 여성의 감성적 직관적 특성을 잘 활용하여 교직원들 간의 소통 리더십을 발휘하여야 한다. 이러한 소통은 부서 간의 갈등을 줄일 뿐 아니라 교직원 간의 이해와 공감을 통해 학교경영에 대한 자율적인 참여와 책임감을 갖게 한다.

넷째, 수직적 상하관계나 서열에서 벗어나 수평적 동료관계로 배려와 포용력을 발휘하여야 한다. 남성 리더의 권위주의와는 달리 여성 리더는 동료들과의 관계를 돈독히 하여 민주적인 학교문화를 형성한다.

이제 명령과 통제, 권위와 복종에 기반을 둔 '남성 리더의 전성시대'는 가고 바야흐로 소통과 상생을 중시하는 '여성 리더의 시대'가 열렸다. 우리의 미래는 국민의 절반인 여성의 두뇌와 힘을 어떻게 활용하고 그들에게 국가발전에 기여할 수 있는 길을 얼마나 열어주느냐에 달렸다. 이런 맥락에서 보면, 여성 교육리더를 어떻게 성장시키고 이들 리더십을 어떻게 잘 관리하고 활용하느냐에 교육의 성과와 발전뿐 아니라 우리의 미래가 달려 있다.

우리 교육의 미래는 융합 리더십이다

최근 선진국들은 급격하게 변화되어가는 과학·기술·시장 등 총체적 변화에 능동적이고 주도적으로 대처하기 위해 미래 사회에 필요한 융합형 인재 양성에 매진하고 있다. 융합적 사고는 빠른 기술의 발전에 대응하고 기존의 정보를 분석하고 융합해 새로운 기술과 가치를 창조해낼 수 있을 뿐 아니라 미래의 인류사회가 당면한 문제 해결을 위해 소중한 기술이다.

사실 융합의 출발점은 융합(融合)이 새로운 학문이론으로 널리 알려지기 시작한 '통섭(Consilience)'에 그 뿌리를 두고 있다. 융합(融合, convergence)은 독립적으로 존재하는 여러 학문이나 기술, 기능이 함께 녹아드는 화학적 개념으로 새로운 개체(기술 등)를 만드는 것이다. 즉 통섭은 융합의 동력이고, 융합은 통섭의 산물이며, 컨버전스(Convergence)는 융합의 지향점이다.

융합의 등장 배경에는 무엇보다 현실 문제의 복잡성에 있고, 기업

간의 경쟁이 심화하여 기존의 기술로는 한계가 따를 뿐 아니라 소비자의 기대와 욕구가 점차 증대하는 데 있다. 이처럼 융합은 기존의 지식을 토대로 신선한 시각과 상상력을 통해 새로운 가치를 창출하는 것이다. 그리고 융합적 사고는 이미 기술분야를 중심으로 디지털 융합, IT 융합, NBIC 융합, 시장중심의 제품과 서비스 융합, 산업 간 융합 등 현대 산업기술 분야에 두루 활용되고 있다. 특히 시장은 고객이 원하는 기능, 성능, 품질을 제공하기 위해 기존 또는 새로운 지식, 기술, 기존 제품이나 서비스 등을 새로운 방식으로 결합해야 한다. 그래서 기존시장의 상품을 융합적 사고로 믹싱해보면, 블루오션 (blue ocean)은 아니더라도 새로운 발상과 생각의 전환, 그리고 차별화를 통해 새로운 영역을 구축하는 퍼플오션(Purple ocean)[7]이 필요한 것이다.

21세기에는 교육리더는 물론 학교구성원 모두가 융합적 사고를 할 수 있어야 좋은 학교, 좋은 교육을 할 수 있다. 학교조직은 학생을 지도하는 교직원 이외 교육활동을 돕는 여러 분야의 사람들이 많다. 이러한 학교구성원들을 '학교교육'이라는 한 틀에 새로운 교육적 시너지를 창출하기 위해서는 반드시 융합적 사고가 필요하다. 교육리더들의 융합적 사고는 바로 이런 학교구성원들을 서로 결합시켜 "친밀한 관계와 파트너십"을 창출해낼 수 있는 것이며, 이것이 바로 교육리더의 융합 리더십이다. 이러한 융합 리더십은 교직원들을 하나로 결합시켜 학교조직의 경계를 넘어 교육정보를 공유하며 협력

---

[7] 퍼플오션(Purple ocean)은 레드오션과 블루오션의 장점만을 따서 만든 새로운 시장. 레드와 블루가 섞인 보라색 이미지를 사용한다. 치열한 경쟁이 펼쳐지는 레드오션에서 차별화된 자신만의 아이템으로 블루오션을 개척하는 것을 말한다. 포화시장으로 인식되던 껌 시장에서 '자일리톨'의 등장, 라면 시장에서 '꼬꼬면'의 등장 등이 좋은 예이다.

을 이끌어내게 하는 동력이며, 또한 교직원들이 소속감과 자부심을 가지고 능동적으로 학교경영에 참여하여 보다 좋은 교육성과를 만드는 에너지원이다.

이렇게 교육리더의 융합 리더십은 학교변화와 혁신에 보다 유연하게 대응할 수 있을 뿐 아니라 학교경영의 갈등을 줄이고 자율적 참여를 유도하여 교육성과를 높인다. 수많은 교육리더들은 새로운 학교변화와 혁신을 위해 의욕과 열정을 갖고 리더십을 발휘하지만 대개 실패한다. 이러한 실패의 주 원인은 학교변화를 위한 추진과정에서 교직원들의 폭넓은 의견수렴과 배려, 그리고 이들을 융합하는 능력이 부족했기 때문이다. 그러므로 진정한 학교변화는 교육리더와 교직원들이 하나로 융합되고 모두가 함께 협의하고 참여할 때 가능하다.

융합 리더십의 장점은 의미와 보람 있는 일을 하고 싶어 하는 교직원들의 깊은 열망과 자발성에 있다. 교육리더는 이들의 생각과 잠재력을 학교조직에 헌신하게 사기와 동기를 북돋워주고 올바른 교직성장과 보람을 갖게 해야 하는 일이다. 결과적으로 교직원들이 자신의 능력을 스스로 개발하는 자기관리가 잘 이루어지고, 그들 스스로 학교조직과 교육을 위해 교육열정을 쏟을 수 있게 하는 기초가 융합이다.

좋은 교육리더가 되기 위해서는 자신과 다른 사람이 가지고 있는 잠재적인 자질을 개발하여 교육에 헌신하도록 하는 융합 리더십을 발휘해야 한다. 이를 위해서는 개방성, 비전, 애정, 커뮤니케이션, 용기, 성실성과 같은 교직원 개개인의 잠재적 역량을 잘 발휘할 수 있도록 리더의 융합 리더십이 기초해야 한다.

학생기의 '융합' 경험은 성년기의 '융합'의 초석이 된다. 그런데 우리나라의 초·중학교 융합교육 현실은 어떠한가? 모든 교육이 대학입시인 수능에 맞추어져 있어 융합교육은커녕 점수를 따기에 유리한 과목을 골라 듣기에 급급한 상황이다. 또한 과학과 기술, 수학과 과학 사이에, 심지어 과학 안의 생물, 물리, 지구과학 과목 사이에도 높은 벽이 가로막고 있는 실정이다.

우리는 2009개정교육과정에서 초등학교 과학 3, 4학년을 필두로 융합교육이 시작되었다. 또한 2015 개정 교육과정은 모든 학생들이 인문·사회·과학기술에 대한 기초 소양을 함양하여 인문학적 상상력과 과학기술 창조력을 갖춘 창의융합형 인재로 성장할 수 있도록 『공통과목』을 도입하고 통합적 사고력을 기르기 위해 『통합사회』, 『통합과학』 과목을 신설하였다. 현실적인 면에서 모든 교과를 지도하는 초등학교 교사는 중등학교 교사보다 융합교육이 용이하고 초등학교 저학년의 통합 교과에서 융합교육이 부분적으로 이루어지고 있는 실정이다.

최근 미국에서 주목받고 있는 융합교육인 STEM(Science, Technology, Engineering, Mathematics) 교육은 우리 교육 현실에 많은 시사점을 제공한다. 기존 교육이 교사와 교과목을 중심으로 학생들이 따라가는 학습이라면, STEM은 철저하게 학생중심의 교육관이다. 따라서 우리나라 초·중등학교의 융합교육이 성공하기 위해서는 다음과 같은 준비가 필요하다.

첫째, 교사들이 융합을 가르칠 수 있도록 교육을 해야 한다. 융합교육을 위해서 수학, 물리, 생물, 화학, 기술 과목 등을 담당하는 교사들이 먼저 여타 과목을 이해할 필요가 있다. 융합을 이해하고 가르칠 수 있는 교사를 양성하기 위해 초·중등 교사들을 위한 융합교육 연수프로그램을 운영하거나, 여러 교과분야 교사들의 연수를 지원하거나, 교대나 사범대 차원에서 '융합과 통합교육' 과목을 필수과목으로 이수하도록 하는 방법 등이 있다.

둘째, 예비공학교육프로그램(Pre-Engineering Program)을 도입하여 융합에 대한 마인드를 높여야 한다. 예비공학교육은 초·중등학교에서 STEM분야의 흥미를 유발시켜 창의적 사고를 기르게 한다는 의미이다. 성공적으로 STEM방식을 정착시킨 미국의 'Engineering By Design' 프로그램이나 'Project Lead The Way' 프로그램 등이 좋은 벤치마킹 사례이다.

분산적 리더십은 리더를 뛰어넘게 한다

교사들은 "교장선생님이 변해야지 우리가 아무리 무엇을 하려고 해도 소용이 없어요!"라고 말하고, 교장들은 "선생님들은 학교 일에 적극적으로 움직이려고 하지 않고 마지못해서 하려고 하기 때문에 무엇인가를 시도하기가 쉽지 않아요!"라고 말한다. 서로 간에 신뢰를 형성하지 못하는 말이다. 이러한 교직원 간 불만과 갈등을 슬기롭게 해결하기 위해 교장이나 교사들이 서로 더 다가갈 수 있는 방법은 없을까? 어떻게 하면 학교 구성원들이 진심으로 학교 교육목적에 집중하여 학교조직을 새롭게 하고 학교 공동체를 형성할 수 있을까?

지금까지 학교경영은 교장 한 사람에게 권한과 책임이 집중되어 있어 모든 일을 교장이 관할하고 책임을 지는 권위적이고 영웅적인 리더십을 발휘해왔다. 그래서 교장이 어떤 능력을 가진 사람이고 어떤 리더십을 발휘하느냐에 따라 교육적 효과도 달라졌다. 그러나 최근 사회가 복잡해지고 다원화되면서 교장 한 사람의 교육리더십으로는 학교경영이나 문제대응에 한계를 느끼면서 그 대안으로 분산적 리더십에 새로운 관심을 갖게 되었다.

분산적 리더십(Distributed Leadership)은 1990년에 엘모(Elmore)에 의해 한 사람이 조직 변화에 책임을 지는 것에 반대하며 다양한 개인과 집단이 리더십을 대체하거나 공유할 수 있다는 가정에서 시작되었다. 이는 분산적 인지이론을 바탕으로 인지가 단순히 사람의 두뇌 안에 머물러 있다는 전통적 인지이론과는 달리 분산적 인지이론은 인지라는 것을 상황과 사회적으로 분산되어 있는 것으로 간주한다. 다시 말해 분산적 리더십은 최고의 리더에게 역할과 책임이 집중되는 리더십에 대한 상대적인 개념으로 리더와 그 조직이 구성원들, 그리고 상황이라는 세 요소 간의 상호작용에 발휘되는 리더십이다.

이와 같이 분산적 리더십은 조직에 대한 영향력이 특정 리더의 역량이나 기능 안에 머물러 있는 것이 아니라 리더와 구성원들이 의사결정을 공유하고 상호협력을 통해 조직에 긍정적인 영향력을 미친다. 그러므로 분산적 리더십은 민주적, 참여적, 공유적, 협동적, 상호작용적, 이양적, 이산적이라는 속성과 구성원 간 업무의 공동 이행과 네트워크 특성의 개념이 내재되어 있다고 할 수 있다.

분산적 리더십의 특징을 살펴보면 다음과 같다.

첫째, 비전은 통합하는 힘이다. 모든 구성원들이 똑같이 공유하는 분명하게 조율된 비전은 화합하게 하는 응집력을 발휘한다. 과정은 갈라지고 항로를 이탈하지 않고 만들어지는 것을 가능하게 하는 것이다.

둘째, 리더는 공식적 권위를 가진 사람이기보다는 전문성을 가진다. 리더십은 과업수행의 전문가들에 의해서 발휘됨으로 그들의 역할이나 활동 내용에 따라 변화한다.

셋째, 협력팀은 특정 목적을 위해 형성되었다. 팀은 유동적인 멤버십을 가지는데, 과업, 역할, 필요한 재능에 따라 변화하는 유동적인 멤버십을 갖는다. 이것들은 영구적인 팀이 아니다.

넷째, 실행 공동체가 나타난다. 비록 협력적 활동들이 해산되기 쉬울지라도 실행 공동체는 일이 끝난 후에 오래 그들의 제휴로 유지되며, 종종 미래의 요구와 잠재적인 협력 구성에 대한 브레인스토밍을 위하여 서로 연계한다.

다섯째, 개인들은 그들 스스로 이해 당사자라고 인식한다. 모든 개별 팀 구성원들은 필요할 때 리더십의 지위를 기꺼이 맡을 수 있다.

여섯째, 조직 목표는 개별 팀에게 할당된다. 사명을 달성할 필요가 없는 과업은 구성요소 부분으로 분해될 수 있고, 과업을 최적으로 달성할 수 있는 팀에게 배정될 수 있다.

일곱째, 분산적 역할과 과업이다. 분산적 역할과 과업은 다양한 시간대, 장소와 발산적 조건에서 일어난다.

여덟째, 변화와 개발의 핵심으로서의 탐구다. 탐구는 조직쇄신과 혁신의 핵심이다. 분산적 리더십의 궁극적 목적은 지식창출과 조직개선이다.

분산적 리더십의 핵심은 리더십이 특정한 리더의 것이 아니라 상황과 역할에 따라 중간 리더들에게 보다 많은 전문적인 힘과 책임이 주어지는 역동적인 리더십이다. 그 특성은 첫째로 집단적 리더십을 강조하여 구성원들 간의 상호협조와 전문적 지식을 공유한다. 둘째는 상황적 변화의 상호작용을 활용한다. 셋째는 조직 내 전문성을 총체적으로 활용하여 조직의 공동 가치와 과업을 실행하고 이를 통해 조직의 역량을 극대화한다. 넷째는 상향적 참여를 활성화하고, 비위계적 및 포용적 리더십을 지향한다.

21세기는 바야흐로 상호협동이 강조되는 시대다. 이제 학교는 더 이상의 관료적인 체제나 권위적인 교육리더로서는 새로운 지식을 창조하고 효율적인 의사결정을 할 수 없을 뿐더러 좋은 교육성과마저 기대하기 어렵다. 비록 지금까지는 학교경영이나 교육문제를 교장이 혼자 감당하고 해결해왔다 해도 빠르게 변화하는 미래사회에서는 효율성을 발휘할 수 없다. 그것은 바로 다양하고 복잡한 문제들을 상호 조정하고 중재할 수 있는 전문적인 교육리더십이 필요하기 때문이다.

학교경영은 교육리더인 교장과 교감, 부장교사, 그리고 교직원들의 역할과 능력뿐 아니라 교육적 상황과 상호작용에 의해 교육적인 효율성이나 효과성이 크게 좌우된다. 분산적 리더십은 교장에서 학교 구성원으로까지 모두가 공동의 리더십을 실행하는 데 초점을 두고 있다. 상황에 따라 중간 리더들의 전문적 리더십을 총체적으로 활용하여 학교의 공동가치를 실행하여 학교조직과 교육역량을 극대화할 수 있다. 그래서 그들이 학교변화의 주역이 되고 잠재적인 교육리더가 되어야 한다.

교육리더의 분산적 리더십은 다양한 학교 구성원들이 지닌 전문적인 리더십을 최대한 발휘하여적인 리더십을 최대 발휘하여 상호 간 교육적 지식과 수업기술을 공유하고, 상호의존하며, 전문성을 바탕으로 교육적 역량을 높인다. 이렇게 분산적 리더십은 여러 리더에 의해 상호 협동적이고 전문적인 교육리더십이라고 할 수 있으며, 학교경영의 권한과 책임이 교장에게 집중되는 관료제적 모습과는 달리 학교 전체 조직으로 분산되고 학교 상황에 따라 전문적인 교육리더가 창의성을 발휘하는 리더십이다. 그리고 교육리더의 분산적 리더십은 대개 전문적 리더십을 가진 교직원을 중심으로 그들 사이의 협력과 공유를 통해 발휘되며 상황과 역할에 따라 교육전문성을 발휘한다. 그래서 교육리더들의 대인관계 기술과 교직원들에게 역할과 권한이 위임된 학교문화가 분산적 리더십의 필수적인 조건이라 할 수 있다.

교육리더의 분산적 리더십이 학교현장에 잘 실천되고 그 효과를 높이기 위해서는 다음과 같은 학교문화가 필요하다.

첫째, 효율적인 학교경영을 위해 학년 및 부서중심 단위로 학교경영을 조직·운영한다. 분산적 리더십은 중간 리더들에게 더 많은 권한과 전문성을 살리는 리더십이다.

둘째, 모든 교직원이 교육리더라는 주인의식을 갖고 자율성과 창의성을 발휘하게 학교환경을 조성한다. 주인의식은 자율과 책임감을 갖게 하는 동시에 업무의 집중력을 높여준다.

셋째, 민주적인 학교문화를 활성화하여 자율성과 창의성을 최대한 발휘하게 한다. 교직원의 다양한 재능과 역량의 발휘는 민주적인 학교문화가 형성되고 교육리더의 적극적인 지지와 지원이 이루어질 때 가능하다.

아프리카 속담에 "빨리 가려면 혼자 가고 멀리 가려면 함께 가라"라는 말이 있다. 어렵고 힘든 일도 혼자서는 불가능하지만 함께하면 기적을 만들 수 있다. 그러므로 학교경영도 모든 교직원들이 함께 참여하고 상호협동을 통한 책임과 전문적 권한이 분산된 교육리더의 분산적 리더십이 한층 더 필요한 시대다.

전원학교, 전략적 리더십이 필요하다

농촌학교의 위기는 어제오늘의 일이 아니다. 급속한 도시화와 더불어 세계 최저의 저출산율, 농촌 인구의 초고령화는 농촌학교를 위기로 몰고 있다. 농촌학교의 지속적인 학생수 감소는 소규모를 넘어 급기야는 효과적인 수업 진행이 어려운 상황에 이르게 되었다. 뿐만 아니라 언젠가 통폐합될 것이라는 지역주민들의 불안감은 지역사회의 활력마저 힘을 잃게 하고 있다.

우리 속담에 '말은 낳아서 제주도로 보내고, 자식은 낳아서 서울로 보내라'라는 말이 있다. 오늘날 많은 농촌 부모들이 자녀들을 도시학교로 전학시킨다. 도시학교는 학생들로 넘쳐나는 반면, 농촌학교는 학생이 없어 폐교 위기를 겪고 있는 것이다. 이러한 농촌학교의 문제는 단지 학교만의 문제가 아니라는 생각이다. 학교는 지역사회의 교육문화의 중심으로 지역민의 삶과 직결되어 있다. 따라서 학교가 있어야 지역사회가 살아나기 때문에 농촌학교의 위기는 농촌지역의 위기이며, 곧 지역사회의 황폐화를 의미하고 있다.

교육부는 2012년도 농촌 전원학교 211곳을 선정하고, 프로그램 운영비를 지원하였다. 농촌 전원학교 사업은 농촌의 자연 친화적 교육 환경 등을 바탕으로 한 다양한 교육프로그램을 운영하는 미래형 농촌학교의 선도 모델사업이며, 자연과 첨단이 조화된 교육환경과 지역사회 자원 등을 활용해 학력 증진, 특기·적성 개발 및 맞춤형 돌봄 프로그램을 운영하고 있다.

농촌학교는 도시학교에 비해 교육적인 환경이나 여건이 낙후되고 문화적 소외감 등 열악한 조건임에도 농촌학교만 가질 수 있는 다양한 장점 또한 많다. 농촌학교의 장점과 특성을 극대화한다면 교육의 질적 제고는 물론 높은 교육성과로 '찾아오는 농촌교육'을 만들 수 있는 것이다. 다시 말해 쾌적한 교육환경, 소규모로 인한 개별화와 맞춤형 수업으로 학생들의 학습능력을 높이고, 다양한 특기적성의 질 높은 학교교육만으로 사교육비를 절감하며, 지역사회의 문화중심 센터 역할을 하는 아름답고 이상적인 농촌 전원학교가 될 수 있는 것이다. 그러므로 농촌학교의 교육적 장점을 찾고 이를 최대한 살려 학생들의 꿈을 마음껏 펼칠 수 있는 희망의 전원학교 경영전략이 필요한 것이다. 특히 교장은 학교경영의 리더로서 전원학교의 비전을 제시하고, 교사와 학생, 학부모, 지역사회가 요구하고 공감하는 프로그램을 운영한다면 '하고 싶은 공부, 즐거운 학교'로 변화될 수 있을 것이다.

21세기는 문화의 시대다. 농촌문화는 도시문화와 더불어 21세기의 선진사회를 이끌어가는 중요한 하나의 축이다. 농촌에서 아기 울음소리가 사라지고 학교가 하나둘 문을 닫는 현실에서 농촌문화는 결코 자생할 수가 없다. 학교는 농촌 문화공동체의 터전이다. 농촌 전원학교가 지역사회와 더불어 발전해 '스스로 찾아와서 머물고 싶은 농촌 지역의 중심학교'로 거듭나 농촌학생을 위한 질 높은 교육을 제공할 때 농촌은 비로소 희망이 있고 행복한 삶의 터전으로 변화할 수 있는 것이다.

교육부의 계획에 의하면, '농촌 전원학교'는 자연친화적인 환경을 활용해 지역사회와 연계하고 협력하는 등 다양하고 특색 있는 교육 프로그램을 운영한다. 농촌학생 교육을 내실화하고 우수 사례를 발굴해 확산하는 것은 물론 농촌 지역의 초·중학교를 육성한다는 취지로 국가 차원에서 지원하는 사업이다.

2012년부터는 별도로 진행되었던 전원학교와 연중 돌봄 학교를 통합해 운영하고 있다. 농촌 전원학교는 학력증진, 특기적성계발, 맞춤형 돌봄 등 3대 핵심과제를 중심으로 농촌학생을 위한 다양한 맞춤형 교육프로그램을 운영하고, 토요일 및 방학 중 프로그램을 활성화하는 등 지역사회 교육과 문화, 복지의 중심학교 역할을 수행하고 있다.

사실 농촌학교는 도시학교와 분명히 다른 교육환경을 제공하고 있다. 고층 건물과 밀집된 아파트, 복잡한 교통여건 등 인위적 삶의 환경 속에서 살아가는 도시 학생들과 자연환경 속에서 살아가는 학생들은 성장과 학습 환경이 다르다. 도시 환경은 학생들에게 급격히 변해가는 사회 모습과 규격화된 삶에 적응하기 위한 효율성과 적응성 등을 중요한 삶의 가치로 가르치고 있다. 반면에 농촌학생들은 자연 환경 속에서 산과 들, 물과 바람의 변화를 체험하면서 자연이 가르치는 삶의 지혜를 학습할 수 있다. 농촌학생들이 자연 속에서 자연으로부터 학습할 수 있는 삶의 지혜는 도시 학생들이 배우는 정형화된 지식과 경험만큼이나 삶을 성공적으로 영위할 수 있는 소중한 학습 경험일 수 있다.

요즘 사람들의 새로운 관심사로 떠오르는 웰빙(well-being)과 힐링(healing)의 열풍은 농촌의 희망 콘셉트(concept)로 다가오고 있으며,

전원학교의 새로운 활력과 성장 기회가 될 수 있다. 지금까지 대다수의 농촌학교 성공 사례들을 보면, 열악한 환경과 여건을 보완하고 농촌의 장점을 찾아 교육수요자들이 선호하는 교육프로그램을 운영한 결과들이다.

농촌학교의 우수한 점은 다음과 같다.

첫째, 학교 주변의 자연환경이 모두 체험교육의 장소이다. 농촌지역의 수려한 자연경관은 그대로 산 교육장이며, 농촌지역의 모든 것이 학습교재가 될 수 있다. 푸른 산, 맑은 물, 드넓은 들판은 아이들이 마음껏 뛰놀며 호연지기를 기를 수 있는 훌륭한 체험교육의 장소이다. 이를 학교교육과정으로 끌어들여 체험중심, 학생중심 교육으로 운영할 수 있다. 농촌학교는 체험할 수 있는 농장이나 주민 등 지역의 다양한 인적·물적 자원을 학교교육에 활용함으로써 지역주민의 일자리와 소득창출 기회를 제공할 수 있다.

둘째, 농촌 지역사회는 교육자원이 다양하고 풍부하다. 농촌지역에도 과학자, 국제결혼으로 외국어에 능통한 자 등 각 분야의 전문지식과 경험을 쌓은 예술가·전문가들이 많이 있다. 이들은 도시에 사는 주민들보다 시간적 여유가 많으므로 각 분야의 실생활 전문가를 방과후 교사로 위촉하여 학생들의 다양한 재능을 길러줄 수 있다.

셋째, 최근 교육환경도 소규모의 농어촌학교형으로 바뀌고 있다. 개정교육과정의 기본 방향은 '미래사회가 요구하는 창의적인 인재를 양성'하는 것이고, 창의적 체험활동과 학교의 자율성을 강조하고 있다. 학생들의 다양한 체험활동을 장려하고, 학부모의 학교교육 참여를 적극 지원하며, 학교가 지역사회 발전에 기여하는 다양한 정책을 추진할 수 있다.

농촌 전원학교, 지역과 함께하는 학교, 방과후 학교, 연중 돌봄 학교 등이 그러한 예이다. 농촌학교와 지역사회가 이러한 정책을 잘 활용한다면 농촌교육도 살리고 지역사회의 경제적 활력을 되찾는 계기가 될 수 있을 것이다. 그러나 농촌은 지역마다 환경과 문화가 다르기 때문에 무작정 타 지역의 사례를 모방해서는 안 되며, 농촌학교와 지역사회가 함께 지역 여건에 걸맞는 다양한 프로그램을 특색 있게 개발하고 적용해가는 것이 바람직한 것이다.

교육에도 새로운 바람이 불고 있다. 세계화, 국제화로 날로 치열해지고 있는 경쟁적인 교육은 교육수요자의 마음을 불안하게 하고, 이러한 불안은 새로운 교육적 욕구를 재생산해내고 있다. 학교의 변화와 혁신은 이젠 특별한 이벤트(event)가 아니라 일상적인 일로 받아들이지 않으면 안 되는 상황에 와 있다.

교육에서 변화의 바람은 학교 개혁과 혁신을 예고하고 있다. 그래서 교육 주체인 교직원 스스로가 변화와 혁신의 주인이 되어야 교육수요자인 학생과 학부모의 요구를 이해하고 이들이 만족할 수 있는 교육을 할 수 있는 것이다.

현대 경영학의 아버지로 불리고 있는 피터 드러커(Peter Drucker)가 "혁신이야말로 성장의 젖줄이자 가치를 창출할 수 있는 유일한 방법이다"라고 말한 것이나, 위기의 GE를 세계적인 초일류기업으로 재탄생시킨 바 있는 잭 웰치(Jack Welch) 전 회장이 "세상에는 두 종류의 기업이 있다. 혁신하는 기업과 사라지는 기업이 그것이다"라고 말한 것이 바로 우리의 현실 앞에 도래한 것이다. 머지않아 학교도 사라지는 위기를 겪게 된다. 이는 한마디로 혁신 없이 우수한 교육성과를 창출할 수 없고, 변화 없이 학교혁신은 할 수 없다는 말이다. 따라서 변화와 혁신은 학교교육에서도 우수한 교육성과 창출을 위한 두 원동력임에는 분명하다는 생각이다.

오늘날처럼 변화와 혁신이 학교경영의 핵심적인 화두로 떠오른 일은 일찍이 없었다. 지금까지 교육의 변화속도는 대체로 안정적이고 느리게 다가왔다. 그 변화의 속도를 피부로 감지하기 어려울 정도였으나 이젠 너무나 빠르게 감지할 수 있어 준비 없이는 당장 내일이 불안한 처지다.

교육환경에서 가장 큰 변화의 축은 공간적 측면과 시간적 측면으로 나누어볼 수 있다. 먼저 공간적 측면에서 세계 각국의 교육이 이젠 국제화·세계화의 무대가 된 것이다. 이는 결국 '무국경의 무한 교육경쟁'을 초래하고 있다. 또한 시간적 측면에서 지식·정보·창조 사회의 도래다. 교육성과의 핵심은 창의성 개발인 것이다. 인류의 삶을 위한 기술 개발 속도가 빠르게 진행되고 있다. 이러한 '무국경 무한경쟁'의 기초가 바로 교육인 것이다.

이러한 교육환경 변화에 '어떻게 슬기롭게 대응하고 적응하느냐'에 우리 교육의 미래뿐 아니라 국가의 미래도 달려 있다. 이처럼 교육은 그 자체가 인간 삶의 근본을 결정하는 주요한 요인이기 때문에 과거처럼 변화를 기다리기만 해서는 우리 교육의 밝은 미래를 기대할 수 없다. 오직 변화를 예측하고 적극적으로 대비해야 창조적인 미래를 만들 수 있다. 빠른 변화와 불확실한 미래는 우리 교육을 더욱 불안하게 한다. 교사가 불안하면 학교가 두려워지고 학생들이 방황하게 된다. 그러므로 교사의 확고한 교육적 사명감과 미래를 보는 혜안으로 변화와 혁신을 이룰 때 올바른 교육이 이루어진다.

농촌 전원학교의 성공적인 학교경영을 위한 조건으로는 교장의 교육리더십, 열정 있는 교사, 농촌형 교육프로그램, 학부모의 공감과 협조, 주민과 지역사회의 적극적인 참여와 지원이라고 할 수 있다. 그중에서도 학교경영의 핵심은 교장이다.

따라서 농촌 전원학교 교장의 구체적인 학교경영 전략은 다음과 같다.

첫째, 새로운 전원학교 성공을 위한 확고한 교장의 경영마인드가 필요하다. 교장의 농촌 전원학교 경영 마인드가 사업성패를 좌우한다. 학교환경과 여건을 분석하고 단점은 보완하고 장점을 최대한 살릴 수 있는 비전을 제시하고 교직원들의 공감과 학부모와 지역사회의 지지를 얻어야 성공할 수 있다. 특히 농촌은 지역 나름의 독특한 문화와 관습을 갖고 있으므로 이들과 잘 협력하고 동화할 수 있는 기본적인 자세와 태도가 필요하다.

둘째, 좋은 교사 성장을 위한 코칭(coaching)과 우수 교사의 확보가 필요하다. 흔히 '교육의 질은 교사의 질을 넘지 못한다'고 한다. 훌륭한 인재는 좋은 교사 밑에서 길러지는 것이다. 특히 근무조건이 열악한 농촌학교에 좋은 교사를 모셔오기란 그리 쉽지 않다. 물론 농촌 근무교사의 승진 가산점이 있기는 하지만 학교가 진정 필요로 하는 교사들을 확보하는 일은 교장의 역량에 달려 있다. 따라서 교장은 교사들이 공감하는 학교정책을 펼쳐야 하며, 아울러 교사들의 성장을 위해 잘 코칭해주어야 한다. 즉, 교장이 교사들의 교직생활 전반에 대해 관심을 갖고 따뜻하게 코칭함으로써 이들이 교직에 대해 성취감과 자신감, 그리고 만족감을 높일 수 있는 이력관리를 해주어야 한다. 존경받는 교장은 교사의 교직에 대한 만족은 물론 좋은 교사로 성장할 수 있도록 변혁적 리더십을 발휘한다.

셋째, 농촌학교 교육수요자의 정확한 요구분석이 필요하다. 단국대 박삼철 교수의 '농촌학교 교육복지 요구조사 연구'[8]의 5대 영역별 순위를 보면, 유치원생은 ① 사회성 발달 ② 학업성취도 제고 ③ 기초생활 보장 ④ 정서 발달 ⑤ 안전 및 보호 순이고, 초등학생은 ① 학업성취도 제고 ② 사회성 발달 ③ 정서 발달 ④ 기초생활 보장 ⑤ 안전 및 보호 순이며, 그리고 중학생은 ① 학업성취도 제고 ② 사회성 발달 ③ 기초생활 보장 ④ 정서 발달 ⑤ 안전 및 보호 순으로 나타났다. 물론 위의 사례는 교육복지에 관한 연구이므로 각 학구 내에 거주하는 학부모나 주민들의 학교교육에 대한 요구들을 상세히 조사하고 이에 대한 교육적인 대안이 필요하다.

넷째, 농촌 소규모 학교의 장점을 살리는 교육프로그램이 필요하다. '작은 학교가 아름답고 교육성과가 높다'는 것은 이미 교육 선진국에서 증명된 연구결과다. 이를테면 전원학교는 교사 1인당 학생 수가 적어 개별학습, 토의 토론수업, 1대1 맞춤형 수업이 가능하고, 학생들의 발표기회와 리더의 역할을 많이 접할 수 있으며, 모든 친구 간에도 형제애를 느낄 수 있어 학교폭력이 없다. 뿐만 아니라 소규모 학교는 교사와 학생 간의 친밀성, 학생 간 친밀성, 정서함양과 인성형성, 지역주민과 학부모의 원활한 인간관계 형성, 학생 생활지도의 수월성 등의 장점을 갖고 있다.

앞으로 농촌 교육발전을 위한 접근은 도시와 비교를 통한 결핍 극복의 관점이 아니라 전원학교의 장점을 극대화하는 데 초점을 맞출

---

8) 박삼철(2011), 농촌교육복지연구, 집문당.

필요가 있다. 대다수 농촌 지역에서 학교는 지역사회의 구심점 역할을 하고 있다. 따라서 전원학교는 지역사회의 다양한 분야의 역량을 효과적으로 집결할 수 있는 잠재력을 가지고 있다. 즉 부모와 학교 관계자뿐 아니라 지역사회의 다양한 주체가 지역학교 교육개선을 위해 협력하고, 학교가 지역사회의 다양한 자원을 교육자료로 활용할 수 있다.

다섯째, 농촌 전원교육의 '블루오션(blue ocean)'을 찾아야 한다. 좋은 학교란 학교의 외적요인보다는 오히려 내적인 요인을 중심으로 학생들의 능력을 향상시키는 좋은 교육과정 운영, 방과후교육, 특기 적성 신장 등으로 교육역량을 성장하는 학교이다. 이처럼 오늘날 학교의 존재가치는 다름 아닌 학교교육의 다양성과 유연성, 그리고 개방성에 있다. 농촌의 작은 학교일수록 이런 특색과 장점을 발현하는 데 유리한 조건을 가지고 있어 그때그때 변화에 잘 적응하며 역동성을 발휘할 수 있다.

요즘엔 농촌학교의 교육프로그램이 소문나면 도시학생이 몰려온다. 최근 농촌학교의 차별화로 학생수가 늘어나는 학교의 사례를 보면, 대부분이 쾌적한 교육환경 조성, 맞춤교육, 시설확충 및 리모델링(remodeling), 동문들의 후원, 다문화 교육, 차별화되고 특성화된 교육, 아름다운 자연 등으로 교육성과를 높인 학교들이다. 이처럼 농촌학교가 인기를 얻고 있는 것은 학교가 보다 내실 있고, 특성 있는 교육프로그램을 마련한 것은 물론 입시 위주로 돌아가는 삭막한 도시학교가 아닌 농촌의 특색을 살리는 다양한 체험교육, 정서교육, 인성교육 등이 이뤄지는 장점 때문이다. 또한 대학입시에서 농촌학교 졸업생의 특혜도 부인할 수 없을 또 하나의 장점이다.

여섯째, 졸업생의 모교 방문과 동창회 활성화가 필요하다. 학교는 지역을 상징하는 주요기관이다. 특히 초등학교는 고향을 대표하며, 추억을 불러일으키는 향수의 장소이기도 하다. 농어촌 지역에 있는 대부분의 초등학교는 지역사회의 역사를 간직한 곳이 많다. 아울러 훌륭하게 성장한 졸업생들도 많고, 이들 역시 모교에 대한 사랑이 누구보다 크다는 점이다. 이들은 동문들 간의 정기적인 모임이나 동창회 등을 통해 상호 친목은 물론 향후 학교발전을 협력하는 데 큰 자원이 될 수 있다.

일곱째, 남아도는 학교시설을 지역주민의 문화공간으로 적극 활용한다. 지역경제 활성화 차원에서 적극적으로 노인교실, 복지시설, 지역문화 공간, 전통식품 체험연수, 주민 평생교육원 등 지역특색을 갖춘 사회문화 공간이 되어야 한다. 그래서 주변 마을주민들의 정보교환 그리고 휴식공간으로 이용되면서 학교가 지역문화 센터로서의 역할을 해야 한다.

여덟째, 지역자원을 네트워크(network)화하여 교육자원으로 끌어내야 한다. 지역공단, 산업체, 골프장, 군부대, 공공기관과의 유대를 강화하기 위하여 학교와의 MOU를 체결하고, 함께 협력하여 지역사회와 동반 성장할 수 있는 방안을 계획할 수 있어야 한다. 학교는 이들로부터 우수한 교육자원 기부나 재정적인 지원을 이끌어내고 학교와 상부상조할 수 있는 다양한 대안들을 모색할 수 있다. 무엇보다 학교에는 든든한 학부모와 지역주민들이 있기 때문에 이들의 협조와 협력을 빌리면 보다 쉽게 다가갈 수 있는 과업이다.

아홉째, 지방자치단체와 협력하여 부모들의 귀촌 정책을 공유해야 한다. 일시적으로 되돌아오는 농촌학교 학생들은 언젠가 떠날 수 있다. 도시학생들이 농촌학교에 오랫동안 머무르기 위해서는 학부모가 농촌에 영구적으로 정착할 수 있는 귀농·귀촌정책이 함께 이루어져야 한다. 이러한 귀농·귀촌은 요즘과 같이 웰빙(well-being)과 힐링(healing)이 각광받는 시대에서는 농산어촌 전원 지역일수록 더 매력적인 것이다. 따라서 지방자치단체 관계자와 협조하여 매력적인 지원이나 후원정책들을 전원학교 교육과 함께 운영하고 홍보한다면 보다 좋은 결과를 얻을 수 있다.

현재 전국적으로 48곳이 농촌특구가 지정되어 있으며, 이 특구에는 국비와 도비가 많이 지원되고 있으며, 농사 초보자라도 생산기술 습득이 용이하고, 판로가 보장되어 새로운 귀농정책으로 인기를 모으고 있는 사례를 주목할 필요가 있다.

열째, 농촌학교 이해를 위한 학부모 교육이 필요하다. 일부 농촌학교들이 특색 있고 내실 있는 교육으로 경쟁력을 갖추면서 도시 학생들이 농촌학교로 전학을 가는 경우가 많아지고 있다. 하지만 일부 학생들은 학교생활에 부적응하거나 농촌학교의 특성을 이해하지 못한 학부모들의 무리한 요구로 기존 학생, 학부모와 갈등을 빚고 있는 경우도 없지 않다. 이러한 부작용은 개인주의 성향이 강한 도시 학생들이 농촌학교에 적응하지 못하거나 일부 도시 출신 학부모들이 학교 측에 불필요한 요구를 거듭하여 불협화음이 일고 있는 것이다.

농촌 마을은 대부분이 씨족사회로 상부상조하는 공동체적인 특성을 지니고 있다. 농촌학교 구성원들이 이들과 잘 동화되려면 지역적 풍습을 이해하고 긍정적인 향토애를 가져야 한다. 그러나 도시에서 전입한 일부 학생들의 지나친 개인주의나 자기 자식만을 배려해달라는 학부모들의 지나친 요구는 농촌학교의 또 다른 갈등요인으로 나타나고 있다. 따라서 이들에게 농촌문화와 환경에 대한 이해교육이 필요하다.

열한째, 농촌 다문화 자녀 및 부모교육이 필요하다. 2005년 우리나라 전국의 국제결혼 건수는 총 43,121건 중 도시지역이 12.6%, 읍지역이 약 11.6%, 전형적인 농촌 지역인 면 지역이 17.9%를 차지하고 있는 것으로 나타났다(박삼철, 2011, 농촌교육복지연구). 이처럼 면 농촌지역의 경우 다른 지역에 비해 상대적으로 높은 국제결혼 비율을 보이고 있다. 이러한 국제결혼으로 태어난 다문화 자녀에 대한 교육적 지원과 배려가 필요하고, 이들의 부모교육도 함께 이루어져야 할 것이다.

농촌 전원학교는 농촌으로 돌아오는 젊은 부모들의 자녀교육문제나 걱정을 덜어주고 영구적으로 농촌에 정착할 수 있도록 지원하는 교육모델이다. 농촌 전원학교가 지역사회에서 성공하기 위해서는 교직원과 학부모, 그리고 지역사회가 함께 공감하는 교육프로그램을 개발하고 운영해야 하며, 무엇보다 교장이 학교 변화의 중심에서 새로운 교육리더십을 발휘할 때 특색 있는 농촌 전원학교로 변화할 수 있을 것이다.

김성규(金聖奎)

강릉교육대학교와 한성대학교를 졸업하고, 한양대학교 경영대학원에서 경영학 석사, 연세대학교 교육대학원에서 교육학 석사, 단국대학교 대학원에서 교육행정을 전공하고 교육학 박사학위를 취득했다.

교사, 장학사, 성남중앙초등학교와 양영초등학교 교장을 역임하고, 현재 당촌초등학교 교장으로 재직하고 있으며, 단국대학교 교육대학원에 출강하고 있다.

동서울대학교, 서울신학대학교, 경기도교육연수원, 대전교육연수원, 강원도교육연수원 강사, 교육부 정책자문위원(교육복지·안전분과, 2013~2015), 교원양성대학교 발전위원(2013~2015)을 역임했다.

주요 논저로는 「직업관에 대한 부모와 자녀의 인식에 관한 연구」, 「초등학교 교장의 감성 리더십: 교사문화와 직무만족 및 학생 삶의 질에 미치는 영향」, 『교직실무』(2011), 『따뜻한 교육 행복한 미래』(2012)가 있으며, 주요 수상으로는 국무총리표창(2000), 한국교육신문 교육대상(2012), 성남시문화상(교육 부문, 2013), 자랑스러운 교총인상(2014) 등 다수가 있다.

따뜻한
교육리더십

교원의 성장 동력

초판인쇄 2015년 12월 4일
초판발행 2015년 12월 4일

지은이 김성규
펴낸이 채종준
펴낸곳 한국학술정보㈜
주소 경기도 파주시 회동길 230(문발동)
전화 031) 908-3181(대표)
팩스 031) 908-3189
홈페이지 http://ebook.kstudy.com
전자우편 출판사업부 publish@kstudy.com
등록 제일산-115호(2000. 6. 19)

ISBN 978-89-268-7132-4 93370